UN261829

改正租税条約の
すべて

矢内一好
［著］

財経詳報社

はしがき

　本書は，平成15年改正署名された日米租税条約から平成25年1月末に署名された日米租税条約改正議定書を範囲として，この間に新規の締結・改正された日本の租税条約について解説したものである。以下，本書の特徴を掲げると次のとおりである。

　第1に，特記すべきは，平成15年11月に改正の署名が行われた日米租税条約（第3次）が平成25年1月24日に適用後初めて改正されたことである。したがって，今回の改正は，第3次日米租税条約の第1回目の改正ということになる。日米租税条約の持つ影響力等の大きさを勘案すれば，この改正は，大きな意味を持っているといえよう。

　第2に，OECD等の活動により，租税条約における情報交換の範囲が拡大したことである。さらに，タックスヘイブン等との租税協定も締結されたことで，情報交換の拡充のみならず，情報交換の一環として，同時税務調査等という新しい状況が出現したのである。

　第3に平成23年11月に，日本は，多国間条約である税務行政執行共助条約に署名をしたのである。これにより，他の締約国との多様な情報交換及び国際的徴収共助が可能になったのである。

　第4に，日蘭租税条約及び日本・香港租税条約に導入された相互協議における仲裁条項の導入が日米租税条約等の条約に取り入れられたことである。

　第5に，租税条約の領域ではないが，非居住者に関連する国内法の改正が平成26年度に行われる予定である。これは，OECDモデル租税条約における事業所得条項の改正等が影響を及ぼしているものである。

　以上の動きは，第3次日米租税条約改正以降のわが国の新しい租税条約の動向である。租税条約の分野で今後最も注目されることは，いつ，どのような内容で日中租税条約が改正されるのかということである。

　なお，本書では，日米租税条約以外の租税条約については，原則として，その租税条約の特徴となる事項のみを取り上げているため，全条文に解説を

付していない。したがって，解説のない条項については，OECD モデル租税条約或いは日本が締結している他の租税条約とほぼ同様の規定と理解して戴きたい。

　本書が今後各方面において多少なりともお役に立てることがあれば幸いである。

　本書の出版を快く引き受けてくれた財経詳報社及びご尽力頂いた同編集部の宮本弘明氏に厚くお礼を申し上げる。

　　　平成 25 年 3 月

　　　　　　　　　　　　　　　　　　　　　　　　　　　　矢内　一好

目 次

はしがき

I 租税条約の基礎

1 日本を中心とした租税条約の動向 ………………………… 2
2 租税条約ガイダンス ………………………………………… 4
3 租税条約条文の読み方 ……………………………………… 10
4 租税条約による税の減免 …………………………………… 11
5 租税条約に係る手続 ………………………………………… 12
6 租税条約に関連する基本用語 ……………………………… 13
7 租税条約の歴史 ……………………………………………… 14
8 モデル租税条約の役割 ……………………………………… 15
9 日本の租税条約網 …………………………………………… 16
10 タックスヘイブンの一覧表 ………………………………… 17
11 租税条約と国内法 …………………………………………… 18
12 社会保障協定 ………………………………………………… 19
13 日米租税条約の歴史 ………………………………………… 21

II 最近の租税条約を取り巻く環境等の動向

1 日米租税条約の一部改正等 ………………………………… 22
2 OECDモデル租税条約における事業所得の改正 ………… 23
3 情報交換条項等の強化・拡大 ……………………………… 24
4 税務行政執行共助条約への日本の参加 …………………… 28
5 仲裁条項の導入 ……………………………………………… 29
6 近づく日中租税条約の改正 ………………………………… 30
7 非居住者課税に係る国内法の改正 ………………………… 31

目　次

Ⅲ　日米租税条約（2013年改正）

　　1　基礎データ …………………………………………32
　　2　米国における外国法人課税 …………………………35
　　3　改正日米租税条約の特徴 ……………………………37
　　4　条文別解説 ……………………………………………39

Ⅳ　日英租税条約

　　1　基礎データ …………………………………………… 130
　　2　英国の国内法 ………………………………………… 132
　　3　条文の概要 …………………………………………… 133
　　4　条約の各条項 ………………………………………… 134

Ⅴ　日印租税条約

　　1　基礎データ …………………………………………… 139
　　2　改正箇所の解説 ……………………………………… 140

Ⅵ　日比租税条約

　　1　基礎データ …………………………………………… 142
　　2　改正箇所の解説 ……………………………………… 142

Ⅶ　日仏租税条約

　　1　基礎データ …………………………………………… 145
　　2　フランスの国内税法 ………………………………… 146
　　3　改正箇所の解説 ……………………………………… 148

Ⅷ　日本・パキスタン租税条約

　　1　基礎データ …………………………………………… 152
　　2　改正箇所の解説 ……………………………………… 152

IX 日豪租税条約

1 基礎データ ……………………………………… 156
2 条文の概要 ……………………………………… 156
3 新条約の通則条項 ……………………………… 157
4 事業所得関連条項(第7条,第8条,第9条)……… 159
5 投資所得関連条項 ……………………………… 160

X 日本・カザフスタン租税条約

1 基礎データ ……………………………………… 161
2 カザフスタンの概要 …………………………… 161
3 日本・カザフスタン租税条約の特徴 ………… 162

XI 日本・ブルネイ租税条約

1 基礎データ ……………………………………… 164
2 本条約の概要 …………………………………… 166

XII 日本・クウェート租税条約

1 基礎データ ……………………………………… 169
2 本条約の概要 …………………………………… 170

XIII 日本・スイス租税条約

1 基礎データ ……………………………………… 173
2 改正条約の主要項目 …………………………… 174

XIV 日蘭租税条約

1 基礎データ ……………………………………… 177
2 本条約の構成 …………………………………… 177

XV 日本・香港租税協定

1 基礎データ ……………………………………… 181

目　次

　　　2　条文の概要 …………………………………………………… 184

XVI　日本・サウジアラビア租税条約
　　　1　基礎データ …………………………………………………… 187
　　　2　サウジアラビアの国内法 …………………………………… 187
　　　3　条文の解釈 …………………………………………………… 188

XVII　日本・ポルトガル租税条約
　　　1　基礎データ …………………………………………………… 190
　　　2　本条約の特徴 ………………………………………………… 190
　　　3　本条約の各条項の概要 ……………………………………… 192

XVIII　日本・ニュージーランド租税条約
　　　1　基礎データ …………………………………………………… 194
　　　2　条文の概要 …………………………………………………… 194
　　　3　新条約の概要 ………………………………………………… 195
　　　4　新条約の各条項の概要 ……………………………………… 200

XIX　日本・ケイマン諸島租税協定と他のタックスヘイブンとの租税協定
　　　1　基礎データ …………………………………………………… 202
　　　2　条文の概要 …………………………………………………… 203
　　　3　ケイマン諸島等のタックスヘイブンが租税協定を受け入れた理由 ……………………………………………………… 204
　　　4　租税協定により交換される情報 …………………………… 205
　　　5　調査官の海外派遣 …………………………………………… 205

XX　税務行政執行共助条約
　　　1　基礎データ …………………………………………………… 207
　　　2　条文の概要 …………………………………………………… 209
　　　3　情報交換 ……………………………………………………… 212

	4	徴収共助 ……………………………………	216
	5	文書の送達 ……………………………………	218

XXI 巻末資料

所得に対する租税に関する二重課税の回避及び脱税の防止のための日本国政府とアメリカ合衆国政府との間の条約（2013年改正後）………………………………………………………… 219
議定書（2013年改正後）……………………………………… 248
 1 2003年交換公文（2013年改正後）………………… 253
 2 2013年交換公文 …………………………………… 255

引用略語例

1) 法 ………法人税法
2) 法令 ………法人税法施行令
3) 所 ………所得税法
4) 所令 ………所得税法施行令
5) 措 ………租税特別措置法
6) 措令 ………租税特別措置法施行令
7) 日米租税条約（第3次） ………「所得に対する租税に関する二重課税の回避及び脱税の防止ための日本国政府とアメリカ合衆国政府との間の条約」（平成16年3月30日）
8) 旧日米租税条約（第2次） ………「所得に対する租税に関する二重課税の回避及び脱税の防止ための日本国とアメリカ合衆国との間の条約」（昭和47年6月23日）
9) 租税条約実施特例法 ………租税条約の実施に伴う所得税法，法人税法及び地方税法の特例等に関する法律

（注1）文中の租税条約の名称は，日米租税条約にならい，短縮した名称を使用する。

（注2）条文の省略は次のように行う。

　　（例）法人税法37条3項二号イ………法37③二イ

※使用上の注意

　本書は改正租税条約の概要を説明したものであり，適用にあたっては条約本文等を参照されたい。

改正租税条約のすべて

I 租税条約の基礎

1 日本を中心とした租税条約の動向

年　月　日	動　　向
1954年（昭和29年）4月	（第1次）日米租税条約締結
1962年（昭和37年）（日本）	非居住者関連規定の整備
1963年（昭和38年）	OECDモデル租税条約草案
1966年（昭和41年）（米国）	外国投資家課税法制定（実質関連概念導入）
1971年（昭和46年）3月	（第2次）日米租税条約署名
1973年（昭和48年）1月	（第2次）日米租税条約適用開始
1977年（昭和52年）	OECDモデル租税条約改訂版
1986年（昭和61年）	米国内国歳入法典全文改正（現在に至る。）
2003年（平成15年）11月6日	（第3次）日米租税条約署名
2006年（平成18年）2月2日	改正日英租税条約署名
2006年（平成18年）2月24日	改正日印租税条約署名
2006年（平成18年）12月9日	改正日比租税条約署名
2007年（平成19年）1月12日	改正日仏租税条約署名
2008年（平成20年）1月23日	改正日本・パキスタン租税条約署名
2008年（平成20年）1月31日	改正日豪租税条約署名
2008年（平成20年）12月19日	対カザフスタン新租税条約署名
2009年（平成21年）1月20日	対ブルネイ新租税条約署名
2010年（平成22年）1月26日	改正日本・ルクセンブルク租税条約署名
2010年（平成22年）1月27日	改正日本・ベルギー租税条約署名（未発効）
2010年（平成22年）2月2日	対バミューダ新租税協定署名
2010年（平成22年）2月4日	改正日本・シンガポール租税条約署名
2010年（平成22年）2月10日	改正日本・マレーシア租税条約署名
2010年（平成22年）2月17日	対クウェート新租税条約署名（未発効）
2010年（平成22年）5月21日	改正日本・スイス租税条約署名

1　日本を中心とした租税条約の動向

年　月　日	動　　向
2010年（平成22年）8月25日	改正日蘭租税条約署名
2010年（平成22年）11月9日	対香港新租税協定署名
2010年（平成22年）11月15日	対サウジアラビア新租税条約署名
2011年（平成23年）1月28日	対バハマ新情報交換協定署名
2011年（平成23年）2月7日	対ケイマン諸島新租税協定署名
2011年（平成23年）6月22日	対マン島新情報交換協定署名
2011年（平成23年）11月4日	税務行政執行共助条約署名
2011年（平成23年）12月5日	対ジャージー新租税協定署名（未発効）
2011年（平成23年）12月7日	対ガーンジー新租税協定署名（未発効）
2011年（平成23年）12月20日	対ポルトガル新租税条約署名（未発効）
2012年（平成24年）7月6日	対リヒテンシュタイン新情報交換協定署名
2012年（平成24年）12月10日	日本・ニュージーランド改正条約署名（未発効）
2013年（平成25年）1月25日	日米租税条約改正議定書署名（未発効）

（現在交渉中の条約）
・日本・オマーン租税協定基本合意（2011年12月6日）
・日本・ドイツ条約改正交渉開始（2011年12月9日）
・日本・サモア租税協定基本合意（2012年9月4日）
・日本・アラブ首長国連邦租税条約基本合意（2012年10月17日）

I 租税条約の基礎

2 租税条約ガイダンス

租税条約を理解するための基礎的と思われる項目がある。そこで，以下は，これらの項目に関連した質問を想定したものである。

(Q1) 租税条約の必要性
(答) 日本をはじめとして多くの国の税法では，自国企業等が国際的な投資等を行い外国で所得を取得すると，本国である居住地国（日本とする。）と所得を取得した国である源泉地国（S国とする。）の課税方法により以下のような課税が行われ，S国源泉所得について国際的二重課税が生じることになる。

日本の課税所得（全世界所得）＝国内源泉所得＋S国源泉所得
S国の課税所得（S国源泉所得）＝S国源泉所得

そこで，源泉地国所得（S国源泉所得）は，源泉地国であるS国と居住地国である日本の双方において課税となることから，源泉地国課税が免税になれば国際的二重課税は生じることはなく，また，源泉地国課税が軽減されるだけでも，居住地国である日本における外国税額控除（S国で課された法人税等を日本の法人税等から控除すること）が容易になる。租税条約は，国際的な人，物，金の交流を促進するために，このような国際的二重課税を回避し，租税条約の適用対象者である条約相手国の居住者（上記例では，日本の個人居住者及び内国法人等）に対して，源泉地国における課税を減免する措置等を講じている。

ポイント
① 租税条約は，基本的に，源泉地国における課税を軽減する。
② 国内に生活の本拠である住所を有する個人又は1年以上居所（多少の期間継続して実際に居住する場所）を有する個人は日本居住者となり，国内に本店又は主たる事務所を有する法人は内国法人（条約上は居住者）となり，それ以外の法人は外国法人（条約上は非居住者）となる。

(Q 2) 租税条約で得をする者はだれか。タックスヘイブンを利用した場合はどうか。

(答) 租税条約で税負担が減免される者は，租税条約の適用対象者である。

租税条約の適用対象者は，租税条約の規定では双方の締約国の居住者に限定されている。

日本が居住地国となる場合，日本の個人居住者と内国法人等が租税条約の適用対象となる居住者となる。そして，条約相手国で所得を取得した場合，その条約相手国で租税の減免を受けることになる。

法人の例として，内国法人が100％出資の子会社を条約相手国（Ｓ国とする。）に所有している場合，この子会社は，Ｓ国の居住者であり，Ｓ国の締結した租税条約が適用となる。また，内国法人がＳ国に支店を設立して活動を行っている場合，この支店は，Ｓ国で外国法人となることから非居住者に該当することになる。

税金のない国等をタックスヘイブンというが，仮に，このタックスヘイブンに子会社等（この子会社をＭ社とする。）を設立して取引をした場合，わが国はこれらのタックスヘイブンと租税条約を締結していないので，Ｍ社自身の所得に対して法人税等の課税はないが，Ｍ社から内国法人が資金を借り入れて利子を支払うような場合，日本非居住者であるＭ社に対する支払利子について，源泉徴収（20％の税率）が課される。Ｍ社はこの日本からの利子についてその所在地国では課税されないが，日本において徴収された源泉徴収税額について外国税額控除等の措置をとることはできない。

ポイント
① 日本の個人居住者及び内国法人等は，租税条約により日本の租税が減免されることはない。
② 内国法人が外国に設立した現地法人は，その国の内国法人となる。
③ 内国法人が本店となる外国支店は，その所在地では外国法人，非居住者である。
④ 租税条約に規定する「企業」は個人企業と法人企業の双方の意味である。

Ⅰ　租税条約の基礎

(Q 3) どのような場合に，租税条約を必要とするのか。
(答)　第1の条件は，外国と取引があり，その外国で所得が生じることである。その取引を行うのが日本居住者であれば，個人であれ，法人であれ同じように適用となる。

第2の条件は，その外国と日本の間に租税条約が締結されているかどうかのチェックである。

① （租税条約がない場合）⇒その国の国内法により課税
② （租税条約がある場合）⇒租税条約又はその国の国内法により課税

第3の条件は，その外国で生じた所得の種類である（日本とその外国の間に租税条約があるとする。）。

① （事業所得の場合）⇒その国に支店等の恒久的施設の有無による
② （投資所得の場合）⇒租税条約に定める限度税率の適用
③ （①②以外の所得）⇒租税条約又はその国の国内法により課税

第4の条件は，租税条約の適用による租税の軽減を受ける場合，所定の手続が必要になる。

以上の順序により，外国での課税が条約免税となれば問題はないが，課税の軽減を受けたが外国税額を徴収又は納付した場合，日本において外国税額控除の適用のための手続が必要となる。

ポイント
○租税条約と国内法が競合する場合は，原則として，租税条約の適用が優先となる。
○外国（源泉地国）に投資をした場合，源泉地国の国内法が改正されたとしても，租税条約が改正されない限り，租税条約に規定する所得の税率等の変更はない。租税条約があると課税上安定することになる。

(Q 4) 日本と投資先の外国との間に租税条約がある場合の適用例
(答) 以下は，日本と投資先の外国との間に租税条約があることを前提としている。
(1) 日本で租税条約が適用となる場合
　日本で租税条約が適用となる場合の前提となる条件は，次の2つである。
① 条約相手国の居住者（日本非居住者）であること
② その条約相手国の居住者が日本において国内源泉所得を取得していること

この2つの条件が揃わないと日本において課税関係は生じないし，課税関係が生じることで租税条約の適用となるのである。以下は，その典型的な例である。
① 非居住者（個人又は外国法人）が日本において投資所得（配当，利子，使用料等）を取得する場合⇒源泉徴収等
② 非居住者（個人又は外国法人）が日本に支店，事務所等を有して事業を行う場合⇒申告納税
③ 給与所得者である個人非居住者が12カ月のうちに183日を超えて日本に滞在する場合⇒申告納税等

(2) 外国で租税条約の適用となる場合
　まず，外国で租税条約の適用となる対象者は，日本居住者（個人及び内国法人等）であり，日本居住者が条約相手国において所得を取得することが前提となる。
① 日本居住者が条約相手国において投資所得（配当，利子，使用料等）を取得する場合⇒条約相手国において源泉徴収等
② 日本居住者が条約相手国に支店，事務所等を有して事業を行う場合⇒条約相手国において申告納税
③ 給与所得者である個人居住者が12カ月のうちに183日を超えて条約相手国に滞在する場合⇒条約相手国において申告納税等

Ⅰ　租税条約の基礎

(Q5) 租税条約の調べ方

(答)　租税条約は，一般に販売されている『税法六法』等には登載されていない。

　租税条約を調べるには，『租税条約関係法規集』（清文社）が必要であるが，その概要を知るには次のような参考文献がある。

① 　高山政信・矢内一好『Q&A 租税条約』（財経詳報社）
② 　高山政信『国際税務ガイドブック　八訂版』（財経詳報社）
③ 　矢内一好・高山政信『スピードマスター国際税務　4 訂版』（中央経済社）
④ 　矢内一好『国際課税と租税条約』（ぎょうせい）
⑤ 　矢内一好『租税条約の論点』（中央経済社）
⑥ 　矢内一好『詳解　日米租税条約』（中央経済社）
⑦ 　矢内一好『Q＆A 国際税務の基本問題』（財経詳報社）
⑧ 　矢内一好『キーワードでわかる国際税務』（中央経済社）
⑨ 　浅川雅嗣『コンメンタール　改訂日米租税条約』（大蔵財務協会）
⑩ 　牧野好孝『租税条約適用届出書の書き方パーフェクトガイド』（税務研究会出版局）
⑪ 　川田剛・徳永匡子『OECD モデル租税条約コメンタリー逐条解説』（税務研究会出版局）
⑫ 　小松芳明編著『逐条研究　日米租税条約』（税務経理協会）旧日米租税条約の解説書
⑬ 　国税庁『源泉徴収のあらまし』
⑭ 　矢内一好「帰属主義と租税条約に関する論点整理」『国際税務』2013 年 2 月号
⑮ 　矢内一好「日米租税条約改正の概要」『国際税務』2013 年 3・4 月号

(Q6) 租税条約の種類と租税に関連するその他の条約等

(答) 一般に租税条約という場合は，所得税・法人税等を対象税目とする所得税租税条約をいうが，日本と米国との間には，この所得税租税条約のほかに相続税・贈与税租税条約がある。

日本が相続税・贈与税租税条約を締結しているのは米国との間のみである。

租税条約以外に，租税に関連する条約及び行政レベルで締結する協定等には，次のようなものがある。

① 外交関係に関するウィーン条約（昭和39年法律第14号）
② 領事条約（日米，日英，日本・旧ソ連）
③ 日米安保条約に基づく日米地位協定（昭和35年条約第7号）
④ 日米友好通商条約等
⑤ 国際運輸業所得に関する交換公文（昭和47年外務省告示第140号）
⑥ 行政協定（社会保障協定等）

租税条約と上記に掲げた各種の条約等との関係であるが，①と②は，租税条約においても外交官等と規定されている場合が多く，①②の規定と租税条約が競合することはない。③は，主として，米軍関係者の日本における課税に影響するものである。④は，日米間の通商に関する条約であるが，この日米友好通商条約第11条第5項に，租税条約において特別な取決めを行うことが留保されている。⑤は，租税条約のない国又は租税条約に定める国際運輸業所得の規定と適用範囲等が異なるもの等が規定されている。

Ⅰ　租税条約の基礎

3　租税条約条文の読み方

　次に掲げた条文は，租税条約の事業所得条項の規定である（アンダーライン部分は筆者が付したものである。）。

　「<u>一方の締約国</u>の企業の利得に対しては，その企業が他方の締約国内にある恒久的施設を通じて当該他方の締約国内において事業を行わない限り，<u>当該一方の締約国</u>においてのみ租税を課することができる。一方の締約国の企業が他方の締約国内にある恒久的施設を通じて当該他方の締約国内において事業を行う場合には，その企業の利得のうち当該恒久的施設に帰せられる部分に対してのみ，<u>当該他方の締約国</u>において租税を課することができる。」

　租税条約の場合は，両締約国において同一の条文を共通して使うことから，「一方の締約国」と「他方の締約国」という表現をする。日本が源泉地国であれば，上記の条文は次のように読み替えることになる。なお，当然ではあるが，中国が源泉地国であれば，一方の締約国と他方の締約国が逆になる。

　○「一方の締約国」⇒中国
　○「他方の締約国」⇒日本
　○「恒久的施設」　⇒（日本の）支店等

　「中国企業の利得に対しては，その企業が日本国内にある支店等を通じて日本国内において事業を行わない限り，中国においてのみ租税を課することができる。中国企業が日本にある支店等を通じて日本国内において事業を行う場合には，その企業の利得のうち日本支店等に帰せられる部分に対してのみ，日本において租税を課することができる。」

　上記のような読み替えをすると，次の2つのことが規定されていることがわかる。第1は，中国企業の日本における事業所得は，その中国企業が日本国内に支店等を有しないのであれば，中国の課税のみとなる。第2としては，中国企業の日本における事業所得は，その中国企業が日本国内に支店等を有している場合，その企業の利得のうち日本支店等に帰せられる部分に対してのみ日本において租税を課することができる。

4　租税条約による税の減免

　租税条約による税の減免の場合のルール1は，源泉地国の課税の減免として租税条約が機能することである。

（例1）
　内国法人の場合，日本が居住地国，投資先の国が源泉地国となるので，課税の減免は，投資先の外国ということになる。

（例2）
　外国法人が日本に投資をする場合，その外国法人の設立された国等が居住地国となり，日本が源泉地国となるので，課税の減免は，日本で行われることになる。

　ルール2は，源泉地国における所得の種類により，租税条約の適用条文が異なることである。

（例3）
　源泉地国における所得が事業所得の場合，源泉地国に租税条約に定める支店等の恒久的施設が必要となる。恒久的施設が源泉地国に所在すれば課税，なければ課税なしとなる。

（例4）
　源泉地国における所得が配当，利子，使用料等の投資所得の場合，源泉地国における源泉徴収税率が租税条約に定める限度税率まで減免されることになる。

　ルール3は，租税条約が締結されていても，課税となる事業所得，不動産所得等，源泉地国における課税が減免されないものもある。

　ルール4は，租税条約における課税の減免を受けるためには，所定の届出書等の書類を作成して提出することが必要となる。

I　租税条約の基礎

5　租税条約に係る手続

(1)　限度税率と租税条約実施特例法

　租税条約では，投資所得に関する限度税率は，例えば，「10％を超えないものとする。」と規定している。この規定は，源泉地国における国内法の非居住者に対する所得の税率が20％とした場合，源泉地国における条約相手国の居住者に対する源泉徴収を国内法による20％ではなく，租税条約を適用して最高10％とするというものであり（すなわち，条約上では，源泉地国が0％から10％まで課税する権利を有していることになる。），このままでは，源泉地国において具体的な適用ができない。そこで，わが国は，租税条約実施特例法という国内法にこの租税条約上の限度税率を国内法の適用上源泉徴収の税率とすると規定して，租税条約と所得税法等との橋渡しを行っている。

（ポイント）
① 　租税条約に限度税率が規定されている場合，その税率が基本的に源泉地国における源泉徴収税率となる。
② 　日本の場合，租税条約実施特例法が適用されて，初めて源泉徴収が限度税率に引き下げられることになる。

(2)　手続と限度税率の適用

　租税条約に基づく課税の減免を受けるためには，配当・利子・使用料の源泉徴収であれば，その支払を受ける日の前日までに支払者を通じて支払者の所轄税務署長に届出書を提出することになっている。

(3)　届出書の様式

　租税条約に関する届出書の様式は国税庁のHPからダウンロード可能である。

　例えば，配当に関しては「租税条約に関する届出（配当に対する所得税の軽減・免税）」（様式1）を使用することになる。さらに，日米租税条約，日英租税条約のように特典条項を有する租税条約の場合は，「特典条項に関する付表」（様式17）等の添付が必要になる。

6 租税条約に関連する基本用語

(1) 議定書

議定書という文書は，本来，租税条約に付随するもので，条約本文を補足する等の役割のある文書であり，現日米租税条約では条約本文を補助する文書として使用されているが，日仏租税条約及び日米租税条約の一部改正を含む条約改正案のように，租税条約の改正案を記載した文書として議定書が使用される場合もある。

(2) 交換公文

現日米租税条約には8項目から成る交換公文があり，これらは，日本政府及び米国政府との間で到達した条約に関する行政レベルにおける了解事項という意味である。

そのほかに日米租税条約については，ストックオプションに関する交渉担当者間の了解，利子所得条項（第11条）第3項(c)(iv)の適用に関する討議の記録等がある。これらは交換公文と同様の意義を持つものと理解して差支えないであろう。

(3) プリザベーション・クローズ

プリザベーション・クローズは，租税条約における規定としては，新日米租税条約の第1条第2項，旧日米租税条約では第4条第2項に規定されている。この規定の役割は，租税条約が，両締約国の国内法及び両締約国間の他の協定に定める租税の減免措置を制限するものにはならないという内容であるが，租税条約が適用された結果，国内法よりも税負担が増えるということはないということである。

(4) セービング・クローズ

セービング・クローズは，租税条約が自国の居住者に対して適用される国内法を修正するものではないという規定で，米国の締結する租税条約の特徴の1つである。租税条約における規定としては，日米租税条約第1条第4項，旧日米租税条約第4条第3項に規定がある。

Ⅰ　租税条約の基礎

7　租税条約の歴史

　租税条約は，国境が接している中央ヨーロッパにおいて 19 世紀末頃から次第に締結されるようになり，20 世紀になり，第一次世界大戦終了後，各国の貿易等が盛んになった時期から，各国はそれぞれに租税条約を締結している。こうしたなかで，模範となる租税条約の必要性が生じ，国際連盟が当時の各国の締結した租税条約を基礎にこれらを集約して 1928 年にモデル租税条約を作成している。その後，国際連盟は，1935 年事業所得条約，1943 年メキシコモデル租税条約，1946 年ロンドンモデル租税条約を作成してきた。

　ちなみに，租税条約における事業所得課税の原則である恒久的施設原則は，1928 年のモデル租税条約に規定されている。各国の租税条約及び国際税務に関連する国内法は，このようなモデル租税条約等において検討された事項を参考にして改善された。

　第二次世界大戦後は，OECD が，1963 年にモデル租税条約草案，1977 年にモデル租税条約改訂版を制定して，1992 年以降 OECD モデル租税条約は改訂を重ねて現在に至っている。

　OECD モデル租税条約以外に，国際連合が 1979 年に OECD のような先進国中心ではなく発展途上国の利害を重視したモデル租税条約を制定している。また，米国は，OECD モデル租税条約をベースにして，自国の主張を盛り込んだモデル租税条約を，1977 年，1981 年に作成したが，現在は，これらを無効として，1996 年制定のモデル租税条約が米国モデル租税条約となっている。

　日本の締結した最初の租税条約は，昭和 30 年 4 月に発効した第一次日米租税条約である。日本は，その後，昭和 32 年にスウェーデン，昭和 34 年にデンマーク，パキスタン，ノルウェー，昭和 35 年にインド，昭和 36 年にシンガポールとの租税条約がそれぞれ発効し，昭和 39 年に OECD に加盟して，以後，OECD モデル租税条約をベースにした租税条約を締結している。

8　モデル租税条約の役割

　最も有名なモデル租税条約は，OECDモデル租税条約であるが，OECDは，先進諸国を加盟国とする国際機関であることから，OECDの理事会において採択されたモデル租税条約が各国の課税に直接適用されることはなく，OECDモデル租税条約に強制力はないといえる。

　しかし，先進諸国が参加して作成されたOECDモデル租税条約は，各国の租税条約締結に影響を与えている。例えば，わが国の場合，OECDモデル租税条約が締結する租税条約のベースになっており，OECDモデル租税条約の解釈として作成されているコメンタリーは，租税条約の解釈に役立っている。

　また，OECDモデル租税条約は，OECDが租税条約に関連して公にする研究報告等に基づいて改訂されている。例えば，旧OECDモデル租税条約第14条の自由職業所得条項は，2000年4月に廃止されているが，最近改正された日米租税条約等でも，この自由職業所得は規定からなくなっている。また，最近改正された現行の同条約の徴収共助条項（第27条）は，これまでの租税条約におけるこの規定の内容を大きく変えたものになっている。

　各国は，このようなOECDモデル租税条約を参考にして，それぞれ自国の事情を加味しつつ条約交渉をすることになるが，現在のところ，わが国は，対先進国租税条約に関して，日米租税条約が一種のモデル租税条約として機能している。

（メモ）
　○OECDモデル租税条約の入手方法は，OECDのHP参照。
　○OECDモデル租税条約の翻訳は，『OECDモデル租税条約　2008年版』
　　（社団法人日本租税研究協会　2009年6月刊行）がある。

9 日本の租税条約網

現在日本が締結している租税条約は,次のとおりである(平成25年1月現在)。

① アジア(14か国)

中国,韓国,フィリピン,タイ,マレーシア,シンガポール,インドネシア,インド,パキスタン,スリランカ,バングラディシュ,ヴェトナム,ブルネイ,香港

② オセアニア(3か国)

オーストラリア,ニュージーランド,フィジー(旧日英条約適用)

③ 中近東・アフリカ(7か国)

エジプト,ザンビア,トルコ,イスラエル,南アフリカ,クウェート(未発効),サウジアラビア

④ ヨーロッパ(20か国)

英国,フランス,ドイツ,イタリア,オランダ,ベルギー,デンマーク,スペイン,ノルウェー,スウェーデン,フィンランド,スイス,オーストリア,アイルランド,ルクセンブルク,ポルトガル(未発効),リヒテンシュタイン,マン島,ジャージー(未発効),ガーンジー(未発効)

⑤ 北米・南米(4か国)

米国,カナダ,ブラジル,メキシコ

⑥ 東欧・旧ソ連の国々(18か国)

チェコ,スロヴァキア,ポーランド,ハンガリー,ブルガリア,ルーマニア,アゼルバイジャン,アルメニア,ウクライナ,ウズベキスタン,キルギス,グルジア,カザフスタン,タジキスタン,トルクメニスタン,ベラルーシ,モルドヴァ,ロシア

10 タックスヘイブンの一覧表

(ポイント)

このような国等に対して，その国に関連する税務情報を交換する協定の締結が進められているが，日本はこのような協定を締結していない。

(タックスヘイブン)

タックスヘイブンには，所得税・法人税等の税金のない国（関税等その他の税金がある場合もある。）と所得税・法人税はあるが，税率が低い国又は税率は普通であるが特定の業種，特定の企業形態（持株会社等）等に対して租税優遇措置を講じている国がある。前者を無税グループの国，後者を低税率等グループの国とすると，それぞれ次のような国がある。

(1) 無税グループに入る国

このグループに入る国は，アンドラ，アラブ首長国連邦（税制はあるが一部の業種を除いて法人税は徴収されていない。），バハマ，バーミューダ，ブルネイ（税制はあるが外国からの投資に対して各種の優遇措置がある。），ケイマン諸島，モルジブ，ナウル，タークスケイコス諸島，バヌアツ等がある。多くの産油国といわれる国の税制はここに入るものと思われる

(2) 低税率等グループに入る国

このグループに入る国は，アンティグア・バーブーダ，アンギラ，アルバ，バーレーン，バルバドス，ベリーズ，英領バージン諸島，クック諸島，キプロス，ドミニカ国，ジブラルタル，グレナダ，ガンジー，香港，マン島，ジャマイカ，ジャージー，リベリア，リヒテンシュタイン，ルクセンブルク，マルタ，マカオ，モーリシャス，ミクロネシア連邦，モンセラット，モナコ，オランダ領アンチル，ニウエ島（ニュージーランド領），パナマ，サモア，サンマリノ，セイシェル，セントルシア，セントキッツアンドネイビス，セントビンセントグラナディーン諸島，スイス，トンガ，米領バージン諸島等がある。

Ⅰ　租税条約の基礎

11　租税条約と国内法

(1)　租税条約の優先適用

日本では，憲法第98条第2項の規定により，国内法（法律）よりも国際間で締結した条約が優先適用となると一般に解されている。その結果，租税条約の規定が国内法に優先して適用されることになる。

他方，例えば，米国では，憲法の規定により，国内法（法律）と国際間の条約は同位である（米国憲法第6条）ことから，いずれか後法となるものが他に対して優先適用となる。その結果，米国では，国内法が租税条約に対して優先適用となる事態が生じる可能性がある。

(2)　所得源泉の置換え規定

所得源泉置換え規定の条文（所得税法第162条，法人税法第139条）の前段は，租税条約において国内源泉所得について国内法（所得税法第161条，法人税法第138条）と異なる定めがある場合には，その条約の適用を受ける場合，国内法の規定にかかわらず，国内源泉所得は，その異なる定めがある限りにおいて，その条約に定めるところによることを規定している。

この所得源泉置換え規定の前段の意義は，例えば，貸付金の利子のように，国内法が使用地主義で，租税条約が債務者主義の場合，外国法人から内国法人が借り入れた資金を日本の国外における業務に使用し，その利子が，当該内国法人により支払われている場合，国内法では，当該利子はその使用地が国外であることから国外源泉所得となり課税なしであるが，租税条約を適用すると内国法人が支払っていることから国内源泉所得として課税となる。このように，この規定は，国内法に定める所得源泉ルール（例えば，使用地主義）を租税条約に定める所得源泉ルール（債務者主義）に置き換えて，これを国内法における所得源泉ルールとするという役割をしている。

12 社会保障協定

(1) 社会保障協定の意義

例えば，日本で厚生年金の保険料を支払っている会社員が，海外子会社等の勤務となった場合，日本の厚生年金保険料と勤務先の外国においてもその国の年金保険料を支払うことになる。そして，その会社員が数年の外国勤務の後に帰国する際，勤務先の外国において支払った保険料は掛け捨てになる。このような事態は，その会社員ばかりではなく，保険料の一部を負担する会社側にとってもコスト増の要因となっていた。社会保障協定は，このような年金等に係る問題を解決するために締結される協定である。この協定が締結されると，外国勤務の期間が5年以下の場合，勤務先である外国における保険料の支払が免除となり，二重加入の問題はなくなる。また，外国勤務が5年超となる場合には，その勤務先の国において年金保険料を支払うことになる。もう1つの点は，老齢年金の加入期間の問題である。例えば，日本における最低の加入期間は25年であるが，日本と外国双方の加入期間が通算されてそれぞれの国において加入期間の判定が行われることになる。

(2) 締結状況

平成23年12月現在のわが国のこの協定締結状況は次のとおりである。

すでに発効している社会保障協定は，ドイツ（平成12年2月1日発効），英国（平成13年2月1日発効），韓国（平成17年4月1日発効），米国（平成17年10月1日発効），ベルギー（平成19年1月1日発効），フランス（平成19年6月1日発効），カナダ（平成20年3月1日発効），オーストラリア（平成21年1月1日発効），オランダ（平成21年3月1日発効），チェコ（平成21年6月1日発効），スペイン（平成22年12月1日発効），アイルランド（平成22年12月1日発効），ブラジル（平成24年3月発効），スイス（平成24年3月発効）であり，現在署名の済んでいる社会保障協定は，イタリア（平成21年2月署名），インド（平成24年11月署名），であり，現在交渉中の国は，ハンガリー（平成21年11月から協議中），ルクセンブルク（平成22年5月から協議中），スウェーデン（平成23年10月から協議

中），中国（平成23年10月から協議中）である。

(3) 中国との社会保障協定

現在、日本のビジネスマンがもっと多く滞在する国は中国であり、2位は米国である。中国はこれまで企業年金が主であり、国レベルの公的年金制度がなかったが、平成23年7月に社会保険法が施行され、外国人及び外国企業にも同制度が適用されることになった。これは中国に進出している日系企業にとって重要なことである。日本は、このような事態を受けて、保険の二重加入等の問題を解消するために、社会保障協定の交渉を中国と開始したのである。

(4) 年金保険料と所得税の関係

平成19年度税制改正において、フランスとの間の租税条約の一部改正により、日本の居住者が支払うフランスの社会保険料及びフランス居住者等が支払う日本又はフランスの社会保険料について所得の金額から控除する制度が創設された（租税条約実施特例法5の2）。したがって、日仏租税条約と同様の規定が租税条約に規定された場合、この対フランスにおける取扱いが適用となることから、年金保険料等の動向については、税務の側面からも注意が必要になったのである。

13 日米租税条約の歴史

(1) 第一次日米租税条約の時代

わが国は，最初の租税条約として昭和29年4月に締結された日米租税条約（第一次日米租税条約）以降，昭和32年から昭和36年の間に，スウェーデン，デンマーク，パキスタン，ノルウェー，インド，シンガポールとの間に租税条約を締結している。そして，昭和37年に国内法における非居住者関連条項が整備され，昭和39年に，わが国はOECDに加盟している。OECDは，わが国加入の前年である昭和38年にOECDモデル租税条約草案を公表している。このOECDモデル租税条約は，昭和52年に改訂版が作成され，平成4年以降数度にわたり改正されて現在に至っている。

(2) 第二次日米租税条約の時代

昭和46年に改正の署名が行われた日米租税条約（第二次日米租税条約）は，OECDモデル租税条約草案の影響も勿論あるが，昭和41年に改正された米国国内法（外国投資家課税法）の規定との整合性に力点が置かれた内容であり，わが国が当時締結した他の租税条約と若干異なる内容を持つ租税条約といえる。

(3) 現行の日米租税条約

両国間の懸案事項の解決という課題を背負った形で交渉が行われた結果，現行の日米租税条約が平成15年11月に署名され，平成16年3月末に発効した。

この日米租税条約の特徴の第1は，投資所得に対する限度税率が大きく引き下げられたことにある。特徴の第2は，このような租税条約の特典が拡大したことに伴い，これを悪用することを防止するための特典制限条項が創設されたことである。第3の特徴は，LLC等の事業体に対する租税条約の規定が整備されたことである。そして，日米租税条約は，日米間の経済交流の促進以外に，日本の今後の租税条約のフロントランナーとして，特に，対先進国との間の租税条約改訂において，一種の日本モデル租税条約として機能しているのである。なお，平成25年1月に一部改正の議定書が署名された。

Ⅱ　最近の租税条約を取り巻く環境等の動向

1　日米租税条約の一部改正等

　日米所得税租税条約（以下「現条約」という。）は，平成25年1月24日（米国時間）にその一部が改正される議定書（以下「改正議定書」という。）に署名された。今後，この議定書は，日米両国の議会の承認という手続を経た後に発効，適用という運びになる（改正の内容はⅢ参照）。

　現条約は，平成15年（2003年）11月に署名され，平成16年3月30日に発効したものであり，条約本文全31条の他に，議定書13項目，交換公文8項目から構成されている。今回の改正は，改正議定書及び交換公文からなり，改正議定書により条約本文の改正・削除，現条約の議定書の改正等が行われている。今回の改正は，現条約の約10年ぶりの改正であると共に，現条約にとって初めての改正ということになる。

　改正署名が行われるまでの経緯は，平成23年6月2日に財務省から一部改正交渉開始の報道があり，平成24年6月15日に条約改正の基本合意に達したことが報道された。そして，平成25年1月24日に改正議定書の署名が米国において行われたのである。

　平成24年6月に財務省より報道された基本合意によれば，この改正は議定書による現行条約の一部改正であり，両国間の投資・経済交流を一層促進と国際的な脱税及び租税回避行為をより適切に防止する観点が重視されつつ，その主たる改正点は次のとおりである。
① 　利子等の投資所得に対する源泉地国課税をさらに軽減すること
② 　相互協議の強化及び行政支援の改善による両国の税務当局間の協力関係の強化

2　OECD モデル租税条約における事業所得の改正

　OECD モデル租税条約における事業所得条項の改正は，2008年7月に改正案が公開されたが，この改正案が再度整理されて 2009年11月に OECD モデル租税条約新7条が公表された。この改正の趣旨は，事業所得の中心的な概念である「独立企業の原則」自体の変更はないが，OECD 移転価格ガイドライン等により発展した移転価格の決定方法等が本支店間の取引価格の決定に影響を及ぼしたといえる。以下は，OECD モデル租税条約事業所得条項（新7条）の条文である。

　「第1項　一方の締約国の企業の利得に対しては，その企業が他方の締約国内にある恒久的施設を通じて当該他方の締約国内において事業を行わない限り，当該一方の締約国においてのみ租税を課することができる。一方の締約国の企業が他方の締約国内にある恒久的施設を通じて当該他方の締約国内において事業を行う場合には，第2項の規定に基づいて当該恒久的施設に帰属する利得に対して，当該他方の締約国において租税を課することができる。

　第2項　本条及び第［23A］，［23B］条の適用上，各締約国において第1項にいう恒久的施設に帰属する利得は，特に当該企業の他の部門との内部取引において，当該恒久的施設が，同一又は類似の条件で同一又は類似の活動を行う分離のかつ独立した企業であるとしたならば，当該企業が当該恒久的施設を通じて，或いは，当該企業の他の部門を通じて遂行した機能，使用した資産，及び引き受けたリスクを考慮したうえで，当該恒久的施設が取得したとみられる利得である。

　第3項　第2項に従って，一方の締約国が他方の締約国の企業の恒久的施設に帰属する利得を修正し，他方の締約国において既に課税された利得に課税をする場合，他方の締約国は，当該利得に対する二重課税を排除する範囲において，当該利得に課された租税の金額を適切に調整することになる。当該修正額の決定に際して，双方の締約国の権限ある当局は，必要ある場合には相互に協議を行うこととする。

　第4項　他の条で別個に取り扱われている種類の所得が企業の利得に含まれる場合には，当該他の条の規定は，この条の規定によって影響されることはない。」

3　情報交換条項等の強化・拡大

(1)　情報交換条項の強化・拡大の概要

平成22年以降，日本は，既存の租税条約では情報交換規定の改正を行い，タックスヘイブン等と新たに情報交換を中心とする租税条約の締結を行っている。平成23年6月現在の情報交換に関連して改正或いは新規締結した租税条約の一覧は次のとおりである。

① 対ルクセンブルク租税条約（平成22年1月26日署名）
② 対ベルギー租税条約（平成22年1月27日署名）
③ 対バミューダ新租税協定（平成22年2月2日署名）
④ 対シンガポール租税条約（平成22年2月4日署名）
⑤ 対マレーシア租税条約（平成22年2月10日署名）
⑥ 対スイス租税条約（平成22年5月21日署名）
⑦ 対オランダ租税条約（平成22年8月25日署名）
⑧ 対香港新租税協定（平成22年11月9日署名）
⑨ 対バハマ新情報交換協定（平成23年1月28日署名）
⑩ 対ケイマン諸島新租税協定（平成23年2月7日署名）
⑪ 対マン島新情報交換協定（平成23年6月22日署名）
⑫ 対ジャージー新租税協定（平成23年12月5日署名）
⑬ 対ガーンジー新租税協定（平成23年12月7日署名）
⑭ 対リヒテンシュタイン新情報交換協定（平成24年7月6日署名）

これらの動向については，2つに分けることができる。

第1は，既存の租税条約における情報交換条項に金融機関等の情報の交換を可能にする規定を盛り込むものである。

第2は，ケイマン諸島をはじめとして，多くのタックスヘイブンといわれる国或いは地域と情報交換を主とする租税条約が締結されたことである。この協定には，調査官の海外派遣を規定した協定もあり，上記第1に属する一般的な所得税租税条約の内容とは異なっている。

タックスヘイブンの特徴は，税制を含めて企業活動の障害になる法制度等

がないこと，企業の秘密等の保持がなされること等である。前出のケイマン諸島は，登録している企業数が約7万社であるが，対中国投資の多いので有名な英領ヴァージン諸島（略称BVI：BVIと日本との間に情報交換等に係る租税条約はない。）の登録企業数は約62万社である。香港の企業数が約54万社であることと比較して，人口が2万強のBVIに香港以上の企業数があることにタックスヘイブンの特徴がある。ちなみに，南米進出企業の拠点であり，便宜置籍船で有名なパナマの登録企業数は，約37万社である。

　これらのタックスヘイブンが先進諸国と租税条約を締結するに至った背景としては次のような2つのことが考えられる。

　第1は，OECDが中心となって有害な税競争に対する規制と，それに続く，税務情報の透明性と交換に関する世界フォーラム等の一連の活動である。そして，平成20年11月にワシントンで開催された第1回G20首脳会議以降，租税に関する透明性の確保に消極的な国・地域が国際的な脱税及び租税回避行為の温床となっているとして，世界の主要な国々がこれらの国等（主としてタックスヘイブン）にある種のプレッシャーをかけたのである。

　具体的には，情報交換等に応じないタックスヘイブンについては，課税強化等により対抗するというものである。その結果，これまでOECDモデル租税条約の第26条（情報交換）に留保を付していたオーストリア，ベルギー，ルクセンブルク，スイスが留保を解除した。さらに，香港，マカオ，シンガポールが平成21年中に情報交換を行うために国際的な基準に合致した法的整備を行うことに合意した。そして，OECDによれば，情報交換協定の署名ベースによる締結数は，平成20年までは年間1桁という数字であったが，平成20年から増えはじめて，同年が24件，平成21年が197件，平成22年が200件となっている。わが国は，平成22年以降，情報交換に係る改正が増加したのであるが，ここにおけるキーワードは，OECDにおける活動とG20によるプレッシャーということになる。

　第2は，タックスヘイブン等に所在する金融機関に生じた不祥事が，これらの国等に対する規制を強化する原因となったことである。

　そのうちの1つは，リヒテンシュタインの銀行に預けてあった資金の多く

Ⅱ 最近の租税条約を取り巻く環境等の動向

が脱税によるものであったということである。

平成18年（2006年）にドイツ連邦情報局（BND）が，リヒテンシュタイン最古の銀行の1つであるLGTから元行員により持ち出された1,400人分の顧客名簿を購入したのである。その後，ドイツ検察庁と課税当局は平成20年（2008年）初頭，LGTの顧客名簿を基に脱税者摘発に乗り出し，その脱税摘発によって，ドイツの課税当局は3,000万ユーロ以上の追徴課税を行った。この事件は，わが国にも影響を及ぼし，当銀行に預金を持っていた被相続人に係る相続事案において，当該預金について相続税の課税漏れが指摘され，新聞報道された。

第2の米国の件は，スイス最大手の銀行であるUBSに関するものである。UBSの元社員が米国人顧客の米国での税逃れを手助けしたとしてフロリダ州で起訴された。UBSは，米国におけるプライベートバンキングから撤退する等の譲歩案を示したが，米国政府は，UBSにおける52,000名の米国人顧客名簿の公表を要求したがUBS側に拒否された。平成21年（2009年）8月12日に米国政府とスイス政府はUBS問題で合意に達した結果，UBSは，4,450口座の所有者名を公表した。なお，その法的根拠は，米国・スイス租税条約における情報交換の規定である。

上記に述べた要因等により，租税に関する透明性の確保に消極的なタックスヘイブンは，対先進国との情報交換に応じることになったのである。

(2) **情報交換の効果**

対ケイマン諸島新租税協定は，平成23年2月7日に署名され，同年11月13日に発効して，その適用は平成24年1月以降となった。しかし，情報交換と投資との因果関係は明白ではないが，平成21年まで増加していた日本の対ケイマン諸島への対外直接投資は，平成22年からネットでマイナスに転じ，平成23年の1月から3月までも同様の傾向である。この現象について，情報交換を嫌った資本がケイマン諸島を回避したという見方も出ている。なお，日本・ケイマン諸島新租税協定における衆議院外務委員会（平成23年5月20日）における審議において，ケイマン諸島に進出している日本企業は30社，現地法人数は69社で，銀行，商社が中心であり，バハマへの進

出した日本企業は2社，現地法人数3社で主として旅行業者であると政府側は答弁している。

(3) Tax Amnesty との関連

英国は，租税条約における情報交換を発展させて，税の恩赦といわれるTax Amnesty のプログラムを情報交換相手のリヒテンシュタインと実施している。

このプログラムは，2009年から開始されたLDF（Liechtenstein Disclosure Facility）というものであるが，英国は，リヒテンシュタインと2009年8月11日に情報交換協定と情報交換等の協力に関する覚書に署名し，英国国税庁（HMRC）は，覚書に関する処理の受け皿として，この情報交換協定署名と同時に，LDFを公表している。

LDFは，実施期間が2009年9月1日から2015年3月31日までの間で，その対象者は，英国の納税義務者でリヒテンシュタインに銀行口座，法人等の財産を所有している者である。

このプログラムは，リヒテンシュタインの金融機関が英国の納税義務者に通知をすることから始まり，当該納税義務者は，英国国税庁に対して自主申告の意思のあることを通知する。その後一連の手続を経て，当該納税義務者が英国において自主申告をすると（加算税等の減免がある。），英国国税庁は，30日以内に自主申告を行った証明書を発行し，当該納税義務者は，30日以内にリヒテンシュタインの金融機関に当該証明書を送付することになる。この英国の情報交換の利用は，単に，租税条約において金融機関等の情報交換が可能になり税務調査の反面調査の範囲が拡大したということではなく，情報交換による発展型とみることができる。今後，わが国においても，情報交換が可能になったことの次の段階として，検討を要するものとなろう。

4 税務行政執行共助条約への日本の参加

日本を含むG20参加国のうち，税務行政執行共助条約（Convention on Mutual Administrative Assistance In Tax Matters：以下「共助条約」という。）に未参加の国は，平成23年11月に開かれたG20第6回会議（フランスのカンヌにおいて開催）において，そのほとんどの国が当該条約の改正議定書に署名してこの条約に加盟した。中国は謝旭人財政相が中国政府を代表して議定書に署名した。

共助条約は，OECD租税委員会及び欧州評議会が検討した結果，昭和61年（1986年）7月にOECD租税委員会，昭和62年（1987年）に欧州評議会において条約案が採択され，昭和63年（1988年）1月に署名のため開放されたものである。その特徴は，多国間条約であり，あらゆる種類の租税について，情報交換，徴収共助，文書送達共助の円滑化を目的とするものである。

この共助条約に規定する執行共助の内容は，次の3つである。
① 同時税務調査及び他国の税務調査への参加を含む情報交換
② 保全措置を含む租税債権徴収における協力
③ 文書の送達

日本は，共助条約参加を契機として，共助条約に定める国際的徴収システム執行のため，平成24年3月の税制改正において，徴収の共助と送達共助に関する租税条約実施特例法，国税通則法及び国税徴収法等の整備を行ったのである。そして，租税条約では，対ニュージーランド改正租税条約，対米国改正租税条約にこの国際的徴収の支援に関する規定が創設されている。

5 仲裁条項の導入

　簡単な例で説明すると，日本親会社の所得が100，米国子会社の所得が50とすると，米国において移転価格税制の適用により20の増額更正が行われた。この場合，租税条約に基づく相互協議により対応的調整が検討されることになるが，米国が20の増額更正，日本が20の減額更正となれば問題は生じない。しかし，相互協議が不調に終わった場合，米国における原処分の取消しを求める以外に，納税義務者側にさらなるセイフティーネットがないことである。なお，日米改正租税条約には，仲裁制度が規定された。

　日本・オランダ租税条約における相互協議手続における仲裁規定（同条約第24条第5項，議定書12条）の特徴は次のとおりである。なお，平成22年9月1日付けで国税庁より「オランダの税務当局との仲裁手続に係る実施取決めについて」が公表されている。

① 仲裁手続とは，相互協議事案が協議の開始から2年を経過しても当局間において解決しない場合，納税義務者の要請により，独立した3名の仲裁人により構成される仲裁委員会の決定である仲裁決定を求める手続である。したがって，仲裁の効果としては，仲裁それ自体の効果というよりも，2年という期限を切られた相互協議自体を促進する効果が期待されるのである。
② 仲裁決定の実施は，原則として仲裁の要請から2年以内に終了するように，定められていることから，仲裁自体も期限が限定されている。
③ 相互協議では，両国の権限ある当局の間で同協議が行われるため，相互協議を要請した納税義務者の意見を表明する機会がないが，仲裁の場合は，上記の「実施取決め」において，仲裁の要請を行った者の参加が認められている。それによれば，仲裁の要請を行った者は，直接に又はその代理人を通じ，相互協議手続で許容されるのと同等の範囲で，仲裁人に対して書面により自らの立場を表明することができ，さらに，要請者は，仲裁手続において，仲裁人の許可を得て口頭で自らの立場を表明することができる，とされている。

Ⅱ　最近の租税条約を取り巻く環境等の動向

6　近づく日中租税条約の改正

　従来，日本における国際税務は，米国を中心とした欧米諸国への投資とタックスヘイブンに関連した投資等が焦点であったといえる。近年は，中国経済の伸長と共に，アジア諸国との経済交流が量的に拡大したことに伴い，中国を中心とする地域に関連する税務問題が増加傾向にある。

　日中租税条約は，昭和58年（1983年）に署名されたもので，租税条約締結当時，中国の最大の貿易相手国であった日本と最初に租税条約を締結したのである。その特徴は，OECDモデル租税条約に発展途上国の課税権を拡大する規定を入れた国連モデル租税条約の一部が取り入れられている。

　当時の中国は，昭和53年（1978年）以降の経済開放政策により外資に対する税制として，昭和55年（1980年）に個人所得税法及び合弁企業所得税法を制定し，翌昭和56年（1981年）に外国企業所得税法を整備した状態であった。日中租税条約は，事業を行う一定の場所である恒久的施設（以下「PE」という。）の範囲が他の先進国との租税条約よりも広く，代理人PEに注文取得代理人が規定されている。さらに，投資所得の限度税率も免税項目の多い日米租税条約等と比較しても高い10％であり，日中の投資環境の改善という観点から改正されることが望まれる。さらに，相互協議条項に仲裁規定が設けられれば，対中国投資を行っている日本法人にとって中国における移転価格課税に関する解決の方法が拡大することになる。

　また，最近では，日本親会社から中国子会社に出向した社員が中国子会社から報酬の一部を負担された場合，中国にPEがあると認定されて課税を受ける事例が生じている。さらに，平成22年11月9日に日本・香港新租税協定（香港は日中租税条約の適用外であるので新たな条約が必要である。）が署名される等，租税条約の置かれている状況が変化している。日中租税条約の改正は，わが国が当面する租税条約に関する最大の問題といえる。なお，2011年6月に改正署名された中国・英国租税条約では，投資所得の軽減税率は基本的に10％であり，25％所有要件の親子間配当のみが5％である。

7　非居住者課税に係る国内法の改正

　非居住者に係る規定である国内源泉所得に関連する事項が改正対象となるものは，OECDモデル租税条約の事業所得条項改正に基因するものと，わが国の国内法で以前から改正が視野にあったものに分けられる。

　前者に関する事項としては，本支店間における内部利子或いは使用料は，現行の規定では本支店のいずれにおいてもこれらを所得として認識しないことになっているが（法令176③二），次の改正では，これらが所得となる処理となるものと思われる。また，単純購入非課税の原則は，OECDモデル租税条約における事業所得条項改正において削除されていることから，国内法における規定（法令176②）も削除されることになろう。

　後者に関するものとしては，平成23年度税制改正大綱「国際課税」の基本的な考え方において，帰属主義の導入が示唆されている。帰属主義とは，恒久的施設に帰属するすべての所得に課税すべきという考え方をいうが，OECDモデル租税条約における事業所得に伴い，非居住者及び外国法人に対する課税原則について，国内法にいわゆる「総合主義」から「帰属主義」に平成26年度に見直すことになろう。

　この税制改正大綱に述べられた帰属主義は，所得源泉ルールとしての帰属主義であろうが，そうであるならば，帰属主義に改正されると，非居住者の国内にある恒久的施設に帰せられる所得は，国内源泉所得ということになる。したがって，国内法における現行の棚卸資産の販売地で所得源泉を決定する原則（法令176①）は廃止することになろう。これに代わって，旧日米租税条約に規定（旧日米租税条約第6条第8項：所得源泉規定）にあったものと本質的に同じ，所得源泉ルールとしての帰属主義が導入されるということになる。具体的には，所得源泉ルールの帰属主義であれば，外国法人の日本支店の事業による所得は国外における活動に基因するものであっても国内源泉所得とすることになる。これは，棚卸資産の販売地にかかわらず，支店の事業による所得であれば，支店所在地国の所得源泉ということになる。

Ⅲ　日米租税条約（2013年改正）

1　基礎データ

(1)　日米租税条約の正式名称
「所得に対する租税に関する二重課税の回避及び脱税の防止のための日本国政府とアメリカ合衆国政府との間の条約」

日米相続税・贈与税租税条約の正式名称は，「遺産，相続及び贈与に対する租税に関する二重課税の回避及び脱税の防止のための日本国とアメリカ合衆国との間の条約」である。

(2)　第1次日米租税条約
第1次日米租税条約は，1954年（昭和29年）4月16日にワシントンで署名され，1955年（昭和30年）4月1日に効力が発生している。その後，1957年（昭和32年），1964年（昭和39年），1965年（昭和40年）と3回にわたりその一部が改正されている。第一次条約の構成は，全20条からなっている。

(3)　第2次日米租税条約の概要
第2次日米租税条約は，1971年（昭和46年）3月8日に署名，1972年（昭和47年）7月9日に発効，1973年（昭和48年）1月1日より適用となっている。その後，この第2次条約は一部改正もなく，条約署名時（1971年（昭和46年）3月8日付），国際運輸業所得等に関する2つの交換公文がある（昭和47年6月23日外務省告示第140号）。

(4)　第3次（現行）日米租税条約
現行の日米租税条約は，動きをまとめると次のようになる。
○2001年（平成13年）8月に条約改正交渉開始
○2003年（平成15年）6月（第3次）日米租税条約締結交渉の基本合意

○2003 年（平成 15 年）11 月 6 日（第 3 次）日米租税条約署名
○2004 年（平成 16 年）2 月 24 日（米国財務省）：テクニカル・エクスプラネーション公表
○2004 年（平成 16 年）3 月 30 日：日米租税条約，東京において批准書の交換が行われ同日をもって発効
○2004 年（平成 16 年）5 月（日本の財務省）：「日米租税条約（新条約）におけるストックオプションに関する交渉担当者間の了解事項について」
○2004 年（平成 16 年）5 月 20 日（国税庁）：「法人課税関係の申請，届出等の様式の制定について」の一部改正について（法令解釈通達）〔課法 3-17 他 7 課合同〕
○2004 年（平成 16 年）6 月（国税庁，米国内国歳入庁）：「日米新租税条約の適用開始日について」
○2004 年（平成 16 年）6 月（国税庁）：「源泉所得税の改正のあらまし」（日米新租税条約関係）

(5) 一部改正

平成 25 年 1 月 24 日（米国時間）両国は改正議定書に署名した。以下ではこの改正議定書の内容を織り込んだものを改正日米租税条約という。

(6) 改正日米租税条約の条文構成

第 1 条（一般的範囲）

第 2 条（対象税目）

第 3 条（一般的定義）

第 4 条（居住者）（4 項改正）

第 5 条（恒久的施設）

第 6 条（不動産所得）

第 7 条（事業所得）

第 8 条（国際運輸業所得）

第 9 条（特殊関連企業）

第 10 条（配当所得）（一部改正）

Ⅲ　日米租税条約（2013 年改正）

第 11 条（利子所得）（全文改正）

第 12 条（使用料所得）

第 13 条（譲渡収益）（一部改正）

第 14 条（給与所得）

第 15 条（役員報酬）（条文改正）

第 16 条（芸能人及び運動家）

第 17 条（退職年金）

第 18 条（政府職員）

第 19 条（学生と事業修習者）

第 20 条（教授）（削除）

第 21 条（その他所得）

第 22 条（特典制限）

第 23 条（二重課税の排除）（一部改正）

第 24 条（無差別取扱い）

第 25 条（相互協議）（仲裁制度創設）

第 26 条（情報交換）（全文改正）

第 27 条（徴収共助）（全文改正）

第 28 条（外交官及び領事官）

第 29 条（条約改正協議）

第 30 条（発効）

第 31 条（終了）

（2003 年度議定書）9 削除，2013 年議定書 14 条の 3 追加

2　米国における外国法人課税

(1)　外国投資家課税法の制定

米国における国際課税は，1918年に外国税額控除制度の創設，タックスヘイブン税制は1962年創設，移転価格税制の財務省規則の制定は1968年である。さらに，1966年に，米国は現行の外国法人等の課税の骨格を形成したといわれる外国投資家課税法（Foreign Investors Tax Act of 1966：以下「FITA」という。）を制定している。

(2)　FITA以前の税制

米国は，1936年の税制改正まで，外国法人のすべての所得を総合課税していたが，1936年の改正により，米国国内の事業から生じる国内源泉所得を総合課税とし，米国国内の事業と非関連の所得について源泉徴収課税とした。さらに，恒久的施設概念が導入されて，1942年までその規定は存続した。

このFITA制定の過程において外国法人課税上主要な問題として取り上げられた点は，次の2点である。

① 投資所得に対する課税について，米国で事業を行っていれば，その事業と関連のない投資所得は総合課税され，米国における事業のない場合は源泉徴収課税される。投資と関連のない事業の存在により，投資所得に対して異なる課税が行われるのは不合理である。

② 居住法人に対して国内源泉所得のみを課税する属地主義を採用している国（特に南米に多い）の法人が，米国に支店を設け，当該支店が棚卸資産の権原の移転を米国国外で行いその所得を米国国外源泉所得として取得する。この国外源泉所得は，米国及び本国のいずれでも課税にならないことから，実質的に米国国内の事業から生じた所得については米国が課税すべきである。

(3)　実質関連概念の導入

米国における外国法人課税の第1の基準は，米国において事業に従事することである。第2の基準は，所得が米国事業と関連があるかどうかを判断す

Ⅲ 日米租税条約（2013 年改正）

る実質関連概念である。

したがって，課税上の区分は次のとおりである。
① 米国で事業を行い，その所得が米国の事業と実質関連がある場合
② 米国で事業を行うが，その所得が米国の事業と実質関連がない場合
③ 米国で事業を行わないが，米国国内源泉所得が生じる場合

上記①は，申告による総合課税となる。②及び③のうち，定額かつ定期的所得に該当するものは，源泉徴収により課税となる（内国歳入法典第 871 条，第 881 条）。

また，米国は，国内法の適用上，外国法人に対して恒久的施設の有無を課税要件としていないことから，上記①の場合で，租税条約における事業所得の課税要件である恒久的施設が米国国内にない場合であっても，これは，第 1 と第 2 の基準を満たしていることから課税となる。しかし，そのような事例に対して租税条約が適用となる場合は，恒久的施設が米国にないことを理由として米国において課税にならない。

(4) 外国法人の課税所得となる特定の国外源泉所得

FITA において，米国に所在する外国法人の支店等の課税所得となる特定の国外源泉所得は，次のとおりである。
① 棚卸資産で米国の恒久的施設を通じて米国国外で売却する所得
② 無形資産の賃貸事業からの所得
③ 米国の金融活動からの所得

上記の所得は，いずれもその所得源泉地を操作することが容易な性格の所得である。

このうち，上記①については，1986 年の税制改革法においても，棚卸資産の販売益は，その権原の移転する場所というルールが維持されたため，その販売益の所得源泉地は，その販売地とされたが（内国歳入法典第 865 条(b)），例外として，米国に存在する恒久的施設を通じての販売に関する規定が設けられ（内国歳入法典第 865 条(e)(2)(A)），棚卸資産の販売益で米国の恒久的施設に帰属するものは米国国内源泉所得として取り扱われるようになった。

3 改正日米租税条約の特徴

(1) 投資所得の限度税率の引下げと特典制限条項

現行日米租税条約の特徴の1つは、投資所得の限度税率の引下げである。これは、源泉地国における課税の減免（源泉徴収課税の減免）を行ったもので、配当所得、使用料所得に係る限度税率は、旧条約よりも引き下げられている。

改正された項目	現行条約	改正条約
特定の親子間配当（新設）	源泉地国免税（0％）	免税要件改正
親子間配当	5％	同左
一般配当	10％	同左
使用料所得	源泉地国免税（0％）	同左
利子所得	10％	0％、10％

現行条約に定める限度税率と国内法における源泉徴収税率とのギャップが拡大し、日本の締結している他の租税条約における限度税率との差も生じることになった。したがって、日米以外の第三国の企業が、本条約を不正利用しないように、それを防止する条項（特典制限条項）が現行条約には規定されている。

特典制限条項は、租税条約の特典（例えば、源泉徴収の減免等）の適用対象者を日米双方の真の居住者に制限するためのものである。したがって、第三国企業が、例えば、米国にダミー会社を設立して日本に投資を行い、日本における課税の軽減を図ることはできないことになる。この特典制限条項は、米国の締結している租税条約の1つの特徴であるが、最近では、OECDが、モデル租税条約のコメンタリーにおいて、締結国の選択肢としてこの条項を例示している。

(2) 現行日米租税条約の特徴

① 第二次日米租税条約において、米国国内法が租税条約に優先適用される事態により、日米間の租税条約の不公平な適用例があったが、本条約で

は、その例とされた支店利子税、米国不動産保有法人に係る株式の譲渡益課税（FIRPTA税制）について、その対策が規定された。

② 改正された日米租税条約の居住者条項（第4条）の第6項には、日本にない事業体であるパートナーシップ、LLC（Limited Liability Company：有限責任会社）に対する租税条約の適用に関する規定がある。これらの事業体自身が納税主体となる場合と、事業体自身がその取得した所得を構成員等にパススルーして納税主体にならない場合等、国により法令上様々であることからこれまで租税条約では明確な規定が置かれていなかったが、本条約では、新たにこれら特殊な事業体に対する租税条約の適用を次のような場合に分けて整備している。

○LLC等が米国において導管として扱われる場合
○パートナーシップ等が米国において課税される場合
○LLC等が両締約国以外の第三国で設立され、米国（パートナー居住地国）において導管として扱われる場合
○LLC等が両締約国以外の第三国で設立され、米国において課税される場合
○事業体が所得源泉地国において設立され、その団体が所得を取得する場合、所得源泉地国以外の締約国において課税される場合

③ 配当所得、利子所得、使用料所得及びその他所得の条項に、米国国内法をモデルとした導管取引契約に対する個別的租税回避防止規定が特典制限条項とは別に設けられている。

(3) 改正日米租税条約の特徴

今回の改正において注目すべき点は、次の2点であるといえる。

第1は、配当所得と利子所得に係る条約免税の範囲の拡大である。今回の改正は、現行条約の条約免税の範囲をさらに拡大している。

第2は、税の執行に関する事項であり互協議手続における仲裁制度の導入と、徴収共助の拡大である。

4 条文別解説

第1条（一般的範囲）

(1) 第1項

第1項は，租税条約の適用対象となる人的範囲として，一方又は双方の締約国の居住者であることを規定している。

(2) 第2項

第2項は，プリザベーション・クローズを規定したもので，この条約の規定は，いずれかの締約国の法令（第2項(a)）又は締約国間のその他の二国間協定又は両締約国が当事国となっている多国間協定（第2項(b)）によって，現在又は将来認められる特典をいかなる態様においても制限するものではないことを規定している。

すなわち，本項は，本条約と国内法又は他の二国間協定等が競合するような場合で，国内法又は他の二国間協定等が納税者に有利なときには，本条約に優先して，国内法又は他の二国間協定等が適用されることを規定している。

(3) 第3項

(a)(i)では，本条約第25条（相互協議）の規定は，この条約の解釈又はその措置が本条約の範囲内であるのかどうかを含む点に適用される。

(a)(ii)では，この項の適用上，サービスの貿易に関する一般協定（General Agreement on Trade in Services）第17条（内国民待遇）は，この措置には適用されないとしている。ただし，権限ある当局が，その措置について第24条（無差別取扱い）の適用対象外であることを合意した場合はこの限りではないことを規定している。

(b) 本項の適用上，この「措置」は，次条（対象税目）及び第3条（一般的定義）第1項(d)の規定（租税）にかかわらず，一方の締約国が課するすべての種類の租税に関する法令，規則，手続，決定，行政上の行為その他同様の規定又は行為を指すものと規定されている。

(4) 第4項

第4項は、米国が締結する租税条約の特徴であるセービング・クローズの規定であり、その規定は次のとおりである。

米国は、市民権を有する者が外国居住者であっても、米国においてその全世界所得に課税するという市民権課税方式を採用している。このセービング・クローズは、米国市民が条約相手国の居住者になる場合であっても、当該市民に対して租税条約上の課税の減免を適用せずに米国国内法どおり確保しようとする旨を規定したものである。

第4項(a)では、本条第5項を除いて、本条約のいずれの規定にもかかわらず、一方の締約国居住者（第4条（居住者）に基づき決定される。）及び米国市民は、本条約が影響を及ぼさないものとして課税されるとしている。

第4項(b)の適用では、「市民」には、租税回避を主たる目的として市民の資格を喪失する市民又は長期居住者が含まれる。ただし、米国の課税を受けるべき期間は、市民としての地位喪失後10年を限度としている。

(5) 第5項

第5項は、セービング・クローズの適用除外について規定している。その規定は次のとおりである。

第5項　第4項の規定は次の特典に影響を及ぼすものではない。

本条約第9条2及び3（特殊関連企業条項における対応的調整等の規定）、第17条3（年金条項における離婚手当等の規定）、第18条（政府職員）、第19条（学生と事業修習者）、第23条（二重課税の排除）、第24条（無差別取扱い）、第25条（相互協議）並びに第28条（外交官等）の規定に基づいて一方の締約国により与えられる特典に影響を及ぼすものではない。

また、第18条（政府職員）、第19条（学生と事業修習者）の規定に基づいて合衆国により認められる特典について、米国市民ではなく、かつ、米国において永住者としても管理されていない個人に対して与えられる条約上の特典は認められる。この第5項(b)は、米国では、市民でもなく、グリーンカード所有者でもない、一時的な滞在をする者に関する規定である。

第2条（対象税目）

(1) 日本の他の租税条約の対象税目

わが国が締結している租税条約のうち，OECDモデル租税条約に準拠している租税条約のうちの一例である日本・アイルランド租税条約における対象税目では，地方所得税のないアイルランドの対象税目は，所得税（付加税を含む。）と法人利潤税であり，日本は，所得税，法人税及び住民税である。本条約における日本の対象税目は，所得税及び法人税であり，住民税が含まれていない。全体として，日本国の租税として，事業税を含む対ドイツ租税条約を例外として，その他の日本の締結した租税条約は，住民税を含むものと含まないものに大別できる。

(2) 米国モデル租税条約における対象税目等

1996年制定の米国モデル租税条約第2条は，対象税目の規定であるが，その特徴は，第1に地方税（州税，市町村民税等）が米国における対象税目として規定されていないことである。これは，米国の州等固有の課税権に対して連邦の権限が及ばないことによるものである。

第2は，米国の社会保障税（social security taxes）が条約の対象税目から除かれていることである。これは，社会保障税は，租税条約とは別に，社会保障協定（Social Security Totalization Agreements）により取り扱われるものとされているからである。

(3) 第1項

第1項は，本条約の対象となる税目の規定である。

その特徴は，第1に地方税（州税，市町村民税等）が日本及び米国における対象税目として規定されていないことである。これは，既に述べたように，米国の州等固有の課税権に対して連邦の権限が及ばないことに原因がある。

第2は，米国の社会保障税（social security taxes）が条約の対象税目から除かれていることである。これは，社会保障税（日本では社会保険料）は，租税条約とは別に，国家間における年金の通算等を規定した社会保障協定（Social Security Totalization Agreements）により取り扱われるものとされ

ているからである。

(4) 第2項

　第2項は，OECDモデル租税条約第2条第4項と同様な規定である。米国モデル租税条約第2条第2項では，税制改正について，「本条約の義務に影響を与える締約国の税法及びその他の法令についてなされた重要な改正」について相互に通知するとし，その通知には，説明，規則，ルーリング又は判決が含まれるとしている。

(5) 議定書1

　この議定書の規定は，日本の保険会社に対して連邦消費税を免除するものである。ただし，当該企業が負担する当該保険料に係る危険のうち，条約又は当該消費税の免除を規定する米国が締結する他の租税条約の特典を受ける権利を有しない者により再保険される部分に係る保険料はこの対象にならないことが規定されている。また，民間財団に関する連邦消費税は，限度税率の適用となるものと，免税となるものが規定されている。

　現在の連邦消費税は，個別消費税と同様の性格の税である。例えば，燃料税，石炭製造者税，トラック等の小売税がこれに該当すると思われる。また，これらの税以外に，環境税，通信及び航空機利用税，外国保険業者の発行する保険証書に対する外国保険税等が含まれている。この最後の外国保険業者の発行する保険証書に対する外国保険税（Foreign Insurance Taxes）に関する部分が，既に述べた日米租税条約の議定書1と関連する箇所である。

(6) 2013年交換公文2

　東日本大震災からの復興財源の確保に関する特別措置法（平成23年法律第117号）に基づき制定された復興特別所得税及び復興特別法人税は，条約第2条2に規定する同一である租税又は実質的に類似する租税であることが両国間において了解されている。

第3条（一般的定義）

(1) **第1項(a)**

この規定では，日本及び米国（本項(b)）は，その地理的範囲として，領海，海底，領海に隣接する海底を含むと規定している。この領海については，1982年の国連海洋法条約により，領海12海里，経済的水域200海里と定められたことが影響しているものと思われる。

(2) **第1項(b)**

米国内国歳入法典第7701条(a)(9)の規定では，地理的意味における米国は，50州及びコロンビア特別区であり，租税条約の規定と同じである。

(3) **第1項(c)**

一方の締約国及び他方の締約国は，文脈により，日本又は米国となる。

(4) **第1項(d)**

「租税」という用語の定義である。

(5) **第1項(e)**

この規定は，者（person）についての定義規定であるが，この者には，個人，法人及び法人以外の団体を含むことを規定している。

(6) **第1項(f)**

この規定は，法人（company）についての定義規定であるが，この法人には，法人格を有する団体及び租税に関して法人格を有する団体として取り扱われる団体を含むことを規定している。したがって，締約国の会社法等の法令により法人格を有することにならない団体であっても，法人税法の課税対象として課税を受ける団体は，本条約の適用上は，法人として取り扱われることになる。

(7) **第1項(g)**

この規定にいう「企業」は，法人企業のみではなく，個人企業も含むものである。租税条約は，個人及び法人等が行う事業活動により生ずる所得を対象としていることからも，このことは明らかといえる。

(8) **第1項(h)**

この規定は，一方の締約国の企業又は他方の締約国の企業とは，それぞれの締約国の居住者が営む企業であることを規定している。

(9) **第1項(i)**

この規定は，国際運輸（international traffic）に関する定義である。国際運輸業から生ずる所得については，本条約第8条に規定があることから，ここでは，その国際運輸を定義している。

(10) **第1項(j)**

この規定は，「国民」に対する定義である。この号は，個人ばかりではなく，一方の締約国の法令によりその地位を与えられたすべての法人，パートナーシップ及び団体も国民として定義されている。これは，居住者を判定する基準と異なり，法人，パートナーシップ及び団体については，その準拠法により国籍判定を行うことを明確にしている。

(11) **第1項(k)**

この規定は，権限ある当局について規定している。わが国の場合は，財務大臣又は権限を与えられたその代理者となっている。また，財務大臣は，租税条約に規定する協議又は合意をする場合に，その内容が地方税に関係する場合には総務大臣と協議をすることになっている（租税条約実施特例法第8条）。

(12) **第1項(l)**

OECDモデル租税条約は，2000年の改正において自由職業所得条項を廃止して，事業所得条項に含めることにした。本条約では，OECDモデル租税条約に倣って，自由職業所得条項を削除したことから，この規定が置かれている。

(13) **第1項(m)**

本条約では，年金基金（pension fund）の定義が置かれている。この年金基金は，本条約第4条（居住者）と第22条（特典制限）に規定されている。この年金基金の要件は，次の3つである。

① 一方の締約国の法令に基づいて組織されたものであること

② 一方の締約国において，退職年金又は社会保障制度に基づく支払い等を行うために設立されて，維持されているもの
③ その設立された国において上記②の活動について免税となっているもの

(14) **第2項**

第2項は，本条約に定めのない用語について，文脈により別に解釈する場合を除いて，課税を行う国における税法を含む国内法における意義によることになる。

また，租税条約に定義のない用語が，締約国の租税法又はそれ以外の法令により定義されている場合，当該締約国において適用となる税法に定める意義は，当該締約国の他の税法を含む法令による当該用語の意義に優先するものとしている。

(15) **議定書2**

議定書の2は，本条約第3条第1項(e)に関し，「法人以外の団体」には，遺産，信託財産及び組合を含むとしている。

議定書の3は，条約第3条第1項(m)に関し，年金基金は，日本国の法人税法（昭和40年法律第34号）第8条（退職年金業務等を行う内国法人の退職年金等積立金の課税）若しくは第10条の2（退職年金業務等を行う外国法人の退職年金等積立金の課税）又は同法附則第20条第1項（退職年金等積立金に対する法人税の特例）に規定する租税が課される場合においても，本条約第3条第1項(m)(ii)にいう「当該一方の締約国において主として退職年金その他これに類する報酬の管理又は給付のための」活動に関して租税を免除される者として取り扱われることが了解された。

(参考事項1) 第3条第2項における「文脈により別に解釈する場合を除いて」の意義

この「文脈」という用語は，条約法に関するウィーン条約に規定がある。

条約法第31条第2項の規定は次のとおりである。

「条約の解釈上，文脈というときは，条約文（前文及び附属書を含む。）のほかに，次のものを含める。

Ⅲ　日米租税条約（2013 年改正）

(a)　条約の締結に関連してすべての当事国の間でされた条約の関係合意
(b)　条約の締結に関連して当事国の一又は二以上が作成した文書であってこれらの当事国以外の当事国が条約の関係文書として認めたもの」

（参考事項2）外国税額控除と租税条約の対象税目の関連

　わが国の国内法において，外国税額控除において控除対象となる外国法人税について，外国の法令に基づき外国又はその地方公共団体により法人の所得を課税標準として課される税（法人税法施行令第141条第1項）等の原則に基づいて，外国又は地方公共団体により課される税も，外国法人税に含まれる（同条第2項）。また，外国法人税の附帯税及びこれに類する税等は外国法人税に含まれない（同条第3項）。

　外国税額控除は，自国の法人税及び所得税等から外国において課された同種の租税を税額控除する制度であるが，その控除対象外国税額となる基準は，その租税の特徴がわが国の所得税又は法人税と同様であると解されている。

　租税条約に定められた条約相手国の対象税目は，自動的に居住地国において控除対象外国税額となるのであろうか。租税条約の規定では，これらの対象税目について条約の規定に従った課税が行われた場合という条件が付されているが，この場合は，租税条約の規定に基づいて居住地国において外国税額控除の適用を行う条約上の義務が生じることになる。

　また，日米間では，米国の州税について，控除対象外国税額の要件を満たすものについては，租税条約にかかわらずわが国において外国税額控除の対象になる。さらに，日米租税条約第23条（二重課税の排除）には，日本国の居住者が受益者である所得でこの条約の規定に従って米国において課税されたものは米国源泉から生じたものとみなす，という規定はあるが，当該租税を米国の租税とみなすという規定はない。

第4条（居住者）

(1) 第1項

　第1項は、居住者と判定する基準として、当該一方の国の国内法において、住所、居所、市民権、本店又は主たる事務所の所在地、法人の設立場所その他これに類する基準によりその国において課税を受けるべき者が居住者となる。また、この居住者には、政府、地方政府及び地方公共団体、年金基金、宗教・慈善団体等が含まれる。したがって、居住者の判定は、それぞれの締約国の国内法により判定され、その国において居住者として課税を受ける者を、租税条約の適用上居住者とすることになる。

　また、第1項の後段の部分であるが、一方の締約国の法人が他方の締約国に支店等の恒久的施設を有する場合、この支店は、通常、非居住者として課税を受けていることを理由として、ここに規定する一方の締約国の居住者には該当しないことになる。

(2) 第2項

　第2項は、米国市民である者又は米国の法令に基づいて米国における永住を適法に認められた外国人である個人が(a)から(c)の要件を満たす限り、米国居住者とされるという規定である。特に「合衆国の法令に基づいて合衆国における永住を適法に認められた外国人」の規定は、米国の永住許可書であるグリーンカードを所有する外国人を想定したものである。

　この第2項の規定の対象となる者を除いた者は、本条第3項の双方居住者の振り分け規定により居住者の判定をすることになる。

(3) 第3項

　第3項は、個人である双方居住者の振り分け規定である。この規定は、当該個人が双方の締約国において居住者として、無制限納税義務を課されることによる二重課税を回避することを目的とするものである。

　この適用は、次に掲げた基準により当該個人の居住形態について判定を行うことになる。

イ　恒久的住居（permanent home）の存在

　この恒久的住居とは，当該個人の所有を要件とせずに，その住居の恒久性，すなわち，常時継続的に使用する住居を持つことを意味している。したがって，当該個人が，短期的滞在のために臨時的に保有するものはこれに該当しないことになる。この場合の具体的な判断の基準としては，家族等の居住する住居等があり，これにより判断されることになろう。

ロ　重要な利害の中心（centre of vital interests）

　具体的には，当該個人の事業あるいは勤務する場所，資産の所在地等が判断の基準となる。

ハ　常用の住居（habitual abode）の存在

　重要な利害の中心により判定ができない場合，当該個人が，その住居を使用する頻度あるいは滞在する期間等に着目して常用であるかどうかの判定が行われることになる。

ニ　国籍

　常用の住居が双方の締約国に存在する場合又はいずれの締約国にも存在しない場合，当該個人の国籍により判定されることになる。

ホ　権限ある当局の協議

　当該個人が，双方の締約国の国民である場合又はいずれの締約国の国民でもない場合，両締約国の権限ある当局は協議を行い，合意により解決することになる。

　以上の振り分け規定により，所得税法に規定する居住者で米国居住者とみなされたものは，日本において所得税法及び地方税法（住民税及び事業税）等において非居住者として適用を受ける（租税条約実施特例法第6条）。

(4)　**第4項（改正）**

　本条第1項の規定により双方の締約国の居住者に該当する者で個人以外の者は，この条約により認められる特典を要求する上で，いずれの締約国の居住者ともされない。その者は条約上日米いずれの居住者にもならない。

(5)　**第5項**

　第5項は，わが国における独特の制度である非永住者課税に関連する規定

である。非永住者の課税所得の範囲は、国内源泉所得及びこれ以外の所得（国外源泉所得）で国内において支払われ、又は国外から送金されたものである（所得税法第7条第1項第2号）。したがって、国外源泉所得のうち国外払いの金額は、日本における課税がないことから国際的二重課税とはならない。しかし、当該国外払いの金額であっても、日本に送金される場合は、非永住者課税の適用となることから、所得源泉地国となる米国は、この二重課税となる部分についてのみ租税の減免を認めるという規定である。

(6) 第6項

日本と米国の間には、米国のLLC、パートナーシップ等のように、両国間において課税上の取扱いが同一でない事業体がある。このような事業体の取得する所得について、日米租税条約の課税の減免を適用する場合、どのようになるのかを明確にする必要があり、この規定が整備されたのである。

日米租税条約の適用対象者に関して、同条約第4条（居住者）において、居住者とは、一方の締約国において課税を受けるべきものとされる者と規定されている。日本では、米国LLCを外国法人とする取扱いであるが、米国における当該米国LLCへの課税が構成員課税とすると、この米国LLC自体は、米国において納税主体となっていないことから、租税条約適用上の米国居住者とはならないことになる。では、米国における課税が構成員課税であることから、構成員自身が米国居住者かどうかを判定すればよいということにもなるが、わが国は既に米国LLCを外国法人と定めていることから、外国法人である米国LLCの取得する所得をその構成員の所得とすることはできない。

このような隘路を解決するために、日米租税条約では、LLCが構成員課税を選択した場合と、団体課税を選択した場合とに分けて租税条約上の恩典を受ける者について規定をしたのである。

(1) LLC等が設立された国において構成員課税として扱われる場合（第4条第6項(a)）

Ⅲ　日米租税条約（2013年改正）

課税上の取扱いの異なる事業体の課税関係及び手続（イメージ１）

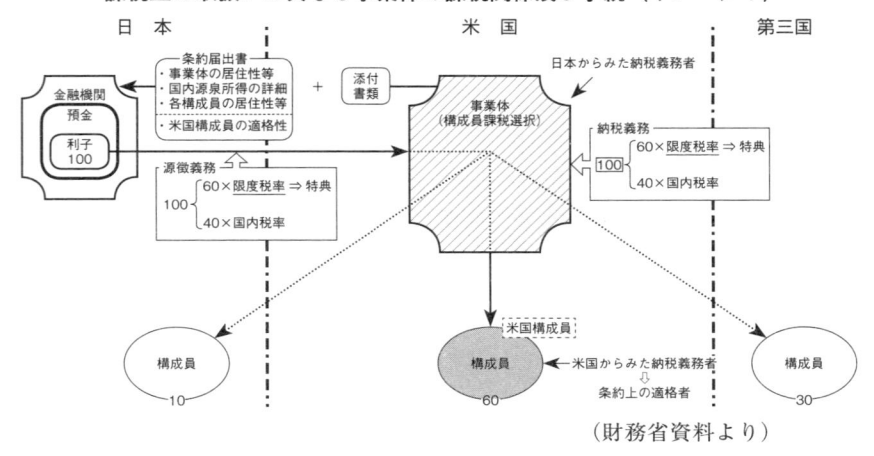

（財務省資料より）

(2) パートナーシップ等が設立された国において団体として課税される場合（第4条第6項(b)）

課税上の取扱いの異なる事業体の課税関係及び手続（イメージ２）

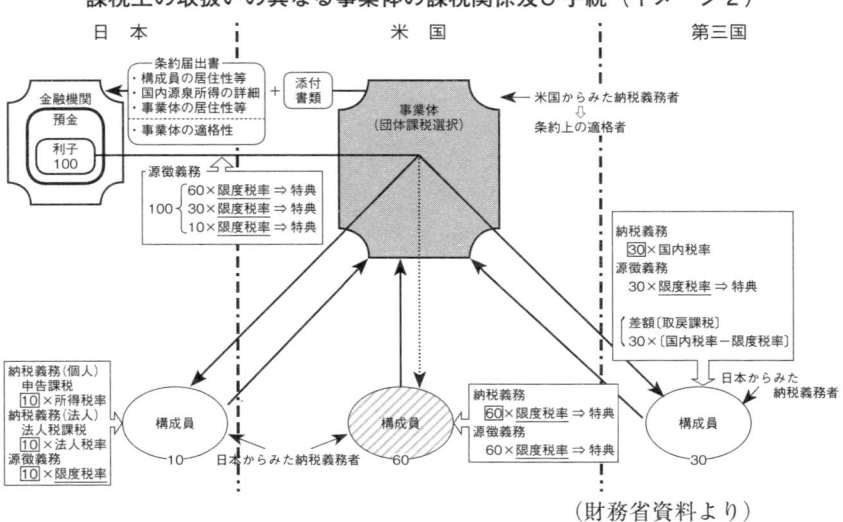

（財務省資料より）

(3) LLC等が両締約国以外の第三国で設立され，米国（パートナー居住地国）において構成員課税として扱われる場合（第4条第6項(c)）

課税上の取扱いの異なる事業体の課税関係及び手続（イメージ３）

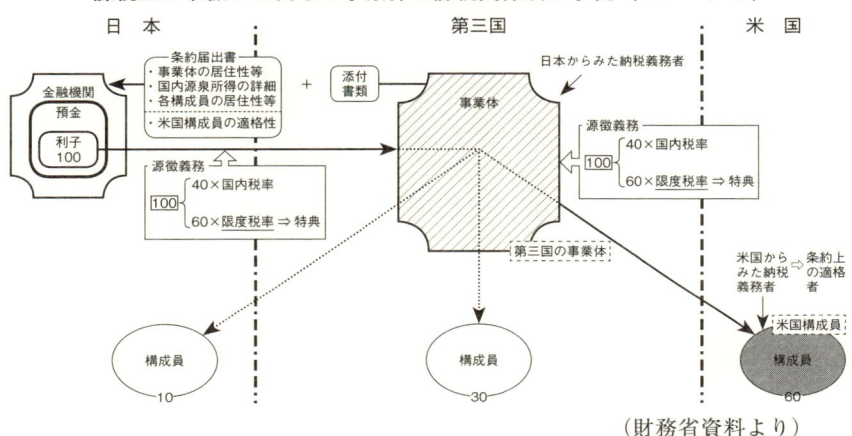

（財務省資料より）

(4) LLC等が両締約国以外の第三国で設立され，他方の締約国において団体として課税される場合（第4条第6項(d)）

この規定は，LLC等が，米国において課税を受ける場合で，この場合は，その所得全体に対して租税条約が適用外となる。

(5) LLC等が所得源泉地国において設立され，その団体が所得を取得する場合，所得源泉地国以外の締約国において課税される場合（第4条第6項(e)）

この例は，日本において設立された組合等が日本源泉所得を取得する場合で，日本においては構成員等の課税となるが米国において当該組合等が納税主体となる場合，構成員となる米国居住者に対して租税条約の特典の適用はない。

（メモ）

日本では，第三次日米租税条約改正後に次の①，②の法律が成立している。

① 平成17年4月27日「有限責任事業組合契約に関する法律」国会成立（日本版LLP）

② 平成17年6月29日「会社法」国会成立　合同会社（日本版LLC）

Ⅲ　日米租税条約（2013 年改正）

第 5 条（恒久的施設）

(ポイント)

PE の存在が必要なのは，源泉地国における事業所得の課税の場合である。

(1)　第 1 項

租税条約における事業所得における第 1 の課税上の原則は，源泉地国における恒久的施設（Permanent Establishment：一般に「PE」と略して使用される。）の存在である。なお，事業所得における第 2 の課税上の原則は，事業所得条項（第 7 条）に規定する独立企業の原則である。

第 1 項は，恒久的施設の一般的定義の規定である。この定義によれば，恒久的施設は，事業を行う一定の場所であるとされている。この事業を行う一定の場所の意義は，施設として建物，機械の設備の存在があり，事業の場所が固定的，継続的であり，そして，事業が一定の場所を通じてなされることである。

(2)　第 2 項

第 2 項は，恒久的施設の例示である。恒久的施設に含まれるものとして，事業の管理の場所，支店，事務所，工場，作業所，天然資源を採取する場所，第 3 項において建設工事現場等のうち 12 カ月を超える期間存続するもの及び第 5 項において所定の代理人は，恒久的施設となる。この第 2 項における恒久的施設の範囲は，あくまでも例示列挙である。

本項にある「事業の管理の場所」は，必ずしも事務所の存在を前提にしたものではないことから，別に規定されている。

(3)　第 3 項

第 3 項は，建築等の工事現場が 12 カ月を超える期間存続する場合のみ恒久的施設となる。なお，第二次日米租税条約の期間は，24 カ月である。

また，12 カ月という期間については，一連の工事等に関して契約が細分化されていたとしても，商業的及び地理的に関連性のあるものは，これを一つの工事とみなされる。

(4) 第4項

本条では，第1項において，恒久的施設が事業を行う一定の場所という物理的施設として定義され，本項において，機能的側面から，補助的又は準備的機能を有するものを恒久的施設から除外している。

第4項(a)は，企業が自己の物品又は商品の保管，展示又は引渡しのために施設の使用をする場合のみでは恒久的施設に該当しないとしている。

第4項(b)は，企業が商品の在庫に関係し，その在庫である物品又は商品を保管，展示又は引渡しのためにのみ保有する場合，恒久的施設に該当しないとしている。

第4項(c)は，企業に属する物品又は商品の在庫について，当該企業の利益のために当該企業に代わって他の企業が加工するためにのみ保有する場合，恒久的施設に該当しないとしている。

第4項(d)は，企業のために，物品若しくは商品を購入し又は情報を収集することのみを目的として，事業を行う一定の場所を保有する場合，恒久的施設に該当しないとしている。

第4項(e)は，企業のために，その他の準備的又は補助的な性格の活動を行うことのみを目的として，事業を行う一定の場所を保有する場合，恒久的施設に該当しないとしている。この規定は，恒久的施設の適用除外を列挙することから漏れる事例をすくい上げて包括的に規定したものである。

ポイント

問題は，事務所等が源泉地国に存在していたとしても，その活動内容等が源泉地国課税のポイントなる。

(5) 第5項

第5項は，代理人が恒久的施設となる場合（いわゆる代理人 PE）の規定である。国際税務において，特定の代理人が恒久的施設とみなされる理由は，外国法人等が源泉地国に支店等を有すると同様の機能を果たすことが可能であるからである。しかしながら，代理人であっても，企業にとって従属的な地位にあり企業が支店を保有することと同様な機能を果たす者と，独立の地位を有する代理人とは区別され，後者の独立代理人の場合は，通常，恒久的

施設とはならない。その結果として，外国法人等が代理人 PE を源泉地国に有する場合は，その外国法人等が源泉地国で課税を受け，独立代理人である場合，この外国法人等は，源泉地国で課税関係が生じないことになる。

代理人が恒久的施設に該当するためには，2つの要件の充足が必要とされている。第1は，企業に代わって契約締結権限を有すること，第2に，この契約締結権限を常習的に行使することである。また，外国法人が源泉地国に子会社を設立する場合，この子会社が親会社の代理人として，親会社に代わって契約締結権限を有し，かつ，これを常習的に行使すること等，代理人 PE の存在の要件を充足する場合にのみ，この子会社は親会社の代理人 PE となり，親会社は源泉地国において納税義務が生じることになる。

ポイント
① 代理人は，企業に代わって行動する者のことであるが，源泉地国課税となる従属代理人と原則として源泉地国課税にならない独立代理人に区分される。
② 従属代理人に該当するためには2つの要件がある。

(6) 第6項

第6項は，独立代理人に関する規定である。ここでは，仲介人，問屋及びその他の独立した代理人が，その事業の通常の過程で行動するのであれば，源泉地国において課税を受けないことを定めている。本項における独立代理人は，契約締結権限を有し，かつ，これを常習的に行使する場合が多いことから，第5項の従属代理人との区分が問題となる。したがって，独立代理人は，①法的及び経済的双方において企業から独立している場合，かつ，②企業に代わって行動するときに自己の事業の通常の過程で行動する場合，が要件となる。したがって，専ら特定の企業のために，経済的活動を行う代理人の場合，上記②の要件を充足しないことになり，恒久的施設となる可能性もある。

(7) 第7項

第7項は，一方の締約国の企業が，他方の締約国内に子会社等を有する場合，その子会社等は，恒久的施設とはならないことを確認的に規定している。

第6条（不動産所得）

本条は，不動産の使用，賃貸等からの所得について規定し，不動産の譲渡収益については，本条約第13条に規定がある。

(1) 第1項

第1項は，不動産から生ずる所得について，その所在地国に課税権を認める規定である。これは，不動産から生ずる所得が，その所在地国から多くの便益を受けていることから，経済的関係が他の所得に比較してより密接であることを理由としている。また，本項は，農林業からの所得については，第7条の事業所得条項に規定するのではなく，不動産所得条項に規定している。

(2) 第2項

第2項では，不動産の定義は，その財産の所在する締約国の法令によることを規定している。また，不動産に付属する財産，農林業に用いられる家畜類及び設備，不動産に関する権利等は，不動産に含まれることを定めている。なお，船舶及び航空機は不動産に含まれない。

(3) 第3項

第3項は，不動産の利用形態にかかわらずその使用から生じる所得は不動産所得として課税になることを規定している。

(4) 第4項

第4項は，企業の使用する不動産から生じる所得について，第1項及び第3項が適用になることを定めている。これは，企業が源泉地国に恒久的施設を有して，この恒久的施設に所得が帰属する場合は，事業所得として課税になるが，企業が，源泉地国において恒久的施設を有していない場合，あるいは当該恒久的施設に帰属しない不動産所得であっても，不動産所得がある場合，その企業は，源泉地国において課税になることを規定している。

第7条（事業所得）

（第7条の概要）

恒久的施設（本条約第5条に規定）は，外国法人の支店等，事業を行う一定の場所を意味する国際税務独特の用語であるが，この恒久的施設に該当する支店等は，外国法人の組織の一部であるが，税務上，これを独立した企業とみなして所得計算を行うという独立企業の原則が適用される。

しかし，恒久的施設を独立した企業とみなして所得計算を行うことを前提としたとしても，本支店間又は支店相互間の取引は，同一企業内の内部取引であり，本店は，その課税所得計算上，支店の所得から内部利益を除去して合算するが，支店等である恒久的施設における所得計算は，あくまでも独立した企業と同様の計算を行うことになる。

(1) 第1項

第1項は，2つの重要な事項を規定している。

その1は，非居住者の事業所得課税の第1原則といわれる恒久的施設課税の原則である。この原則は，事業所得に関して，租税条約の一方の締約国の居住者である企業の利得は，他方の締約国に所在する恒久的施設を通じて行われない限り，他方の締約国における課税はないことを定めたものである。

第2は，いわゆる帰属主義を定めている。この帰属主義は，恒久的施設が所得源泉地国に存在する場合，その恒久的施設に帰せられる利得のみが，所得源泉地国において課税となることを定めたものであり，所得源泉地国に恒久的施設が存在する場合，本店直取引を含むすべての国内源泉所得をその国で課税する総合主義と対立する概念である。

(2) 第2項

第2項は，独立企業の原則を定めている。この原則は，本来は，企業の一部である支店等の恒久的施設を本店から分離独立した企業とみなし，この独立した企業間で一般の市場における条件及び価格で取引をした場合に得るであろう利得を恒久的施設に帰属する利得とする原則である。ただし，恒久的施設の所得計算において，第3項に規定する本店配賦経費等を控除すること

が認められている。

(3) 第3項

第3項は，恒久的施設のために，恒久的施設所在地国又はそれ以外の国において生じた経営費及び一般管理費を含む費用の控除ができることを定めている。

恒久的施設における課税所得の計算上，いくつかの点において問題がある。

例えば，本店からの借入金に係る利子及び特許権等に係る使用料として本店に支払う金額の取扱いである。これらについて支出した金額は，恒久的施設において費用として控除されないことになる。ただし，本店からの貸付金について，当該資金を本店が外部から調達して当該利子を支払う場合に，あるいは，銀行等の場合は，その利子を費用として計上することになる。

(4) 第4項

一方の締約国の権限ある当局が入手することができる情報が恒久的施設に帰せられる利得を決定するために十分でない場合には，その国の国内法に基づいて恒久的施設の利得が計算されることになる。この場合，この条のいかなる規定も，この恒久的施設の利得の計算に適用してはならないことを定めている。

(5) 第5項（単純購入非課税の原則）

第5項の趣旨は，他に事業を行っている恒久的施設が，本店のために行う商品の購入からの利益及びそれに係る費用を，その所得計算から除くことを規定している。

(6) 第6項

第6項は，第1項から5項までの適用に当たり，所得算定方法の継続性を要請している規定であり，正当な理由がある場合は例外とされている。

(7) 第7項

第7項は，投資所得のように他の条項に規定のある所得と事業所得条項の関連について規定したもので，これらの投資所得は，まず，それぞれの所得について規定する条項が適用となる。したがって，条約の適用上は，個別の投資所得条項が，第7条（事業所得）に優先適用となる。

これらの投資所得が，恒久的施設の所得に帰属する場合，配当，利子等の条項の規定にその旨の規定が置かれていることから，その規定に従い，恒久的施設の所得となる。このように取り扱う趣旨は，投資所得を当初から恒久的施設所得とすると，恒久的施設の存在の有無により所得源泉地国において免税となることを避ける意味から，投資所得としての課税が原則であり，そのうち，恒久的施設の所得に帰せられるものは，総合課税を行うように規定が置かれているのである。

(8) 議定書4

　米国モデル租税条約第7条第8項は，恒久的施設が存在する間に生じたこれらに帰属する所得は，恒久的施設の閉鎖後に支払が遅延した場合であっても恒久的施設又は固定的施設の所在した国に課税権があることを規定している。この議定書4は，米国モデル租税条約第7条第8項と同様の内容である。

(9) 2003年交換公文2

　条約相手国企業の支店等の所得算定において，独立企業間価格によることが了解された。さらに，外国法人に対する過少資本税制の適用上，わが国では，これら恒久的施設の自己資本の額は，外国法人の資本等の金額に，当該法人の総資産の帳簿価額に占める国内事業に係る資産の帳簿価額の割合を乗じて計算するが，このような計算方式が了解されている。なお，金融機関の場合も同様とされている。

第8条（国際運輸業所得）

(1) 第1項

　第1項は，国際運輸業を営む企業の居住地国に独占的課税権を認めている。

　また，国際運輸業所得において問題となる点は，国際運輸業所得が源泉地国において免税となることから，国際運輸業に付随する所得の範囲である。OECDモデル租税条約第8条（国際運輸業所得）では，次に掲げる所得が国際運輸業所得に含まれるものとしている。

① 完全に装備され，乗員が乗り込みその他必要なものが備え付けられた船舶又は航空機の賃貸から取得する利得は，国際運輸業所得に含まれる。ただし，船舶又は航空機のみを賃貸する裸用船契約に基づく賃貸による利得は，国際運輸業を営む企業の臨時的所得となる場合を除いて，国際運輸業所得には含まれない。
② 他の企業に代わって行う輸送切符の販売
③ 空港と市内を結ぶバス輸送の運用
④ 広告又は商業的宣伝
⑤ 港又は空港と集積場との間を結ぶトラックによる物品の輸送
⑥ 船舶又は航空機の国際的運用に補完的又は付随的に行うコンテナーの賃貸からの利得

　国際運輸業に付随する所得の範囲に含まれない例としては，次のようなものがある。

① 国際運輸業を営む企業が別の事業として行うホテルからの利得は除かれる。ただし，この宿泊設備がトランジットの旅客の利用に限定され，その料金が運賃に含まれている場合は国際運輸業の付随収入となる。
② 海運企業が源泉地国に保有する造船による所得は除かれる。
③ 国際運輸業を営む企業が取得する投資所得は，通常の投資所得と同様に取り扱われる。

　また，国際運輸業を営む企業が，源泉地国に国際運輸業以外の事業を営む恒久的施設を有する場合，当該恒久的施設が船舶あるいは航空機の運行に関

連する設備を有し，その費用を負担する場合であっても，国際運輸業からの所得の帰属は，当該企業に帰属して，当該恒久的施設に帰属させることはない（第8条コメンタリー・パラグラフ20）。

(2) 第2項

第2項は，国際運輸業所得として，船舶又は航空機の賃貸から生じた所得も含むことを規定している。裸用船契約に基づく賃貸所得が含まれる場合とは，当該船舶又は航空機が，借り手の企業により国際運輸業に運用される場合，又は当該賃貸所得が国際運輸業所得に付随する場合である。後段部分は，例として上に述べた，港又は空港と集積場との間を結ぶトラックによる物品の輸送等であり，これらの活動から取得する利得は，国際運輸業所得に含まれる。

(3) 第3項

国際運輸業所得について，源泉地国課税の免除（所得税及び法人税の免税）については，租税条約上規定があるが，地方税としての事業税を課税されると源泉地国免税とならないことから，昭和47年6月23日付外務省告示第140号により，日本の事業税の免税と米国州税の所得に対する租税及びわが国の事業税に類似する税目の免税とすることになっている。第3項の規定は，第二次日米租税条約では交換公文にあった規定を，条約本文に移すと共に，日本国においても，住民税及び事業税を免除することとした。

(4) 第4項

第4項は，国際運輸業に使用されるコンテナー（コンテナー輸送に付随する設備等を含む。）の使用，維持，賃貸から生じる所得は，居住地国のみで課税となることを規定している。

(5) 第5項

第5項は，第1項の規定が，共同計算，共同経営又は国際経営共同体に参加していることによって取得する利得についても，適用されること定めている。

第9条（特殊関連企業）

(1) 第1項

第1項は，資本等の保有を通じて親子会社及び兄弟会社等の状態にある会社間において，当該関連者間取引における価格等の操作を通じて，所得が一方の締約国の企業に移転しているときは，これを修正することができることを規定している。

(2) 第2項

第2項は，親子会社を例とすると，外国子会社の所得が移転価格税制の適用により増額更正された場合，親会社は，外国子会社において増額更正された部分の所得について既に申告納税を完了していることから，経済的二重課税が生じることになる。その結果，親会社について二重課税を調整する措置が必要となるが，外国子会社が移転価格税制の適用により増額更正された場合，親会社の所在地国において自動的に対応的措置がとられることはない。このような場合，当該外国子会社の増額更正が，独立企業の原則に基づいて適正に行われていることを条件とするものである。

(3) 第3項

第3項は，移転価格課税の調査について，原則として，課税年度終了時から7年以内にその期限を制限するための規定である。ただし，不正による脱税の場合，調査対象企業が調査を遅らせる工作等を行った場合はこの期間制限が適用されないことになる。

(4) 議定書5

米国の移転価格税制に係る財務省規則（§1.482-1(d)）では，移転価格における比較可能性の要素として，①機能分析，②契約条件，③危険，④経済的条件，⑤財産又は役務，の5つを挙げている。この議定書はほぼ米国の規則に類似した要因を規定している。

(5) 2003年交換公文3

この交換公文は，OECD移転価格ガイドラインを尊重することを両国が確認したものである。

Ⅲ　日米租税条約（2013年改正）

（参考）移転価格税制の特徴

　日本を含めて，各国の移転価格税制に共通する特徴は次のとおりである。

① その適用対象が，国外関連者（例えば，外国親会社又は外国子会社等）との取引が対象となることである。なお，米国の場合は，資本関係のある関連者である内国法人等間取引も対象としている。この目的は，関連者間における国際間における所得の移転を防止し，関係各国が自国の課税権の及ぶ所得を確保することである。

② 国外関連者との取引価格は第三者との取引価格である独立企業間価格により行われるとしている。例えば，内国法人が米国子会社に対して製品を販売する場合，米国の第三者である法人との取引であれば，その取引価格は市場価格に基づいた価格（すなわち独立企業間価格）により取引が行われることになるが，内国法人が米国子会社の所得を減少させ，内国法人の所得を増加させるのであれば，内国法人はその販売する製品の価格を高めに設定することができる。この例は，納税者が意図的に関連者間価格を操作した例であるが，同様の状況において，内国法人が米国子会社との取引価格を適正に決定したとしても，その取引価格が，独立企業間価格ではなく，この内国法人に所得を操作する意図がない場合であっても，その取引価格を独立企業間価格に引き直して所得算定が行われることになる。

③ 移転価格税制はグループ税制である。簡単にたとえると，日本親会社，米国子会社であれば，このグループ全体の利益を100とすると，親会社が60取れば，子会社は残りの40になる。子会社が税務調査により増額更正を受けてその所得が50になると，親会社は当初申告を10減額して50にしないと二重課税になる。

④ 平成23年度改正により，独立企業間価格の算定方法の見直し（最適方法ルール），利益分割法について法令上の明確化及び独立企業間価格幅（レンジ）の取扱いの明確化が図られた。

第10条(配当所得)

ポイント

第3次日米租税条約では，条約免税となる親子間配当の規定が新設されたことが大きな改正点である。

(1) 第1項

第1項は，配当所得について配当を支払う法人の居住地国（配当所得の源泉地国）がその課税権を独占するのではなく，この配当を受け取る居住者の居住地国もまた課税できることを定めている。

(2) 第2項

第1項は，配当を受け取る居住者の居住地国の課税権を認める規定であったが，第2項は，配当支払法人の居住地国（配当所得の源泉地国）においても課税することが認められている。

本項の(a)は，親子会社間の配当に係る限度税率の規定であり，配当支払法人の株式の10％以上を直接所有する法人に対する配当の支払については，税率は5％と定めている。これは，本項(b)に規定する一般配当に対する税率が10％であるのに対して，税率が軽減されている。このように，親子間配当の限度税率が一般配当の限度税率に比べて低い理由は，外国に子会社を設立するという直接的な国際的投資を促進する観点から，できる限り親子会社における重複した課税を避けるための措置である。

また，その適用対象となる要件として，配当の受領者が当該配当の受益者であることを定めているが，これは，配当支払法人とその配当の実質的な受領者である受益者との間に仲介する法人等を介在させることによって源泉地国において限度税率の適用を受けることによるトリティーショッピング等の租税回避を防止することを目的としている。

(3) 第3項

第3項は，条約免税となる親子間配当を定めているが，その要件は，次のとおりである（議定書一部改正）。

イ　親子間配当の受益者が次の①又は②に該当する場合

Ⅲ 日米租税条約（2013年改正）

① 次のロに定める要件の居住者
② 他方の締約国の居住者である年金基金で，この年金基金が直接間接に事業を遂行することにより取得した配当でないもの

ロ 上記イ①の居住者は，他方の締約国の居住者で，配当を受け取る者が特定される日を末日とする6か月間を通じて，配当支払法人の議決権株式の50％以上を直接に又はいずれかの締約国の居住者を通じて間接に所有する法人であって，次のいずれかに該当するものである。

① 上場法人又はその子会社等（本条約第22条第1項(c)(ⅰ)又は(ⅱ)に該当する法人）
② 当該一方の居住者により直接間接に所有されている子会社等及び課税ベース侵食テストの要件を満たす法人で（本条約第22条第1項(f)(ⅰ)又は(ⅱ)に該当する法人），第22条第2項の条件を満たすもの
③ 条約の特典の要求を受ける締約国の権限ある当局により，法人の設立目的の1つが，条約の特典を受けるものではないという認定を受けたもの

以上の規定は，この条約免税となる親子間配当について，トリティーショッピングを企てる法人等を排除することを意図したものといえる。

(4) 第4項

配当を支払う米国の規制投資会社（所定の要件を満たす証券投資信託）と不動産投資信託は，米国国内法の特例措置により課税上の特典（所得の一定割合を支払配当として損金算入）を受けているものである。

例えば，米国不動産を所有しようとする条約相手国の居住者が，不動産投資信託に米国不動産を所有させ，そこから配当を受け取るようにするときは，配当の限度税率の適用を受けるのであれば，不動産投資信託を利用した租税回避ということになる。したがって，これらからの支払配当に対して，親子間配当の限度税率及び親子間配当の条約免税の規定の適用はない。

本項における適用を条件別にすると，その区分は次のとおりである。
（規制投資会社からの支払配当）
　○受益者が所定の年金基金の場合：条約免税
　○それ以外　　　　　　　　　　：10％

（不動産投資信託の持分割合が10％以下の場合）
　　○受益者が所定の年金基金の場合：条約免税
　　○受益者が個人の場合　　　　　：10％
（不動産投資信託の一般取引の種類の持分への支払と持分割合が5％以下の場合）
　　○受益者が所定の年金基金の場合：条約免税
　　○それ以外　　　　　　　　　　：10％
（不動産投資信託の10％以下持分とそれが分散投資をしている場合）
　　○受益者が所定の年金基金の場合：条約免税
　　○それ以外　　　　　　　　　　：10％
（上記のいずれにも該当しない場合）
　　○米国国内法の適用　　　　　　：30％の源泉徴収課税

(5) 第5項

　第4項が，米国側の法令に基づく条約上の規定であるのに対して，第5項は，日本の法令に基づいた導管法人からの配当に係る規定である。したがって，規定上の趣旨は，第4項と重なる部分も多く，第4項とこの項は表裏の関係にあるといえる。

　この配当条項に定めのある親子間配当（第2項(a)）及び条約免税となる親子間配当（第3項(a)）の規定は，特定目的会社（SPC）等のように，配当を損金算入することができる導管法人からの配当については適用しないとしている。すなわち，この配当は，親子間配当としては取り扱われないということである。

　本項における適用を条件別にすると，その区分は次のとおりである。
（法人の有する資産に占める日本国内不動産割合が50％以下の場合）
　　○受益者が所定の年金基金の場合：条約免税
　　○受益者が個人の場合　　　　　：10％
（法人の有する資産に占める日本国内不動産割合が50％超の場合）
① SPC等の持分割合が10％以下の場合
　　○受益者が所定の年金基金の場合：条約免税
　　○受益者が個人の場合　　　　　：10％

② SPC 等の一般取引の種類の持分への支払と持分割合が5％以下の場合
　○受益者が所定の年金基金の場合：条約免税
　○それ以外　　　　　　　　　　：10％
③ SPC 等の10％以下持分と法人が分散投資をしている場合
　○受益者が所定の年金基金の場合：条約免税
　○それ以外　　　　　　　　　　：10％
④ 上記のいずれにも該当しない場合
　　○日本の国内法の適用　　　　　：20％の源泉徴収

(6) 第6項

第6項は，配当を次のとおり定義している。

「配当」とは，株式その他利得の分配を受ける権利（信用に係る債権を除く。）から生ずる所得及び支払者が居住者とされる締約国の租税に関する法令上株式から生ずる所得と同様に取り扱われる所得をいう。

(7) 第7項

第7項は，源泉地国において支払われた配当が，当該源泉地国に存在する他方の締約国の企業の恒久的施設と実質的に関連してなされた場合，当該配当は，恒久的施設の利益の一部として課税されることになる。

(8) 第8項

源泉地国において発生した利益を原資として，その法人の居住地国において配当が行われる場合，当該配当について源泉地国が課税することを追いかけ課税と一般的にはいわれているが，この第8項は，源泉地国の国内法の域外適用であるこの追いかけ課税を禁止するための規定である。ただし，第9項の支店の利益送金等に課される税については，第8項の適用が除かれている。

(9) 第9項

米国では，外国子会社であれば親会社への配当は源泉徴収されるのに対して，外国法人である米国支店が外国本店に利益送金すると課税されなかったことから，この格差を是正するために米国支店（外国法人）の税引後の利益に対して配当等価金額を算定して，これに源泉徴収を課すことを国内法（内

国歳入法典第884条）に規定した。この支店利益税は，追いかけ課税の一種であることから，その例外としてこの規定を置いている。

第9項の規定は，適用とならない法人について以下のように規定している。

① 上場法人又はその子会社等（本条約第22条第1項(c)(i)又は(ii)に該当する法人）
② 当該一方の居住者により直接間接に所有されている子会社等及び課税ベース侵食テストの要件を満たす法人で（本条約第22条第1項(f)(i)又は(ii)に該当する法人），第22条第2項の条件を満たすもの
③ 条約の特典の要求を受ける締約国の権限ある当局により，法人の設立目的の1つが，条約の特典を受けるものではないという認定を受けたもの

したがって，条約免税となる特定の親子間配当と同様の条件となる場合は，支店利益税が課されないことになる。

(10) **第10項**

第10項は，支店利益税の条約上の課税が，原則として，税率5％を適用することを規定している。

(11) **第11項**

第11項は，優先株式等に係る配当について，租税条約の適用を制限する趣旨の規定である。

一方の締約国の居住者が優先株式等の持分に関して，他方の締約国の居住者から配当を受ける場合，(a)当該配当に関して課税の軽減を受ける権利を有しないこと，及び(b)いずれの締約国の居住者でもないこと，の条件に該当する者が，配当の軽減等の租税条約の特典を受けるために優先株式等の取得を人為的に仕組んだものと認められる場合，当該配当の受領者は，配当の受益者とされない。

(12) **議定書6，7**

① 議定書6

この第10条（配当所得）の第4項に，不動産投資信託により支払われる配当の場合は，租税回避に該当しないとして想定した次に掲げる条件のいずれかに該当する場合に，一般配当の限度税率の適用及びその受益者が所定の

年金基金に該当する場合に条約免税の適用をする規定がある。その条件の1つが次のものである。

「配当の受益者が、不動産投資信託の10％以下の持分を有する者で、かつ、その不動産投資信託が分散投資をしている場合」

また、同様の規定は、SPC等を規定した第10条第5項にもある。

この議定書6の適用上、譲渡担保財産としての不動産であるが、その受戻権が消滅したものは、不動産の持分とはされない。これらの者がパートナーシップの持分を保有している場合には、これらの者は、当該パートナーシップが有する不動産の持分（パートナーシップは、不動産を所有する権能を有している。）を、実際の所有権はこのパートナーシップであるが、これらの者が有する当該組合の持分の割合に応じて直接に所有するものとして取り扱うとしている。

② 議定書7

この規定の背景にある米国支店利益税では、支店利益税の課税対象となる配当等価額は、外国法人の米国支店の税引後利益に、米国の純財産額の増減を調整した金額である。この議定書7は、このことを確認的に規定している。

⒀ **2003年交換公文4**

交換公文4では、第10条第2項及び第3項に関し、日本国については、配当の支払を受ける者が特定される日は、利得の分配に係る会計期間の終了の日であるとしている。

第11条（利子所得）（2013年改正により全文改正）

> ポイント

　第11条は，全文改正となっているが，改正議定書第2項(b)（現条約第11条第9項），改正議定書第3項（現条約第11条第7項），改正議定書第4項（現条約第11条第5項），改正議定書第5項（現条約第11条第6項），改正議定書第6項（現条約第11条第8項），改正議定書第7項（現条約第11条第11項）と組み替えられている。現条約第11条第3項の金融機関等の利子所得の条約免税の規定，同条第4項の中央銀行等の課税免除となる機関に係る規定及び同条第10項の米国の超過利子税に係る規定が削除されている。削除された規定は，利子所得が原則として源泉地国免税となったことから，その意義を失ったものといえよう。

　今回の改正のポイントは，現条約における利子所得に対する限度税率が10％であり，銀行等が利子の受益者である場合条約免税となっていたが，改正により原則源泉地国免税となったが，一部の利子に10％の適用が残った。

(1)　第1項

　第1項は，一方の締約国に源泉を有する利子で，他方の締約国の居住者が受益者となる利子について，居住地国のみの課税（源泉地国は条約免税）に改正された。

(2)　第2項

　第2項(a)は，利子所得の源泉地国における所定の利子課税に関する規定であり，条約上の限度税率を10％としている。その所定の利子とは，債務者若しくはその関係者の収入，売上げ，所得，利得その他の資金の流出入，債務者若しくはその関係者の有する資産の価値の変動若しくは債務者若しくはその関係者が支払う配当，組合の分配金その他これらに類する支払金を基礎として算定される利子又はこれに類する利子のことである。その場合，源泉地国は，この利子の受益者が他方の締約国の居住者に対する課税をする場合の限度税率が10％である。

　第2項(b)は，米国国内法に規定のあるレミック（Real Estate Mortgage

Investment Conduit: REMIC) 等（内国歳入法典第860条 G(b)等）と整合性を保つために規定したものである。なお，このレミックは，一定の要件を満たす場合，納税主体とはならず，その持分権者の段階で課税となるペイスルー型の税法上の概念である。

このレミックの所有権となる残余持分権（residual interests）に対する支払われる法令を超える利子の額は，その一方の締約国の法令（米国国内法）により課税することになる。すなわち，レミックの純所得で，投資家段階において課税を受ける部分（excess inclusion）が租税条約の課税の軽減措置を受ける場合，米国居住者よりも，租税条約の適用を受けて租税の軽減となる非居住者のほうが有利となるために，支払段階において国内法を適用して平仄を保つ持つ措置が必要になるからである。

(3) 第3項

本項は，利子所得に関する所得源泉地に係る規定である。

① 利子所得の所得源泉ルールの原則として，債務者の所在地国が所得源泉地となる債務者主義が適用となる。
② 日米いずれかの恒久的施設により債務が負担される場合は，恒久的施設が存在する日本又は米国が所得源泉地となる。
③ 第三国に所在する恒久的施設により債務が負担される場合は，恒久的施設の所在地国が所得源泉地となる。

(4) 第4項

本項は利子を次のように定義している。

「利子」とは，すべての種類の信用に係る債権（担保の有無及び債務者の利得の分配を受ける権利の有無を問わない。）から生じた所得，特に，公債，債券又は社債から生じた所得（公債，債券又は社債の割増金及び賞金を含む。）及びその他の所得で当該所得が生じた締約国の租税に関する法令上貸付金から生じた所得と同様に取り扱われるものをいう。前条（配当所得）で取り扱われる所得は，この条約の適用上利子には該当しない。

(5) 第5項

本項は，利子が恒久的施設の資産を構成する債権に関連して支払われ，又

は当該恒久的施設に実質的に関連するものである場合，源泉地国は，当該利子を当該恒久的施設の所得の一部として課税することができる。この場合には，事業所得条項（本条約第7条）が適用される。

(6) **第6項**

本項では，特殊関連企業間において独立企業間価格を超えた利子を支払うような場合，その超過する部分については，源泉地国が超過分の額の5％を超えない額の租税を課すことができることを定めている。

(7) **第7項**

本項は，利子について，租税条約の適用を制限する趣旨の規定である。

一方の締約国の居住者がある債権に関して，他方の締約国の居住者から利子を受ける場合，(a)当該利子に関して課税の軽減を受ける権利を有しないこと，及び(b)いずれの締約国の居住者でないこと，の条件に該当する者が，利子の軽減等の租税条約の特典を受けるために債権の取得を人為的に仕組んだものと認められる場合，当該利子の受領者は，利子の受益者とされない。

(8) **議定書8**

この議定書は，トレーディングの決済に債券を必要とする者が，条約相手国の居住者である債券所有者から債券を借り受け，その見返りとして担保金を支払い，一定期間経過後に，貸し出した者に対して，同種・同一数量の債券を返還して担保金の返還を受ける取引（レポ取引）等に係る規定である。この規定は，レポ取引債券貸借の見返り金額或いはコミットメント契約の手数料が利子所得として課税を受けないことを確認したものである。

(9) **2003年交換公文5（削除）**

Ⅲ　日米租税条約（2013年改正）

第12条（使用料所得）

> ポイント

　使用料所得が原則として源泉地国において条約免税となった。

(1) **第1項**

　第1項は，使用料の受益者の居住者のみに課税権を認める規定である。したがって，使用料の源泉地国である締約国は，当該使用料を免税とすることになるが，その要件が，当該使用料の受益者が他方の締約国の居住者であることであることから，受益者と支払者の間に仲介者が存在するような場合，源泉地国において免税とはならないことになる。

(2) **第2項**

　第2項は，使用料を次のように定義している。

　「使用料」とは，文学上，芸術上若しくは学術上の著作物（映画フィルム及びラジオ放送用又はテレビジョン放送用のフィルム又はテープを含む。）の著作権，特許権，商標権，意匠，模型，図面，秘密方式若しくは秘密工程の使用若しくは使用の権利の対価として，又は産業上，商業上若しくは学術上の経験に関する情報の対価として受領されるすべての種類の支払金等をいう。

(3) **第3項**

　第3項は，使用料の受益者がその使用料の生じた他方の締約国に恒久的施設を有する場合で，その使用料支払の基因となった権利又は財産が当該恒久的施設と実質的に関連するものであるときは，源泉地国は，当該使用料を当該恒久的施設の所得の一部として課税することができる。この場合には，事業所得条項（第7条）が適用される。

(4) **第4項**

　第4項は，特殊関連企業間において独立企業間価格を超えた使用料を支払うような場合，その超過する部分については，限度税率5％で課税となることを定めている。

(5) 第5項

第5項は，無体財産権の使用料について，租税条約の恩典を不正に利用することを制限する趣旨の規定である。

一方の締約国の居住者がある無体財産権の使用に関して，他方の締約国の居住者から使用料の支払を受ける場合，(a)当該使用料に関して課税の軽減を受ける権利を有しないこと，及び(b)いずれの締約国の居住者でもないこと，の条件に該当する者が，使用料の軽減等の租税条約の特典を受けるために無体財産権の取得を人為的に仕組んだものと認められる場合，当該使用料の受領者は，使用料の受益者とはされない。

（参考資料）米国におけるコンピュータ・プログラムの課税

米国は，1996年11月13日に財務省規則案（proposed regulations）として§1.861-18「コンピュータ・プログラムを含む取引の分類」を公表し，1998年9月に，これを最終規則として制定している。

この最終規則は，わが国を含めて，課税上に疑義の多いコンピュータ・プログラムを含む取引（CP取引）の取扱いについて，米国課税当局の一定の見解を示したもので，米国国内法の適用はもとより，米国以外の国の国内法及び租税条約の適用に関して影響を及ぼすものと思われる。

この規則作成の動機となった米国の課税問題は，米国のみならず世界各国に共通する課税問題である源泉徴収の可否である。この問題は，国内法のみならず，租税条約における事業所得条項あるいは使用料条項の適用に係る問題でもある。ここにおける焦点は，CP取引の対価が，販売であるのか（租税条約に規定する事業所得等）又は使用料に該当するものであるのかということである。前者であれば，源泉徴収の課税はなく，後者であれば，源泉徴収の課税があることになる。

Ⅲ　日米租税条約（2013年改正）

第13条（譲渡収益）

(1) 第1項
　第1項は，不動産の譲渡収益について，その所在する締約国に課税権があることを定めている。この場合，不動産の定義は，本条約第6条（不動産所得）に規定のある不動産をいう。

(2) 第2項（改正）
　この条の規定の適用上，「他方の締約国内（源泉地国）に存在する不動産」には，次のものが含まれる。
　(a)　第6条（不動産所得）に規定する不動産
　(b)　当該他方の締約国が日本国である場合には，法人，組合又は信託（その資産の価値が主として第6条に規定する不動産であって日本国内に存在するものにより直接又は間接に構成されるものに限る。）の株式又は持分
　(c)　当該他方の締約国が合衆国である場合には，合衆国不動産持分（a United States real property interest）

　米国は1980年（昭和55年）に外国人不動産投資税法（Foreign Investment in Real Property Tax Act：略称FIRPTA）により内国歳入法典第897条を創設した（1984年改正法により同税制に源泉徴収の適用を規定）。日本では，平成17年度の税制改正により，その資産の価額の総額の50％以上が国内にある土地等或いは資産の価額の総額のうちの土地等の価額の割合が50％以上である不動産関連法人の株式等（以下「不動産化体株式」という。）といい，この株式の譲渡所得は，国内にある資産の運用，保有または国内にある不動産の譲渡等による所得に含まれることになった。

　不動産化体株式の譲渡で課税対象となる範囲は，次のようになっている（法令187⑨）。この場合の所有割合に関する判定は，個人の非居住者の場合，譲渡年分の前年の12月31日，外国法人の場合，譲渡の属する事業年度開始の日の前日に行われる。

①　上場株式等の場合，不動産関連法人の特殊株主等が自己株式を除く発行済株式等の総数の5％超を所有し，その譲渡した非居住者等が特殊関係

株主等（法令187⑩に規定）である場合
② 上場株式等以外の株式の場合，不動産関連法人の株主が発行済株式等の総数の2％超を所有し，その譲渡をした非居住者等が特殊関係株主等である場合

　米国内国歳入法典では，第897条及び財務省規則§1.897において，合衆国不動産持分の定義があることから，これらの国内法に基づいて課税ということになる。現条約の第3条第2項に，条約に定めのない用語について，文脈により別に解釈する場合を除いて，課税を行う国における税法を含む国内法における意義によることになる旨規定されていることから，この規定が国内法適用の根拠となる。

(3) **第3項**

　第3項(a)は，国から金融支援を受けた金融機関の株式の譲渡収益について，その最初の金融支援開始の日から5年以内という期限内において，その金融支援をした締約国にこの譲渡収益の課税権があることを規定している。

　この場合の要件は，次の2つである。
① 条約締約国（日本の場合は預金保険機構を含む。）である金融支援国が，自国の金融機関の破綻処理に関する法律に従って，自国の居住者である金融機関に対して多額の資金援助を行うこと
② 金融支援国以外の締約国の居住者が，金融支援を受けた金融機関の株式を取得すること

　なお，預金保険機構は，預金保険法に基づいて，金融機関から保険料を徴収して，金融機関が破綻した場合の預金の払戻しを行う組織である。

　第3項(b)は，金融支援国以外の締約国の居住者が，金融支援を受けた金融機関の株式をこの条約の発効前に取得した場合，又は，この条約の発効前に締結された拘束力ある契約に基づいて当該株式を取得した場合には，源泉地国課税の適用はないとしている。

　一般の株式譲渡益に対して本条約を適用すると，本条第7項の適用となり，源泉地国免税で居住地国課税となる。したがって，所定の期限内，金融支援をした他方の締約国に課税権を認めることで，一方の締約国の居住者による

当該株式の譲渡益課税を回避することを防ぐ意義がある。

(4) 第4項

第4項は，第3項の規定にかかわらず，企業の恒久的施設において用いられる事業用資産を構成する動産の譲渡収益について，恒久的施設の存在する国において課税できることを規定している。

(5) 第5項

第5項は，第4項の例外として，国際運輸に運用する船舶，航空機の譲渡，内陸水路運輸に従事する船舶の譲渡又はこれらの船舶，航空機の運用に係る動産の譲渡から生ずる収益は，企業の実質的管理の場所が所在する締約国においてのみ租税を課すことができることを規定している。この規定は，第8条の国際運輸業所得条項と同様な原則である。

(6) 第6項

日米間では，国際運輸業におけるコンテナー運送の発展に関連して第二次日米租税条約に関する交換公文（昭和47年6月23日外務省告示第140号）があり，コンテナー等の賃貸等により生じる所得は，源泉地国免税とすることが了解されている。

本条約第8条（国際運輸業所得）の第4項に，国際運輸業者が国際運輸業において使用するコンテナー及び関連設備の賃貸等により取得する所得について，源泉地国免税とする規定がある。

本項は，国際運輸業者が国際運輸業において使用するコンテナー及び関連設備の譲渡による収益について，当該コンテナーが源泉地国内においてのみ使用される場合を除いて，源泉地国免税となることを規定している。

(7) 第7項

第7項は，第1項から第6項までに掲げられていない資産の譲渡からの収益について，居住地国においてのみ課税となることを規定している。したがって，本条において特別に規定のない法人の株式，債券，社債等の譲渡からの収益は，その譲渡者が居住者である国においてのみ課税となる。

（参考資料）米国の不動産関連法人株式の譲渡の課税

　米国は，1980年に外国人不動産投資税法（Foreign Investment in Real Property Tax Act of 1980：以下「FIRPTA」という。）を制定した。

　FIRPTAが制定される以前，原則として，米国で事業を行わない非居住者の譲渡収益は，米国での課税がなく，さらに，米国不動産を保有する米国法人の株式を譲渡することで，間接的に米国不動産を譲渡した場合も同様に課税が行われなかった。

　このFIRPTAによる課税では，FIRPTAの立法により内国歳入法典第897条が新設され，米国非居住者が米国不動産に対して，直接，間接に保有する権利に係る譲渡収益は，米国の事業と実質関連のある所得として課税され，当該所得は，米国国内源泉所得として扱われる。この場合，米国非居住者が直接保有する米国不動産の権利の譲渡は勿論，一定要件の米国法人である米国不動産保有法人（米国不動産割合50％以上の法人）の株式の処分から生ずる譲渡収益も課税の対象となる。

　そして，外国投資家による米国法人である米国不動産保有法人の株式の譲渡は，当該株式が上場され，かつその所有割合が基準年度において5％以下である場合等の例外を除き，その売買数量にかかわらず課税となる。

　その後，1984年に制定された赤字削減法（Deficit Reduction Act, PL 98-369）により当該株式の譲渡に対して源泉徴収を行うことが決定された。

　この課税では，外国投資家が米国不動産に対する権利を譲渡した場合，当該権利を取得した者は，源泉徴収が免除される場合を除いて，譲渡において実現した金額（取引金額）の10％を源泉徴収することになった。

第14条（給与所得）

ポイント

① 給与所得の所得源泉地は，役務提供地である。日本で勤務する外国人社員が本国において外貨で給与の支払を受ける場合，日本における源泉徴収の対象にならないが，このことと日本における課税は関係ないことになる。日本で勤務する外国人社員に対して外国で支払われた外貨による給与は，円に換算して，非永住者の場合であれば，日本で課税になる範囲を判定して，確定申告することになる。

② 日本で勤務する米国人社員は，非永住者となる場合が多いが，この個人は日本居住者である。これに対して，日本において本条約の適用を受ける個人は，米国居住者・日本非居住者の場合である。

(1) 第1項

本条約では，役員報酬については第15条，退職年金については第17条，政府職員に係る給与及びその年金については第18条に別に規定されていることから，本条は，これらに規定するものを除く勤務から生ずる所得について規定している。

第1項は，給与所得について，その勤務が実際に行われた国において課税されることを規定している。したがって，給与の支払地はその所得源泉地の判定において考慮されないことになる。なお，給与所得とは，勤務について取得する給料，賃金その他これらに類する報酬である。

(2) 第2項

第2項は，第1項の例外規定であり，いわゆる短期滞在者免税の規定である。本項においては，短期滞在者免税を受けるための3つの要件が定められている。この短期滞在者免税は，人的交流を促進する観点から，一定要件を満たす給与所得者について，源泉地国においてその課税を免除するための規定である。

第1は，183日ルールであり，旧日米租税条約では，1課税年度（暦年）において合計183日を超えない滞在が要件であったため，2課税年度にわた

り滞在する者の滞在期間が合計183日を超える場合，例えば，連続して滞在する場合で，1年目100日，2年目90日の場合，同一年度の滞在日数が183日を超えないことから課税にならなかった。

本条約では，1992年のOECDモデル租税条約と同様に，年の途中において入国したような場合又は出国するような場合，その入国以降又は出国の日までを計算期間とする規定に改正されている。なお，日数の計算は，物理的に存在する日を基準として計算され，入国日，出発日，祝日及び休日等が含まれることになる（OECDモデル租税条約第15条コメンタリー・パラグラフ5）。

第2の要件は，給与を支払う雇用者が，勤務が実際に行われている国の居住者でないことである。例えば，日本に1カ月滞在する条約相手国の居住者が，内国法人から給与を受け取る場合，この規定により短期滞在者免税の適用はないことになる。

第3の要件は，雇用者が勤務の行われる国に恒久的施設又は固定的施設を有する場合，その報酬が恒久的施設又は固定的施設に負担されない場合，免税となる（第15条パラグラフ7）。

(3) **第3項**

第3項は，国際運輸等に従事する乗組員の報酬について源泉地国免税として，企業の居住地国となる締約国において課税することを定めている。

(4) **議定書10**

議定書10(a)には，ストックオプション制度により被用者が受ける利益で，ストックオプションの付与から行使までの期間に関連するものは，給与所得条項に規定のある「その他これらに類する報酬」という規定で読むことが両国で了解されている。

議定書10(b)には，次の①から④までの要件を満たす場合，二重課税を回避するために，ストックオプション行使時に課税をする居住者とならない締約国は，ストックオプションの付与から行使までの期間のうち，その被用者の当該締約国における勤務に対応する分についてのみ課税できるとしている。

① その被用者が，その勤務に関してストックオプションを付与されている

こと
② その被用者が，ストックオプションの付与から行使までの期間中，両締約国において勤務を行ったこと
③ その被用者が，行使の日において勤務を行っていること
④ その被用者が，両締約国の国内法により課税されること

なお，この課税に疑義のあるときは，相互協議によりその問題を解消することになっている。

（日米租税条約におけるストックオプション関連事項の整理）
1 本条約におけるストックオプションに係る規定
本条約におけるストックオプションに係る規定は，次のようになっている。
① 本条約の第14条（給与所得）に係る議定書10に規定がある。
② 米国財務省が作成し，2004年2月24日に公表した条約のテクニカル・エクスプラネーションに「交渉当事者間の了解（Understanding of the Negotiators）」が添付されている。この了解は，平成16年5月に日本の財務省から「交渉担当者間の了解」という形で同じものが公表されている。
2 議定書10の概要
議定書10において，次のような事項が規定されている。
① ストックオプション制度に基づき被用者が享受する利益で，ストックオプションの付与から行使までの期間に関連するものは，第14条（給与所得）の適用上「その他これらに類する報酬」とされる。
② 被用者が次の(i)から(iv)までに掲げる要件を満たす場合には，二重課税を回避するため，ストックオプションの行使の時に当該被用者が居住者とならない締約国は，当該利益のうち当該被用者が勤務を当該締約国内において行った期間中当該ストックオプションの付与から行使までの期間に関連する部分についてのみ租税を課することができることが了解される。
(i) 当該被用者が，その勤務に関して当該ストックオプションを付与された

こと
(ii) 当該被用者が、当該ストックオプションの付与から行使までの期間中両締約国内において勤務を行ったこと
(iii) 当該被用者が、当該行使の日において勤務を行っていること
(iv) 当該被用者が、両締約国の法令に基づき両締約国において当該利益（such benefits）について租税を課されることになること
③ 除去されない二重課税を生じさせないため、両締約国の権限ある当局は、このようなストックオプション制度に関連する給与所得条項（第14条）及び二重課税の排除条項（第23条）の解釈又は適用に関して生ずる困難又は疑義を、相互協議条項（第25条）の規定に基づく合意によって解決するよう努める。

3　交渉当事者間の了解の概要

　この了解は、ストックオプションに係る課税における国際的二重課税排除の観点から、条約と国内法がどのような組合せの場合に国際的二重課税となるのかを検討したものである。結果として、国際的二重課税の排除が外国税額控除を適用したとしても完全に行われないという分析結果が出たことにより、相互協議により国際的二重課税を排除する方法を規定したのである。なお、この了解に添付されている例示は次のとおりである。

(1) 仮設例
① オプション価格は15（権利付与時の株価）
② オプション行使期間は5年、行使時の株価は20
③ 被用者は行使の次年度に当該株式を40で譲渡
④ 被用者は、権利付与から行使までの期間、日米双方で勤務を行い、いずれかの国の居住者であった。
⑤ 被用者は、行使と譲渡時点において日米それぞれの居住者期間がある。

(2) 例示1

　被用者は、行使時と譲渡時に日本居住者である。権利付与から行使までの期間は5年である。被用者は、その間、米国で4年、日本で1年間勤務している。

(3) 例示2

被用者は，行使時と譲渡時に米国居住者である。権利付与から行使までの期間は5年である。被用者は，その間，日本で4年，米国で1年間勤務している。

(4) 例示3

被用者は，行使時に日本居住者で，譲渡時に米国居住者である。権利付与から行使までの期間は5年である。被用者は，その間，米国で4年，日本で1年間勤務している。

(5) 例示4

被用者は，行使時に米国居住者で，譲渡時に日本居住者である。権利付与から行使までの期間は5年である。被用者は，その間，日本で4年，米国で1年間勤務している。

	例示1	例示2	例示3	例示4
権利付与から行使までの期間	5年間： 米国4年 日本1年	5年間： 日本4年 米国1年	5年間： 米国4年 日本1年	5年間： 日本4年 米国1年
行使時	日本居住者	米国居住者	日本居住者	米国居住者
譲渡時	日本居住者	米国居住者	米国居住者	日本居住者

第15条（役員報酬）（改正）

改正された15条の条文は次のとおりである。

「一方の締約国の居住者が他方の締約国の居住者である法人の取締役会の構成員の資格で取得する報酬その他これに類する支払金に対しては，当該他方の締約国において租税を課することができる。」

さらに，交換公文3では，「条約第15条の規定に関し，一方の締約国の居住者が法人の取締役会の構成員として役務を提供しない場合には，当該居住者の役職又は地位にかかわらず，同条の規定は，当該居住者が取得する報酬について適用しないことが了解される。さらに，法人の取締役会の構成員が当該法人における他の職務（例えば，通常の被用者，相談役又はコンサルタントとしての職務）を兼ねる場合には，同条の規定は，当該他の職務を理由として当該構成員に支払われる報酬について適用しないことが了解される。」としている。

ここにおける問題点は，条約の規定する役員（director）と米国が会社の執行を行う役員（officer）との解釈の相違が生じることである。改正前では，「法人の役員の資格」という規定であったが，改正後は，法人の取締役会の構成員（a member of the board of directors of a company）の資格と役員の用語が厳密に定義されたことで，日米間における用語理解の不一致は解消されるものと思われる。

（参考事項）内国法人の役員報酬の課税

所得税法施行令第285条第1項第1号は，所得税法第161条第8号イに規定する政令で定める人的役務の提供について，次のように定めている。

「内国法人の役員としての勤務で国外において行うもの（当該役員としての勤務を行う者が同時にその内国法人の使用人として常時勤務を行う場合の当該役員としての勤務を除く。）」

したがって，内国法人の役員として受領する報酬は，その勤務する場所にかかわらず，すべて国内源泉所得となる。ただし，使用人としての職制上の

Ⅲ 日米租税条約（2013年改正）

地位を有する使用人兼務役員で，使用人として常時勤務を行う者については，その役務提供の場所に所得源泉地があることになる。

この使用人として常時勤務を行うことの意義は，内国法人の役員が内国法人の海外にある支店の長として常時その支店に勤務するような場合をいい，例えば，非居住者である内国法人の役員が，その内国法人の非常勤役員として海外において情報の提供，商取引の側面的援助等を行っているにすぎない場合は，これに該当しない，とされている（所得税基本通達161-29）。

また，内国法人の役員がその法人の外国子会社に常時勤務する場合，その子会社の設置が現地の特殊事情に基づくものであり，その子会社の実態が，内国法人の支店，出張所と異ならないことで，かつ，その役員の子会社における勤務が，内国法人の命令に基づくものであって，その内国法人の使用人としての勤務であると認められること（所得税基本通達161-30），の要件を充足する場合，当該役員については使用人兼務役員と同様に取り扱うことになる。

第16条（芸能人及び運動家）

(1) 第1項

　芸能人等に対して特に条項を設けて課税を行う理由は，芸能人及び運動家の源泉地国における滞在期間が比較的短期であり，かつ，高額な所得を得る特徴があることから，源泉地国における課税を広く認めているのである。

　第1項は，一方の締約国の居住者である芸能人及び運動家の所得について，その活動が独立的であれ，従属的であれ，個人的活動の行われた国において課税することを定めている。この規定は，第7条（事業所得）及び第14条（給与所得）の例外であり，事業所得の恒久的施設原則及び給与所得における短期滞在者免税の規定が芸能人等に適用されない旨を明らかにすると共に，源泉地国に第一次課税権を認めたものである。

　本条の対象となる芸能人とは，第1項に掲げられたものが例示であることから，政治的，社会的，宗教的又は慈善的な性格を有する活動であっても，娯楽の要素のある場合，本条が適用となる。

　また，芸能人等が出演料以外の使用料，スポンサーシップ，広告料として得る所得は，その国における活動と直接的な関連のあるものについては，本条の適用があり，それ以外の所得は，事業所得又は給与所得条項の適用となる。

(2) 第2項

　第2項は，芸能人等の所得が法人等により受け取られる場合を扱っており，当該法人の利得については，本項により源泉地国が課税できることを規定している。この規定は，源泉地国課税となる芸能人等が，芸能法人を利用して（源泉地国に恒久的施設のないことを理由にして課税を免れる。）源泉地国課税を回避することを防止する趣旨である。

　ただし，個人的活動に関する契約において，その個人的活動を行う芸能人等を指定する権限を第三者に認めている場合は，芸能人等の個人所得に該当しないことから本項に規定する源泉地国課税の対象とならないことを定めている。

Ⅲ　日米租税条約（2013年改正）

（参考事項：外国芸能法人等に対する国内法の規定）

　平成4年の税制改正により，日本国内において興行等を行い，日本の興行主から報酬を受け取る外国芸能法人等が，租税条約により日本国内に恒久的施設がないことを理由として当該事業所得について免税となる外国の芸能法人等（以下「免税芸能法人等」という。）の場合，その支払に対して所得税の源泉徴収義務が課され，20％の税率が適用となる（租税特別措置法第42条第1項）。ただし，免税芸能法人等が「免税芸能法人等に関する届出書」を提出している場合は，15％の税率適用となる（同条第3項：平成7年改正）。

　この場合の課税の手順等は次のとおりである。
① 日本の興行主から免税芸能法人等への支払（15％の源泉徴収）。
② 免税芸能法人等は日本非居住者である芸能人等に対して役務提供の対価を支払う際に20％の源泉徴収を行う。なお，この芸能人等に対する日本の課税はこれで完了することになる。
③ 免税芸能法人等は還付請求書を後日提出することにより還付を受けることになるが（租税条約実施特例法第3条第2項，第3項），免税外国芸能法人等が納付する所得税に当該還付金を充当することは認められている（租税条約実施特例法省令第1条の2第3項，第4項）。

　また，免税外国芸能法人等が，別の免税外国芸能法人等に対して報酬を支払う場合は，当該支払に対して，源泉徴収が行われ，当該別の免税外国芸能法人等が，芸能人に対して報酬を支払う場合，当該芸能人の課税は完了する。

第17条（退職年金）

ポイント

① 本書において取り上げている社会保障協定の整備，日本からの退職者の海外移住等により，租税条約における退職年金条項は注目を集めている。
② 退職時に受け取る一時金（いわゆる退職金）は，給与所得条項の適用である。

(1) 第1項

OECDモデル租税条約第18条（退職年金）の規定は，政府職員に係る退職年金（同モデル租税条約第19条第2項）に対しては適用されないが，個人の私的勤務に基因して支払われる退職年金について，その受領者の居住地国においてのみ租税を課すことのみを定めている簡素なものである。

これに対して，米国モデル租税条約第18条（退職年金，社会保障，保険年金，離婚手当及び子弟への援助）は，全6項から構成され，第18条第1項が，OECDモデル租税条約第18条と同様の内容である。

本項は，退職年金等（社会保障制度に基づく給付を含む。）について，その受益者の居住地国が課税することを規定している点で，上記の2つのモデル租税条約と同様の内容である。

(2) 第2項

第2項は，保険年金に係る規定であるが，一方の締約国の居住者が受益者である場合，その締約国のみが課税できることを定めている。この場合において「保険年金」とは，適正かつ十分な対価（役務の提供を除く。）に応ずる給付を行う義務に従い，終身にわたり又は特定の若しくは確定することができる期間中，所定の時期において定期的に所定の金額が支払われるものをいう。

（メモ）保険年金という用語

この保険年金という用語は，日本の所得税の生命保険料控除の対象となる個人年金保険契約等が該当することになる。例えば，生命保険会社の年金保険契約，簡易生命保険契約で年金の給付を目的とするもの等がこれに当たる。

Ⅲ　日米租税条約（2013年改正）

(3) 第3項

　第3項では，ここに掲げた支払（離婚に伴う生活費等の支払）は，支払者の居住地国のみの課税である。したがって，その受領者が他方の締約国の居住者であるならば課税にならないことになる。また，支払者の課税所得の計算上，当該支払金額が控除できない場合には，双方の締約国において課税できないことを定めている。

　米国側のこの離婚扶養料支払に関する課税は，当該扶養料を受け取ると課税，支払うと課税所得から控除できることになっている。日本は，受け取ると非課税，支払うと所得控除できないことになっている。その結果，米国から日本に対して当該支払に関して，米国（所得控除），日本（非課税）の組合せであるが，日本から米国への支払の場合，日本（所得控除不可），米国（課税）ということになることから，当該支払金額が控除できない場合には，双方の締約国において課税できないことを定めている。

(事例1) 外国に移住して日本から公的年金を受け取った場合の税務
(解　説)

1　公的年金の海外での受取り

　公的年金の海外での受取りについて，銀行口座を海外の移住先に開設すると，日本からの年金はこの口座に振り込まれることになる。ただし，海外で公的年金を受け取ることはできるが，どの国でも可能かどうかは確認が必要になる。

2　国内法による課税

(1) 公的年金等の範囲

　公的年金等は次に掲げるものである（所得税法第35条第3項，所得税法施行令第82条の2）。

① 　国民年金，厚生年金，国家公務員等の各種共済組合年金等
② 　恩給（一時恩給を除く。）及び過去の勤務に基づき使用者であった者から支給される年金
③ 　確定給付企業年金法の規定に基づいて支給される年金等

(2) 雑所得としての課税

公的年金等は雑所得として課税になる。その金額は，その年中の公的年金等の収入金額から受給者の年齢や公的年金等の収入金額に応じた公的年金等控除額を控除した残額である（所得税法第35条第2項第1号）。例えば，年齢65歳以上の人の場合，その年中の公的年金等収入金額が330万円以下の場合，控除額は120万円である。また，居住者に対し国内において公的年金等の支払をする者は，その支払の際，所得税を源泉徴収することになる（同法第203条の2）。

(3) 国内源泉所得の規定

給与，報酬等に係る国内源泉所得の規定によれば（所得税法第161条第8号），この規定は，国内における勤務に基因する給与所得等のほかに，公的年金等（所得税法施行令第72条第2項第5号に規定する制度に基づいて支給される年金を除く。），退職手当等のうちその支払を受ける者が居住者であった期間に行った勤務その他の人的役務の提供に基因するもの，等に適用になる。

この非居住者の受け取る年金の課税において，その課税対象となる金額は，支払われる年金額から6万円にその支払われる年金の月数を掛けた額を控除した残額であり，その残額に20％の税率が適用となる（所得税法第213条第1項第1号ロ）。

3 租税条約の適用

年金の受取者の移住先の国と日本との間に租税条約がない場合は，上記2(3)の規定の適用を受けて，外国に住んでいても日本において課税になる。

これに対して，年金の受取者の移住先の国と日本との間に租税条約（対タイ，パキスタン，カナダ，スウェーデン，南アフリカ租税条約を除く。）がある場合は，租税条約に退職年金条項が規定され，公務員の場合を除いて，過去の勤務につき一方の締約国の居住者に支払われる退職年金その他これに類する報酬に対しては，当該一方の国においてのみ租税を課すこととなる，と規定されている。結果として，このような場合は，日本における課税がないことになる。

Ⅲ 日米租税条約（2013年改正）

（事例２） 外国に移住して日本から企業年金を受け取った場合の税務

（ポイント）

　会社員であった者が日本で受け取る年金は，国民年金，厚生年金，企業年金の三重構造になっている。このうち，国民年金，厚生年金という公的年金と企業年金は税務上同じ扱いになるのかどうかということである。

（解　説）

1　公的年金等の概要

　所得税法に規定のある公的年金等（所得税法第35条第3項，所得税法施行令第82条の2）は，厚生年金等，恩給以外に，過去の勤務により会社などから支払われる年金等が含まれる。

　この企業年金に該当するものは，確定給付企業年金法の規定に基づいて支給される年金，特定退職金共済団体の支給する年金，外国年金，中小企業退職金共済法に規定する分割払の方法により支給される分割退職金，小規模企業共済法に規定する共済契約に基づく分割共済金，適格退職年金及び確定拠出年金法に基づいて企業型年金規約又は個人型年金規約により老齢給付金として支給される年金，が含まれている。したがって，企業年金は，わが国の所得税法に規定のある公的年金等に含まれるものということになる。

2　国内源泉所得

　所得税法第161条第8号に規定する国内源泉所得（いわゆる8号所得）に該当する給与，報酬等に係る所得源泉地は，その個人の役務を提供した国にあると判定される。したがって，年金のように，過去の勤務に基因して受け取るものであっても，この原則が適用されることになる。

3　租税条約の適用

　租税条約の規定のある退職年金条項では，公務員の年金の場合を除いて，過去の勤務につき一方の締約国の居住者に支払われる退職年金その他これに類する報酬に対しては，ほとんどの租税条約では，その居住地国においてのみ租税を課すことになる，と規定している。

（事例３） 外国に移住して日本から保険年金を受け取った場合の税務

(ポイント)

　保険年金とは生命保険契約に基づく年金（個人年金保険等），郵便年金という種類と，個人年金信託等の形態がある。これらの保険年金について，租税条約では退職年金と同様の規定を設けてその受給者の居住地国のみが課税し得るとするものもある。

（解　説）

1　保険年金の課税の概要

　保険年金は，個人年金保険，郵便年金等を含むが，これ以外の個人年金としては，個人年金信託，財形年金などの貯蓄形式のものもある。

2　国内源泉所得

　公的年金等は国内源泉所得の８号所得（所得税法第161条第８号）であるが，生命保険契約等に基づく年金等は，第10号に規定されている（同条第10号）。この規定によれば，非居住者が国内にある営業所若しくは国内において契約締結の代理をする者を通じて締結した生命保険契約等に基づく年金等に基づいて支給された金額を受け取る場合，受け取る年金額から支払った保険料又は掛金のうち，受け取った年金に対応する金額を控除した残額に対して20％の税率で源泉徴収される（同法第213条第１項）。

（メモ）　日本の締結した租税条約における退職年金条項

　退職年金に関して，日本の締結した租税条約のほとんどが居住地国課税である。これは，日本から年金を受け取る者であっても（日本が源泉地国），年金受領時に海外に住んでいる場合，その居住している国（居住地国）で課税を受けることになる。しかし，日本が締結した租税条約のなかには源泉地国課税となるものもある。この例に該当する租税条約例としては，タイ，パキスタン，カナダ，スウェーデン，南アフリカがある。

第18条（政府職員）

(1) 第1項

第1項(a)は，国，地方政府及び地方公共団体が，条約相手国において勤務する職員に支払う給与について，その派遣国に課税権があることを規定している。

例外として，本項(b)は，条約相手国の国民であり，かつ，専ら当該役務の提供をするため当該条約相手国の居住者となった者でないものについては，条約相手国においてのみ課税することになる。

(2) 第2項

第2項は，退職した政府職員に支払われる退職年金に対して，その支払国のみが課税することができる。本条約第17条に規定する退職年金については，その退職年金を受け取る居住者の居住地国に課税権があるのに対して，公務員の年金（社会保障に関する法令等に基づいて米国によって支払われる給付を除く。）は，過去に勤務した条約相手国には課税権がないことになる。ただし，条約相手国の国民に対して支払われる公務員の年金は，この条約相手国において課税することになる。

(3) 第3項

第3項は，政府等の事業に関連した報酬及び退職年金について，第1項及び第2項の規定が適用されない場合であり，給与所得については本条約第14条，役員報酬については同第15条，芸能人等については同第16条，退職年金については同第17条が適用されることを規定している。

4　条文別解説（18条〜20条）

第19条（学生と事業修習者）

　本条は，学生又は事業修習者が，現に他方の締約国の居住者であるもの又はその滞在の直前に他方の締約国の居住者であったものが，生計維持，教育，訓練を受けるために，滞在地国外から受領する金銭等については，当該滞在地国において租税を免除することを規定している。

　条文の文言としては，OECDモデル租税条約が，学生と事業修習生（business apprentice）としているが，米国モデル租税条約では，学生，研修者（apprentice），事業修習者（business trainee）に分けている。本条項は，OECDモデル租税条約と同様の文言を使用している。

　学生については，公認の教育機関におけるフルタイムの教育を受けること，研修生については，フルタイムの訓練を受けることを目的とすることが定められている。この点では，例えば，わが国の場合であれば，学校教育法第1条に規定する教育機関において教育を受ける学生が対象となると理解できる。

　そして，事業修習者は，本条の適用となる期間が入国の日から1年以内と規定されているが，学生に関してこのような期間制限はない。

第20条（削除）

第 21 条（その他の所得）

　近年，国際間の取引等が複雑化している現状の下では，各種所得の課税のバスケット項目として，その他所得条項が比重を増しているといえる。
　本条は，各条に規定のない所得及び条約上所得源泉地の明らかでない所得について適用される。

(1) 第 1 項

　第 1 項は，その他所得について，その居住者（受益者）の居住地国に課税権のあることを規定している。また，源泉地国は，居住地国の課税がないことを理由として課税することはできないことになる（OECD モデル租税条約第 21 条コメンタリー・パラグラフ 3）。

(2) 第 2 項

　第 2 項は，不動産所得を除いて，恒久的施設の活動に関連する所得がある場合，第 1 項の例外として，恒久的施設又は固定的施設の所在する締約国に課税権が与えられる。

(3) 第 3 項

　第 3 項は，その他所得の支払に関して，その金額が独立企業間価格を超える場合，独立企業間価格まで本条が適用となり，その超過額については，限度税率 5％で課税する旨規定している。
　この規定は，利子所得，使用料所得に該当しない金融デリバティブ取引に基因する所得等が該当することになろう。

(4) 第 4 項

　第 4 項は，租税条約の不正な利用を防止するための規定で，配当所得条項（第 10 条第 11 項），利子所得条項（第 11 条第 11 項），使用料所得条項（第 12 条第 5 項）と同様の内容である。

(5) 議定書 13

　議定書 13 では，(a)では，条約の適用上，米国は，匿名組合契約等による米国源泉所得について，匿名組合を日本国の居住者でないものとして取り扱い，かつ，その所得を匿名組合員によって取得されないものとして取り扱う

4 条文別解説（21条）

ことができるとしている。この場合には，当該仕組み又は当該仕組みの参加者のいずれも，当該仕組みに従って取得される所得について条約の特典を受ける権利を受けることはできない。

(b)では，条約のいかなる規定も，日本が，匿名組合契約等に基づいて支払う利益の分配でその者の日本国における課税所得の計算上控除されるものに対して，国内法に従って，源泉課税することを妨げるものではないとしている。これは，平成14年度の改正を有効にするための規定である。

（匿名組合に関する平成14年度改正の内容）

　この改正の背景には，匿名組合契約を利用した投資が行われ，10名未満の外国法人等が匿名組合員となった事例の増加を原因として，このような10人未満の場合においても源泉徴収により課税することに改正された。

　改正前の規定では，匿名組合員が10名未満に，国内源泉所得の1号所得のうちの事業から生じる所得とはせずに，国内にある資産の運用又は保有により生じる所得に区分していることは，国内に支店等がない場合であっても，外国法人等に申告納税義務が生じることになる。すなわち，国内にある資産の運用又は保有により生じる所得は，国内に支店等のない場合（法人税法第141条第4号）であっても，申告義務があった。

　改正後，匿名組合契約に基づき受け取る利益の分配については，匿名組合員の人数にかかわらず，国内源泉所得の11号所得に該当することとなった。なお，匿名組合契約に基づき受け取る利益の分配を受ける権利を譲渡した場合は，国内にある資産の譲渡により生ずる所得に含まれる（法人税法施行令第177条第2項第11号）。

① 外国法人等が日本に支店等を有しない場合には，源泉徴収により課税が完了する。
② 外国法人等が日本に支店等を有する場合には，源泉徴収が行われ，その後に確定申告による総合課税となる。

Ⅲ　日米租税条約（2013年改正）

第22条（特典制限：Limitation on Benefits（LOB条項））

(ポイント)

　この日米租税条約では，投資所得に関する限度税率が大幅に引き下げられたことに伴い，第三国の者が本条約を不正に利用することが想定された。そこで，本条が規定されて，このような不正利用者に対して租税条約の特典を与えることを防止することを目的として，租税条約の適用対象となる居住者のうちから租税条約の特典を享受できる者（適格居住者等）をさらに限定しているのである。したがって，本条約に定める居住者に該当するが，適格居住者に該当しない者として，第三国居住者が米国に設立した所定の法人等がこれに該当することになる。

(1) 全体の概要

　本条の各項の概要は次のとおりである。

　第1項（適格居住者基準）は，租税条約上の特典を受ける居住者とみなされる者の通則的な規定と適格居住者の個別規定である。

　第2項（能動的事業活動基準）は，第1項の適格居住者に該当しない者に対して，当該者が取得する所得に要件を課してその状況に応じて特典を享受する資格を与えることを規定したものである。本項は，第1項の適用対象外となる者が取得する所定の所得により適格者を定めた規定であり，第1項の代替的な機能を持つものである。

　第3項は，源泉徴収に関する規定である。

　第4項は，第1項及び第2項の規定により租税条約上の特典を与えられなかった一方の締約国の居住者に対する権限ある当局による救済規定である。本項は，第1項及び第2項に定める判定基準に該当しない者に対して，最終的な判定を権限ある当局の裁量とした最終的な救済規定である。

　第5項は，第22条に規定する公認の株式取引所等を定義した規定である。

(ポイント)

① 　第1項に規定する適格者の場合は，課税年度毎にその者が特典を受けることができる。

② 特典の範囲は，本条約の場合は，条約に規定するすべての特典を享受できることになっている。後発の日英租税条約等では，特典の範囲を限定しているので，両者はこの点で異なっている。
③ 第2項は，所得毎に判定することになり，第1項とは異なっている。

(2) **第1項**

第1項は，この租税条約のすべての特典を享受できる種々の居住者について規定している。ここに掲げられている居住者は，次の6種類である。

① 個人

一方の締約国の個人居住者がこれに該当することになる。

② 政府組織等

米国モデル租税条約第3条（一般的定義）第1項(i)に適格な政府組織の定義規定があり，この規定によれば，適格な政府組織とは，連邦及び地方政府とこれらの政府の100％出資である非営利法人等が含まれるとしている。この条約では，日本銀行，連邦準備銀行を規定している。

③ 公開法人又はその公開法人の子会社等で所定のもの

主たる種類の株式及び不均一分配株式が経常的に本条第5項に定義のある1又は2以上の公認の株式取引所において取引されている公開法人は，ここに規定する居住者となる。

ここに使用されている「経常的な取引」という概念は，米国モデル租税条約において定義されていないが，米国の支店利益税に係る財務省規則（1.184-5(d)）に定義されている。この財務省規則の定義する経常的取引とは，課税年度を通じて最低取引量を超える日が60日以上であり，かつ，課税年度を通じて取引される種類の株式の総数が，発行済株式の10％以上である。なお，この10％という数値は，例えば，発行済株式総数が50である場合，その20％が取引されることにより達成できるものである（50×20％＝10％）。

本条約議定書の11に，「ある課税年度の直前の課税年度中に1又は2以上の公認の有価証券市場において取引されたある種類の株式の総数が当該直前の課税年度中の当該株式の発行済株式の総数の平均の6％以上である場合に

は，当該株式は，当該課税年度において1又は2以上の公認の有価証券市場において通常取引されるものとされる。」と規定されている。米蘭租税条約第26条第1項(c)も本条約と同じ6％であるが，これは，米国国内法の基準を条約において緩和したものであろう。

さらに，本項において適格である公開会社がその株式を直接，間接に50％以上を所有している子会社等は適格な居住者となる。ただし，間接所有の場合，個々の中間所有者が本項において当該条約上の特典を享受する権利を有する者であることを条件としている。

④　免税組織

本条約第4条（居住者）の第1項(c)に規定されている者，すなわち，その居住地国において課税を免除されている，専ら，宗教的，慈善的，教育的，科学的又はその他これに類似する活動を行う組織は，適格な居住者となる。

⑤　年金基金

本条約第4条（居住者）の第1項(b)(ii)に規定されている年金基金は，適格な居住者となる。ただし，当該者の受益者，構成員又は参加者の50％超がいずれかの締約国の個人居住者であることを条件とする。

⑥　個人以外の者を対象とする所有権テスト及び課税ベース侵食テスト

この項は，③に掲げる要件に該当しない法人等であっても，所有権テスト及び課税ベース侵食テストの双方の要件を満たす場合，適格居住者とする規定である。

所有権テストは，上記①〜⑤に規定されている者により直接，間接に（個々の者がこの項において本条約の特典を享受する権利を有する一連の所有権を通じて），各種類の株式又は当該者のその他の受益権の50％以上を所有していることである。

課税ベース侵食テストは，課税年度における当該者の総所得（グロスインカム：米国内国歳入法典第61条に規定がある。）の50％未満が，いずれかの締約国の居住者でない者に対して，当該者の居住地国の所得算定の適用上損金算入となる形態において，直接，間接に支払われ又は発生するものをいう。ただし，その支出が事業の通常の方法における支払，及び銀行への債務の支

払（第三国に所在する銀行への債務の支払でいずれかの締約国において当該支払が恒久的施設に帰属する場合はその限りでない。）はこれに含まれない。

例えば，一方の締約国にある法人が，第三国に利子又は使用料等を支払い，その第三国における課税上，当該利子又は使用料が益金として計上され，かつ，他国の法人に対する支払として損金算入される場合，その損金算入される金額が，グロスインカムの50％未満であれば課税ベース侵食テストの要件を満たして適格な居住者となる。具体的には，従前において問題視されたオランダにおける金融子会社又はロイヤルティ会社が，受取金額の大半を損金として支払い，わずかな差額のみを法人所得としていたが，上記の例はこれに該当する。

（メモ）

「総所得」という用語は，本条第5項(c)において，総収入の額から当該収入を得るために直接に要した費用の額を差し引いた残額と定義されている。

米国では，グロスインカムという用語を内国歳入法典で定義しているが，日本の場合は，会計上の売上総利益がこれに該当することになろう。

(3) 第2項

本条第1項により，適格居住者として判定されなかった一方の締約国の居住者は，この第2項により判定されることになる。

第2項の趣旨は，一方の締約国に事業上の目的等を有しなんらかの経済的合理性に基づいて居住者となった者について，所定の要件を満たす場合は，適格な居住者として条約上の特典の享受を認めるとするものである。

イ　事業活動テスト

他の規定により特典を享受できない一方の締約国の居住者は，次に掲げる要件を満たす場合において，他方の締約国において生じた所得について本条約上の特典を享受する権利を有することができるとしている。

第2項(a)の要件は，次のものである。

① 当該居住者がその居住地国において事業の実際的な活動（active

conduct of a trade or business）を行っていること
② 当該所得が当該事業に関連するか又は付随的なものであること
③ 条約の特典に関する要件を満たしていること

上記①に規定する実際的な活動の意義として、本項の適用上、投資を行う又は管理する事業は、実際的な事業活動とはみなされないが、銀行、保険会社又は登録された証券取扱業者が行う銀行業、保険業、証券業による活動は実際的な事業活動とみなされる。この規定から外れる場合とは、実際的な活動ではない投資所得等を取得することのみを目的とした活動であり、本項は、このような活動を除外している（議定書12により、当該居住者が組合員である所定の組合等が行う活動は当該居住者が行うものとみなされる。）。

上記②では、他方の締約国において所得を取得する活動が、その事業の一部又は補助的なものである場合、その所得は、その事業に関連して生じたものとする。他方の締約国における事業活動を促進するものである場合、その所得は、その事業の付随的なものとする。

第2項(b)は、当該事業が、源泉地国である他方の締約国において恒久的施設又は特殊関連企業等を通じて所得を得る場合の要件として、居住地国における事業活動が実質的かどうかを定めたもので、第2項(a)の要件に加えられるものである。

この第2項(b)の規定は、その居住地国における事業が、本項の適用上実質的か否かについて、諸般の状況を総合的に勘案して決定されるが、次の場合において、その事業は実質的なものとみなされる。すなわち、第三国居住者が形ばかりの法人を設立し、能動的事業活動を行ったとしても、源泉地国の事業規模が居住地国に比較して大規模である場合、当該法人は、実質的ではないことになる。

(4) 第3項

第3項(a)の規定では、源泉徴収課税において、上場法人の子会社等（本条第1項(c)(ii)）の判定における株式保有要件の期間は次のような期間を基準とする。

① その支払の行われる日（配当の場合はその受領者が特定される日）が課

税年度終了の日の場合，その課税年度すべての期間が基準となる。
② その支払の行われる日が課税年度終了の日以外の日の場合，当該課税年度でその支払に先立つ期間及び直前の課税年度のすべての期間が基準となる。

本項(b)の規定では，源泉徴収課税について，本条第1項(f)(i)（所有権テスト）の適用における株式保有要件の期間は次のような期間を基準とする。
① その支払の行われる日（配当の場合はその受領者が特定される日）が課税年度終了の日の場合，その課税年度すべての期間が基準となる。
② その支払の行われる日が課税年度終了の日以外の日の場合，当該課税年度でその支払に先立つ期間及び直前の課税年度のすべての期間が基準となる。
③ その他の場合，その所得の支払が行われた課税年度の総日数の半分以上の日において第1項(f)(i)の要件を満たしているときは，支払の行われた課税年度において当該要件を満たしているものとする。

本項(c)の規定は，日本における源泉徴収課税において，第1項(f)(ii)（課税ベース侵食テスト）の規定を適用する場合には，米国居住者は，支払の行われた課税年度の直前の3課税年度において第1項(f)(ii)の規定の要件を満たしているときは，支払の行われた課税年度において当該要件を満たしているものとする。

(5) 第4項

一方の締約国の居住者で，本条第1項及び第2項のいずれにも該当しないときは，源泉地国の権限ある当局が，締約国の法令上又は行政上の慣行に従って，租税回避の恐れがないと認める場合，当該居住者は，この条約の特典を受けることができる。

この規定は，本条第1項又は第2項が客観的な基準であるのに対して，権限ある当局の裁量という主観的な規定である。この規定の趣旨は，租税回避の動機を持たない者を救済するものである。

(6) 第5項

第5項は，本条において使用されている用語を定義している規定である。

Ⅲ　日米租税条約（2013 年改正）

　(a)に規定する「不均一分配株式」は，わが国において平成 13 年 11 月の商法改正（平成 13 年法律第 128 号）により導入された種類株式に関する規定である。条約例としては，沿革の項で述べたとおり米豪租税条約に規定がある。

　わが国の国内法として，種類株式の一形態であるトラッキングストックに関する取扱いは，平成 13 年 5 月 21 日付の個別通達（課審 5-1 他）が発遣されている。このトラッキングストックは，特定の子会社の利益を基礎に配当を行うとする親会社の発行する普通株式のことで，通常の普通株式とは別の種類ということになる。

　(b)は，公認の有価証券市場に該当するものの規定である。

　(c)は，「総所得」の定義で，同義のグロスインカムについては米国内国歳入法典第 61 条に規定があるが，条約上定義がないことからここに規定されたのである。

第23条（二重課税の排除）

> **ポイント**

本条は、この条約の規定に従って他方の締約国において課された租税は、当該締約国の源泉から生じたものとみなす、というみなし源泉の規定がある。ここでのポイントは、「この条約の規定に従って」という要件である。

(1) 第1項

第1項(a)は、日本居住者が米国において課された租税について外国税額控除する場合、米国において課された租税の額を上限として日本において税額控除することになる。ただし、この規定は、米国における所得（国外所得）に自国の実効税率を乗じた額（控除限度額）を限度として、外国税額控除することを規定している。したがって、これ以上の詳細な点は、外国税額控除を行う国の国内法に依存することになる。

なお、現条約にもある規定が(a)の末尾に移され、この規定の適用上、日本国の居住者が受益者である所得でこの条約の規定に従って米国において租税を課されるものは、米国内の源泉から生じたものとみなすこととなった。

本項(b)は、現条約では、間接税額控除に関する規定であったが、改正により、外国子会社配当益金不算入制度が創設された結果、当該配当は、日本国の租税の課税標準から配当を除外することに関する日本国の法令の規定（株式の所有に関する要件に係る規定を除く。）に従い、日本国の租税の課税標準から除外されることとなった。

(2) 第2項

第2項は、米国の場合である。

米国は、基本的な原則を同じくするもので当該時に施行されている規定及び法令の制限に従い、米国居住者あるいは米国市民に対して、米国の所得に課される租税から次に掲げる租税を税額控除することを認める。

(a) 当該市民及び居住者により、又はこれらの者に代わって納付することとなった所得税で、かつ、

(b) 法人の議決権株式の少なくとも10％を有する米国法人で、米国法人が

Ⅲ　日米租税条約（2013年改正）

配当を受領する場合，当該配当の支払の基因となった利得について納付した所得税

本項の適用上，第2条（対象税目）の第1項(a)及び同条第2項に規定された租税は，日本の租税とみなされる（この規定は本条第1項にはない。）。そして，みなし源泉規定は本条第1項と同じである。

(3)　第3項

米国は，米国市民権を有する者に対して，米国において全世界所得に対して課税する方式を採っていることから，米国市民が条約相手国の居住者となる場合（例：米国市民で日本居住者），いずれの国においても全世界所得課税ということになり，外国税額控除の適用が複雑になる。第3項は，これに関して規定したものである。

本項(a)は，日本における外国税額控除に関する規定である。

日本居住者である米国市民が米国源泉所得を取得した場合，米国における課税は，米国市民として課税を受けた部分ではなく，日本居住者として租税条約に規定する限度税率の適用を受けた租税の額ということになる。その結果，日本における外国税額控除は，上述の米国租税を控除することになる。

本項(b)では，米国の外国税額控除において，米国において税額控除の認められる所得税とは，(a)に規定する税額控除後に納付した日本における所得税である。すなわち，認められる税額控除は，(a)に従って日本の租税から税額控除のできる米国租税の部分を減少させない。

本項(c)では，(b)において米国における二重課税の調整のみを目的として，(a)に規定された所得（米国源泉所得）は，(b)に基づいて当該所得に係る二重課税を排除するために必要である金額を限度として日本において生じたものとみなす。言い換えれば，米国市民が，米国国内源泉所得を取得し，日本で居住者として課税を受けたが，再度米国において外国税額控除の適用を受けるために，一定の限度まで日本源泉所得とみなすということである。

（参考）米国市民が日本居住者となる場合の日本における外国税額控除

この場合の前提として理解すべきことは，この日本居住者である米国市民

は，日本と米国の双方で全世界所得の申告義務があることである。

　この前提に立った留意点は，日本における外国税額控除の対象となる税額は，この米国市民の全世界所得に課された米国所得税額ではなく，この市民に対して課される日本居住者・米国非居住者としての米国国内源泉所得に係る税額である。日本では，この日米租税条約の規定（第23条3）に従って，国内法を平成17年度に改正して，外国税額控除の対象となる外国所得税には，租税条約の規定により外国税額控除の適用に当たって考慮しない税を含まない旨の規定が置かれている（所令222の2④二）。

　具体例として，日本居住者である米国市民が米国国内源泉所得として配当所得が100とする。日米租税条約における限度税率は15％，日本の居住者としての適用税率は25％，米国市民としての税率は36％とする（参考文献：『平成17年度版　改正税法のすべて』 298頁）。

① この者が米国において納付することになる税額は15である。
② 日本における課税における算出税額は25であるが，15を外国税額控除することになる。
③ 米国における課税における算出税額は36であるが，10は既に源泉徴収により納付してある額，15は日本における納付額であることから，米国における納付税額は11ということになる。この11は，租税条約により外国税額控除の対象とはされない。また，日本の国内法においても外国税額控除の対象とはならない。

Ⅲ　日米租税条約（2013年改正）

第24条（無差別取扱い）

(1) 第1項

本条約第3条（一般的定義）第1項(j)において，国民とは，①一方の締約国の国籍を有するすべての個人，②一方の締約国の法令によりその地位を与えられたすべての法人，であり，米国の場合は，さらに，パートナーシップ及びその他の団体をも含むと規定されている。

本条約第1条第1項は，その適用対象となる人的範囲について，一方又は双方の締約国の居住者としているが，この第24条は，第1条の規定の例外であり，締約国の国民である場合，又は第三国の居住者である者についても，本条は適用となる。

第1項は，一方の締約国の国民について，同様の状況にある他方の締約国の国民と課税上同様に扱われることを規定している（国籍無差別）。この同様の状況という規定は，税法等の適用上，実質的に同様の状況に置かれている者をいうものである。

また，わが国の所得税法では，非居住者に対する所得控除が，雑損控除，寄付金控除，基礎控除に限られているが（所得税法第165条），わが国の国民であっても，所得税法上，非居住者であれば，同様の所得控除となることから，結果として，個人の国籍ではなく，その居住形態により，所得控除の範囲が決められるが，これは本条には抵触しない。

(2) 第2項

第2項は，いわゆるPE無差別の規定であり，一方の締約国の企業が，他方の締約国に有する恒久的施設の課税について，当該他方の締約国において同じ活動を行っている当該締約国の企業よりも不利に課税されることのないことを規定している。また，本項は，PE無差別であっても，一方の締約国の居住者である個人が，他方の締約国に恒久的施設を有する場合，人的控除等について，その源泉地国が当該源泉地国の居住者に認める人的控除を認めるものではないことを規定している。

(3) 第3項

第3項前段は，第9条（特殊関連企業）第1項，第11条（利子所得）第8項，第12条（使用料所得）第4項又は第21条（その他所得）第3項の適用がある場合を除いて，一方の締約国の企業が，非居住者に該当する他方の締約国の居住者に対して，利子，使用料その他の支払を行う場合，この金額の税務上の取扱いは，一方の締約国内における支払と同様の条件により控除することを定めている。すなわち，この規定は，これらの金額が非居住者に対する支払であることを理由として，制限又は禁止されることを防止するための規定である。

本項後段は，一方の締約国の居住者の他方の締約国の居住者に対する債務については，当該一方の締約国の居住者の課税対象財産の決定に当たって，当該一方の締約国の居住者に対する債務である場合の条件と，他方の締約国の居住者に対する債務の場合における条件を同様の条件として控除するという差別をしないことを規定するものとする。

(4) 第4項

第4項は，いわゆる資本無差別の規定であり，外資系企業を差別することを禁止する規定である。

(5) 第5項

第5項は，支店利益税及び支店利子税の課税が無差別取扱いに違反するものではないことを規定している。

(6) 第6項

第6項は，本条約第2条（対象税目）等の規定により制限されることがなく，国，地方政府，地方公共団体が賦課するすべての税目に適用される。

Ⅲ　日米租税条約（2013年改正）

第25条（相互協議）（改正）

> ポイント

　今回の改正では，第25条（相互協議）の5項から7項までに仲裁の規定が創設された。改正議定書では第11条と第14条第3項に規定があり，前者は，相互協議本文への新規規定の追加であり，後者は，現行議定書への追加規定である。日本は，対香港，対オランダ租税条約等において仲裁規定を既に規定しているが，改正議定書における条文の形態は，米国・カナダ租税条約26条にある仲裁規定と類似した形態であり，日本の同規定に係る先行例とは多少異なっている。

(1) 第1項

　本条は，条約の規定に反する課税を受け又は課税を受けることが想定できる事案を対象として，国内法とは別に，条約に定める双方の締約国における権限ある当局による相互協議により問題を解決することを規定している。

　この相互協議では，居住地国と源泉地国における二重課税以外にも，移転価格課税により生じる経済的二重課税について，双方の締約国の権限ある当局が協議することになる。

　第1項では，本条約に適合しない課税を受ける者は，国内法に定める救済手段とは別に，その居住地国又は自己が国民である国の権限ある当局に対して，申立てをすることができるが，その期間制限は最初の課税通知のあった日から3年以内と規定されている。この3年という期間制限は，時機を逸した申立てから行政府を守るためのものである。

(2) 第2項

　第2項は，第1項の申立てが行われた場合，権限ある当局は，他方の締約国の権限ある当局と協議して，合意によって解決することに努めることになる。したがって，この協議は結果を達成する義務を負うものではなく，協議が不調に終わる場合があることを示している。言い換えれば，相互協議に付された場合，当該事案の納税者が，必ず救済されるという保証がなく，その責任を権限ある当局が負うというものもない（救済されない納税者のために，

米独租税条約は権限ある当局以外の者による仲裁を規定している。）。

本項の第2文は，租税の賦課又は還付について，国内法の規定により期間制限がある場合，相互協議による合意内容は，これらの規定にかかわらず，実施できるようにすることを定めている。

(3) **第3項**

第3項は，条約の解釈又は適用上の困難について，双方の権限ある当局に対して，相互協議により解決する努力を奨励する規定である。

この具体的な内容について，本項は，次のように例示している。

(a) 他方の締約国に所在する一方の締約国の企業の有する恒久的施設に対して，当該企業の所得，所得控除，税額控除あるいはその他の控除についてのその帰属を同一にすることについて合意することができる。

(b) 2以上の者の間における所得，所得控除，税額控除あるいはその他の租税の減免についてその配分を同一にすることについて合意することができる。

(c) 特定の所得項目，例えば，一方の締約国の税法により株式からの所得とみなされ，かつ，他方の締約国において異なる所得の種類として取り扱われるものについてその性格の所得であるとして同一にすることについて合意することができる。また，者の分類，特定の所得に対する所得源泉ルール，用語の意義の解消について合意することができる。

(d) 価格の事前確認制度（APA）について合意することができる。

両締約国の権限ある当局は，また，この条約に定めのない場合における二重課税を除去するため，相互に協議することができる。

(4) **第4項**

第4項は，協議の方法について規定しているが，権限ある当局が外交による方法ではなく，直接に協議できることを定めている。

(5) **第5項**

仲裁が行われる要件として，第1に条約の規定に適合しない課税を受けた事案があり，第2に相互協議により両締約国の権限のある当局が当該事案を解決するための合意に達することができない場合がまず前提である。

そして，次の(a)及び(b)に定める要件が満たされるときは，仲裁に付託することになる。

　(a)　当該事案の申立者が，その申立てをした権限のある当局に対し，当該事案の仲裁による解決を要請する書面を提出したこと。

　(b)　すべての関係者及び権限を与えられたその代理人が，仲裁手続の過程においていずれかの締約国の権限のある当局又は仲裁のための委員会から受領した情報（仲裁のための委員会の決定を除く。）を他の関係者以外のいかなる者に対しても開示しない旨を表明した書面を提出したこと。

　また，2013年交換公文4では，本項の規定に関して，租税の徴収手続が停止される可能性があったことは，一方又は双方の締約国の措置により条約の規定に適合しない課税を受けたか否かの判断に影響を及ぼさないことが了解されている。

(6)　第6項

　その事案が仲裁に付託されない場合とは，次のいずれかに該当する場合である。

　(a)　いずれかの締約国の裁判所又は行政審判所が既に決定を行った場合

　(b)　両締約国の権限のある当局が，当該事案が仲裁による解決に適しない旨を合意し，かつ，その旨を当該事案についての申立者に対して開始日の後2年以内に通知した場合

　(c)　当該事案が事前価格取決めの規定のみの対象である場合

(7)　第7項

　仲裁に関連する規則及び定義は次のとおりである。

① 「関係者」とは，権限のある当局に対する事案の申立者及び相互協議の合意によっていずれかの締約国において納税義務に直接影響の可能性のある他のすべての者をいう。

② 「開始日」とは，権限のある当局が合意のための実質的な検討を開始するために必要な情報を両締約国の権限のある当局が受領した最初の日をいう。

③ 仲裁手続は，当該事案に係る開始日の後2年を経過した日又は仲裁に係

④　事前価格取決めの要請の対象である事案に係る仲裁手続は、いずれかの締約国の税務当局が事前価格取決めの要請の対象となる取引又は移転の価格の更正について又は当該価格の調整の意図について正式な通知を発出した日の後6か月を経過した日又は仲裁に係る要件が満たされた最初の日の次のいずれか遅い日に開始される。ただし、いかなる場合でも、この場合の仲裁手続は、実質的な検討を開始するために必要な情報を両締約国の権限のある当局が受領した日の後2年を経過するまでは、開始しない。

⑤　仲裁のための委員会の決定は、事案についての申立者が当該決定を受け入れない場合を除いて、当該申立者が所定の期間内に当該決定を受け入れた時において、両締約国の権限のある当局の合意による当該事案全体の解決とみなされ、かつ、両締約国を拘束することになる。仲裁のための委員会の決定による解決は、両締約国の法令上のいかなる期間制限又は手続上の制限にもかかわらず、実施されなければならない。

⑥　仲裁手続に関連する情報（仲裁のための委員会の決定を含む。）は、この条約及び両締約国の法令によって開示することが認められる場合を除いて、両締約国の権限のある当局によって開示されない。さらに、仲裁手続に関連するすべての資料は、両締約国の権限のある当局の間で交換された情報とみなされる。

⑦　両締約国の権限のある当局は、仲裁のための委員会のすべての構成員及びそれらの職員が、書面により、仲裁手続に関連する情報（仲裁のための委員会の決定を含む。）を開示しないこと並びに次条に規定する秘密及び不開示に関する規定並びにこれに類似する両締約国の関係法令の規定に従うことに合意することを確保する。

(8)　2013年議定書14

仲裁のための委員会に関する規定は次のとおりである。

①　仲裁のための委員会は3人の個人により構成される。

②　任命される構成員は、当該構成員を選定する締約国の税務当局等の現職

Ⅲ　日米租税条約（2013 年改正）

　　　職員又は仲裁手続が開始前 12 か月の期間内にそれらの職員であった者であってはならない。
③　各締約国の権限のある当局は，仲裁のための委員会の構成員の 1 人を選定する。
④　一方の締約国の権限のある当局が，当該構成員の 1 人を所定の期間内に選定しない場合，他方の締約国の権限のある当局が仲裁のための委員会の第 2 の構成員を選定する。そのように選定された 2 人の構成員は，仲裁のための委員会の長となる第 3 の構成員を選定する。当該 2 人の構成員が，所定の方法により，かつ，当該合意に定める期間内に第 3 の構成員を選定しない場合には，当該 2 人の構成員は解任され，各締約国の権限のある当局は，仲裁のための委員会の新たな構成員の 1 人を選定する。仲裁のための委員会の長は，いずれかの締約国の国民又は適法な永住者であってはならない。
⑤　仲裁のための委員会がその決定を両締約国の権限のある当局に対して送付するまでにその仲裁に係る事案が，相互協議により合意，仲裁の要請の撤回，司法等の決定があった場合，関係者等が情報開示に故意に違反した場合，その事案に関する両締約国の権限のある当局の合意のための手続（仲裁手続を含む。）は終了する。
⑥　各締約国の権限のある当局は，事案において提起された調整又は類似の事項のそれぞれに対処する解決案を提出することができる。当該解決案は，当該事案全体を解決するものでなければならず，かつ，両締約国の権限のある当局の間で既に合意した当該事案におけるすべての事項を修正することなく反映するものでなければならない。
⑦　上記⑥にかかわらず，両締約国の権限のある当局は，次の事項にそれぞれに対処する解決案を提出することができる。
(i)　個人に対する課税に関し，両締約国の権限のある当局が，当該個人が居住者とされる締約国について合意に達することができなかった事案
(ii)　企業の事業利得に対する課税に関し，両締約国の権限のある当局が，恒久的施設が存在するか否かについて合意に達することができなかった事

案
(iii) これらに類似する課税の前提となる問題の解決に応じて決定される他の事項に係る事案
⑧ 各締約国の権限のある当局は，他方の締約国の権限のある当局が提出した解決案及び意見書を受領し，仲裁のための委員会に応答書を提出することができる。各締約国の権限のある当局は，他方の締約国の権限のある当局の応答書を受領する。
⑨ 申立者は，両締約国の権限のある当局が期間を延長することについて合意する場合を除いて，仲裁のための委員会の決定を受領した日の後45日以内に，当該事案が申し立てられた締約国の権限のある当局に対し，当該決定を受け入れる旨を書面により通知する。当該申立てをした者が当該権限のある当局に対しその旨を通知しない場合には，当該決定は受け入れられなかったものとされる。
⑩ 仲裁のための委員会の構成員の報酬及び費用並びに両締約国が実施する手続に関連して生ずる費用は，両締約国が公平に負担する。

改正議定書における上記の⑥にある方式で各締約国の権限のある当局は，事案において提起された調整又は類似の事項のそれぞれに対処する解決案を提出する，ということであり，委員会はそのいずれかを是とする判断を下すことになる。

(9) **仲裁規定のポイント**

仲裁規定のポイントとなる点は次のとおりである。

① 強制仲裁は強制なのかどうかという点であるが，若干の前提となる事項はあるが，相互協議開始後2年で合意に達しない場合は仲裁に付託されることになる。
② 仲裁が始まる時期は，一般的な事案は原則として相互協議開始後2年であるが，事前価格取決めの要請の対象である事案に係る仲裁手続は，いずれかの締約国の税務当局が事前価格取決めの要請の対象となる取引又は移転の価格の更正について又は当該価格の調整の意図について正式な通知を発出した日の後6か月を経過した日又は仲裁に係る要件が満たさ

れた最初の日の次のいずれか遅い日に開始されることになる。
③ 申立者参加の可否については，租税条約に基づく相互協議では両締約国の権限ある当局により協議が行われ，申立者は，その協議において見解を述べる機会がない。仲裁については，米国の租税条約例では，例えば，ドイツは，申立者参加の可とする方針であるが，米国は，申立者参加に消極的である。改正議定書では，申立者参加の可否についての規定が見当たらない。
④ 委員会の決定方法として，ベースボール方式と委員会による決定がある。ベースボール方式とは，両締約国が委員会に対して見解を提出し，委員会はいずれか一方の見解を採用するという方式である。これに対して，委員会が独自に仲裁事項を決定する方式がある。仲裁の規定によれば，各締約国の権限のある当局は，事案において提起された調整又は類似の事項のそれぞれに対処する解決案を提出することができることになっている。また，両締約国の権限のある当局は，個人の居住地国の判定，PE の存否等について解決案を提出することができる。そして，各締約国の権限のある当局は，他方の締約国の権限のある当局が提出した解決案及び意見書を受領し，仲裁委員会に応答書を提出することができ，この応答書は，一方の締約国の権限のある当局もこれを受領することができることになっている。以上のことから，改正議定書にある方式は基本的にベースボール方式といえよう。
⑤ 仲裁のための委員会決定は，事案についての申立者が委員会決定を受領日の後 45 日以内に当該決定を受け入れない場合を除いて，当該申立者が所定の期間内に当該決定を受け入れた時において，両締約国の権限のある当局の合意による当該事案全体の解決とみなされ，かつ，両締約国を拘束することになる。なお，今回の改正では，委員会決定の期間制限の規定がない。

第26条（情報交換）（改正）

(1) 第1項

本項において情報交換の対象となる税目は，租税条約に定める税目について限定されない。また，情報の交換は，その対象者を双方の締約国の居住者に限定されないのである。

両締約国の権限のある当局は，この条約の規定の実施又は両締約国が課するすべての種類の租税に関する両締約国の法令（当該法令に基づく課税がこの条約の規定に反しない場合に限る。）の運用若しくは執行に関連する情報を交換することになる。改正では，近年，同時税務調査等による情報交換等も増加していることを踏まえて，「法令の運用若しくは執行に関連する情報」という箇所を改正したことと，情報提供の文書に関して，従前の帳簿書類，計算書その他の書類に加えて，財務諸表，計算書等が追加されている。

(2) 第2項

情報交換により受け取った情報については，当該国における国内法に基づいて秘密が保護されることになる。したがって，これに反する行為がある場合，当該国の法令による制裁が行われることになる。ただし，当該情報は，条約が適用される租税の賦課，徴収，これらの租税に関する執行，訴追又はこれらの租税に関する不服申立てについての決定に関与する者又は当局（裁判所又は行政機関を含む。）に対してのみ開示することができることとされている。したがって，当該情報は，このような状況下において，納税者又はその代理人等にも開示されることになる。

(3) 第3項

第3項は，第1項及び第2項の情報交換に係る制限の規定である。

本項(a)は，情報提供を行う国が，その国の法令及び行政上の慣行に反する方法により情報の入手を行う義務のないことを規定している。

本項(b)では，情報提供を行う国は，情報提供を受ける国の法令の下において又は行政の通常の運営において入手することができない情報を提供する必要のないことを規定している。したがって，双方の締約国において収集する

情報の範囲について，相違がある場合，いずれか狭い範囲を基準として，その範囲内において情報を交換することになる。

　本項(c)は，企業の秘密，取引の過程を明らかにするような情報については情報交換の対象とならないことが規定されている。また，公の秩序に反することになる情報も対象外となっている。

　本項(d)は，改正により追加された規定であるが，情報交換の義務から外れるものとして，弁護士その他の法律事務代理人がその依頼者との間で行う次のいずれかの通信の内容を明らかにする情報を入手し，又は提供することとして，①法的な助言を求め，又は提供するために行われる通信，②その内容を進行中の又は予定される法的な手続において使用するために行われる通信，を規定している。

(4) 第4項

　情報の提供を要請する場合，自国の課税目的のために必要でないときであっても，当該情報を入手するために必要な手段を講ずることになる。また，被要請国がそのような手段を講ずるに当たっては，本条第3項に定める制限に従うが，その制限は，いかなる場合にも，当該情報が自己の課税目的のために必要でないことのみを理由としてその提供を拒否することはできないのである。

(5) 第5項

　この規定は2003年交換公文8にあった規定である。提供を要請された情報が銀行その他の金融機関，名義人，代理人若しくは受託者が有する情報又はある者の所有に関する情報であることのみを理由として，一方の締約国が情報の提供を拒否することはできないことが規定されている。

(6) 2003年交換公文6

　交換公文6では，「管理」に関与する「当局（裁判所及び行政機関を含む。）」について，日本の場合，不服審判所が含まれるとしている。

（参考事項）　平成15年度・平成18年度税制改正（情報交換に対応するための質問検査権の創設と拡充）

　平成15年度税制改正において，租税条約実施特例法が改正されて，租税条約に基づく情報交換に対応するための質問検査権（同法第9条，第10条，第13条）が創設され，平成15年4月1日から施行されている。また，平成15年4月7日付で「租税条約に基づく相手国との情報交換手続について（事務運営指針）」（以下「情報交換通達」という。）が公表されている。この情報交換通達は，個別的情報交換及び自発的情報交換に関する手続を定めている。そして，平成18年度税制改正では，租税条約実施特例法が改正されて，犯則事件調査のための情報提供要請があった場合の情報収集手段の拡充がなされている。

(2)　改正の内容

イ　平成15年度税制改正

　わが国は，これまで，租税条約に基づく情報交換に対応するための質問検査権が未整備であった。したがって，条約締約国から情報交換の要請を受けた場合，調査に基づかない情報又は課税当局が税務調査により知り得た情報の提供はできても，要請に対応して調査を行うという権限がなかった。その結果，国際間におけるルールは，相互主義といい，一種のギブアンドテイクの関係にあることから，わが国の課税当局が欲しい情報を条約相手国から得ることが難しい状態であった。平成15年度租税条約実施特例法の改正は，このような事情から行われたことになる。

　この改正は，条約相手国からの情報提供要請にどのように対応するのかという点よりも，条約相手国に対して情報提供を要請する個別的な情報交換の範囲が以下に掲げるものまで拡大したことになる。

①　相手国における取引の相手方又は海外事業所等が保有する帳簿書類の記載内容

②　相手国における取引の第三者である金融機関等が保有する帳簿書類の記載内容

③　相手国における取引の相手方等の申告の内容

④　その他調査等において必要な情報

　したがって，わが国も条約相手国から上記のような要請があればそれに応えることになるが，わが国の税務調査においても，上記のような税務情報を入手することが今後可能になるということである。特に，上記②にあるような金融機関情報についてのアクセスが可能になる。

ロ　平成 18 年度税制改正

　上記イの改正では，相手国の刑事事件に関する情報提供の要請は質問検査権行使の対象から除かれていたが，この改正により，条約相手国から犯則事件の捜査に関する情報提供要請があった場合，その要請に応えて情報提供が行えるように情報収集手段の拡充が行われた（租税条約実施特例法第 10 条の 2～4）。

第27条（徴収共助）（全文改正）

> ポイント

　米国は，税務行政執行共助条約において留保を付していた国際的な徴収共助に関して，今回の改正により若干制限的ではあるが，徴収の支援を相互に行うことに合意した。日本の租税条約としては，この種の規定は，2012年末に署名した対ニュージーランド租税条約に続いて2例目ということになる。

(1) 第1項

　この項では，両締約国は，この条の規定に従い，租税，利子，徴収の費用，附加税及び当該租税に関連する民事上又は行政上の金銭罰等の租税債権の徴収につき相互に支援を行うことが規定されている。この支援の対象は，双方の国の居住者或いは租税条約の対象税目による制限を受けない。要請を受けた国は，その国の法令によって認められる範囲においてのみ，支援を行うことになる。

　2013年交換公文5では，本項の規定に関し，被要請国が支援を行うために妥当な努力を払ったが，要請国のために租税債権を徴収することができなかった場合には，支援を行う義務は履行されたものとすることが了解されている。

(2) 第2項

　この支援の対象となる租税債権の徴収は次のものである。

イ　法人に係る租税債権で次のいずれかの場合に該当するもの
① 当該租税債権の決定が第25条（相互協議）の規定に従い両締約国の権限のある当局の合意のための手続によって解決される対象とならない場合
② 当該租税債権の決定について第25条の規定に従い両締約国の権限のある当局が合意した場合
③ 当該法人が当該租税債権の決定に関する両締約国の権限のある当局の合意のための手続を終了させた場合

ロ　個人に係る租税債権

Ⅲ　日米租税条約（2013年改正）

　この場合，その個人が被要請国の国民である場合には，その個人又はこれに代わる者が当該租税債権に関し次のいずれかの行為を行ったときに限られる。
① 　詐欺的な租税の申告又は詐欺的な還付請求
② 　租税を免れるために故意に租税の申告を怠ること。
③ 　当該租税債権の徴収の回避を目的とする被要請国への資産の移転

　(3)　第3項

　第2項の制限に関わらず，第1項に規定する支援は，この条約に基づいて認められる租税の免除又は税率の軽減が，このような特典を受ける権利を有しない者によって享受されることがないようにするために必要な租税債権の徴収について行われる。ただし，この場合は，被要請国が，特典が不当に付与されたと認定することに同意する場合に限られる。

　(4)　第4項

　この徴収支援の対象となる税目は，日本では，現条約の対象税目である所得税，法人税の他に，消費税，相続税及び贈与税が掲げられており，米国については，連邦遺産税及び連邦贈与税，外国保険業者の発行した保険証券に対する連邦消費税，民間財団に関する連邦消費税，被用者及び自営業者に関する連邦税が適用対象となる。

　2013年交換公文6により，本条4(a)(i)の規定に関し，「消費税」は，日本の消費税のみをいい，地方消費税を含まない。また，同交換公文7において，本条4(b)(ii)及び2003年議定書1(a)の規定に関し，「外国保険業者の発行した保険証券に対する連邦消費税」とは，合衆国の内国歳入法第4371条から第4374条までの規定に従って課される租税をいう。さらに，同交換公文8では，本条4(b)(iii)及び2003年議定書1(b)の規定に関し，「民間財団に関する連邦消費税」とは，合衆国の内国歳入法第4940条から第4948条までの規定に従って課される租税をいい，同交換公文9では，本条4(b)(iv)の規定に関し，「被用者及び自営業者に関する連邦税」とは，合衆国の内国歳入法第2章及び第21章から第23A章までの規定に従い課される租税をいうことが了解されている。

(5) 第5項

本条第3項に規定する租税債権の徴収を除いて、租税債権の徴収における支援要請には、要請国の法令の下において当該租税債権が最終的に決定されたものであることについての要請国の権限のある当局の証明を付する。本条の規定の適用上、租税債権は、要請国が自国の法令に基づき当該租税債権を徴収する権利を有し、かつ、当該租税債権に関する争訟のために納税者が行使することができる行政上及び司法上のすべての権利が消滅し、又は尽くされた場合に、最終的に決定されたものになる。

2013年改正の議定書15では、本条5項の規定に関し、次のように規定されている。

(a) 租税債権が最終的に決定されたものであるか否かを判断するに当たり、

(i) 合衆国については、当該租税債権に関連して納税者が行使することができる行政上又は司法上の権利であって当該租税債権の徴収の後に発生するものは、考慮されない。

(ii) 日本国については、日本国の行政事件訴訟法（昭和37年法律第139号）第36条の規定に従って訴訟を提起する権利は、考慮されない。

(b) 一方の締約国は、他方の締約国の措置により条約第27条に規定する両締約国の間の支援の程度において不均衡が生じたと認める場合には、支援を停止することができる。この場合には、両締約国は、同条第16項の規定に整合的となる支援の程度の均衡を回復するため、協議を行う。

(6) 第6項

徴収の支援が要請国から被要請国になされて受理された場合、要請国の租税債権は、要請が受領された時において被要請国の法令に基づき確定した租税債権として取り扱われ、被要請国の租税債権の徴収に適用される法令に従い、被要請国の租税債権を徴収する場合と同様に徴収される。

(7) 第7項

第6項とは異なって、被要請国がとった徴収措置が、要請国の法令によれば、要請国が当該措置をとった場合に要請国において租税債権の徴収の時効を停止し、又は中断する効果を有することとなる場合、当該租税債権に関し

て，要請国の法令の下においても同様の効果を有することになる。被要請国は，当該措置について要請国に通報する。

(8) 第8項

被要請国による支援が行われている租税債権は，被要請国において，被要請国の法令の下で租税債権であるとの理由により適用される時効の対象とはならず，かつ，その理由により適用される優先権を与えられない。

(9) 第9項

要請国の最終的に決定された租税債権は，いずれかの締約国の法令の下において行政上又は司法上の審査を受ける権利が認められているか否かにかかわらず，被要請国においてそのような権利を生じさせ，又は付与するものではない。

(10) 第10項

支援の要請が実施されている間に，要請国が，自国の法令に基づき，要請の対象である租税債権を徴収する権利を喪失し，又はその徴収を終了する場合，要請国の権限のある当局は，徴収における支援の要請を速やかに撤回して，被要請国は，当該租税債権の徴収に係るすべての措置を終了する。

(11) 第11項

支援の要請が実施されている間に，要請国が自国の法令に従い要請の対象である租税債権の徴収を停止する場合，要請国の権限のある当局は，被要請国の権限のある当局に対してその旨を速やかに通報し，被要請国の権限のある当局の選択により当該要請を停止し，又は撤回するものとして，被要請国は，これに従って当該租税債権の徴収に係るすべての措置を停止又は終了する。

(12) 第12項

被要請国が徴収した額は，要請国の権限のある当局に送金される。

(13) 第13項

両締約国の権限のある当局が別段の合意をする場合を除いて，徴収における支援を行うに当たり生じた通常の費用は被要請国が負担し，特別の費用は要請国が負担する。

⑭ 第14項

本条の規定は，いかなる場合にも，被要請国に対し，次のことを行う義務を課するものとしてはならない。

(a) 被要請国又は要請国の法令及び行政上の慣行に抵触する行政上の措置をとること。

(b) 公の秩序に反することとなる措置をとること。

⑮ 第15項

被要請国は，次のいずれかに該当するとき要請国からの要請を受理する義務がない。

(a) 要請国が支援の要請の対象となる租税債権を徴収するために自国の法令又は行政上の慣行の下においてとることができるすべての適当な措置をとっていないとき。

(b) 要請国が得る利益に比して被要請国の行政上の負担が著しく不均衡であるとき。

⑯ 第16項

第3項適用の場合を除いて，本条の規定に基づいて支援が行われる前に，両締約国の権限のある当局は，この条の規定の実施方法（各締約国に対する支援の程度の均衡を確保するための合意を含む。）について合意する。特に，両締約国の権限のある当局は，一方の締約国が特定の年において行うことができる支援の要請の数の上限，支援を要請することができる租税債権の最低金額及びこの条の規定に基づいて徴収された額の送金に関する手続規則について合意する。

Ⅲ　日米租税条約（2013年改正）

第28条（外交官及び領事官）

　外交官及び領事官については，国際的な慣習法としての相互主義，「外交関係に関するウィーン条約」及び「領事関係に関するウィーン条約」により，接受国における課税を免除されることから，本条は，これらの特権を保障した条項である。

　しかし，課税上，接受国に滞在する外交官等は，その国の居住者とすると，派遣国において非居住者となり，いずれの締約国においても課税を受けない事態となることから，一般には，政府職員の取扱いと同様に，外交官等は，派遣国における居住者として取り扱うことが一般的である。

　名誉領事官については，本条の規定では，接受国において特権を享受できない（OECDモデル租税条約第27条コメンタリー・パラグラフ5）。領事関係に関するウィーン条約第49条（課税の免除），第53条（領事上の特権及び免除の享受の開始及び終了），第3章（名誉領事官及び名誉領事官を長とする領事機関に関する制度）の第58条（便益，特権及び免除に関する一般規定）において，名誉領事官について第53条を準用するとしていることから，派遣国からの手当等については，接受国（名誉領事官が居住者である国）において課税の免除を受けられるが，それ以外の居住者としての所得については，居住者である国において課税を受けることになる。

（参考事項）　外交官の範囲
　外交官等大使館に勤務する者に対する課税は，「外交関係に関するウィーン条約」（昭和39年6月26日，条約第14号：以下「ウィーン条約」という。）及びわが国の国内法の規定が適用されるが，大使館に勤務する者は，当該条約（ウィーン条約第1条）によれば，大使，外交職員，事務及び技術職員，役務職員及び個人的使用人に区分される。

　外交官とは，大使及び外交職員であり，外交職員とは，参事官，書記官等，外交官の身分を有する者をいい，外交官名簿にその氏名が記載されている。事務及び技術職員は，使節団の職員で使節団の事務的業務又は技術的業務の

ために雇用された者をいい，役務職員は，使節団の職員で使節団の役務に従事する者をいい，個人的使用人は，大使等が個人的に雇用するメイド等をいう。

外交官に対する課税は，接受国にある個人の不動産に対する賦課金及び租税等（ウィーン条約第34条(a)から(f)）を除いて，人，動産，不動産に関する国税及び地方税を免除される（ウィーン条約第34条）。また，わが国の所得税法第9条第1項第8号では，外国政府に勤務する者の受け取る給与等について非課税とする規定があり，さらに，外交官及びその配偶者について人的非課税を定めている（所得税基本通達9-11）。

事務，技術職員及び役務職員は，接受国の国民でない場合又は接受国に通常居住していない場合，雇用により受け取る給与は，課税を免除される（ウィーン条約第37条第2項）。個人的使用人は，接受国の国民でない場合又は接受国に通常居住していない場合，雇用により受け取る給与は，課税を免除される（ウィーン条約第37条第4項）。

また，領事については，領事関係に関するウィーン条約がある（昭和58年10月11日，条約第14号）。

III 日米租税条約 (2013 年改正)

第 29 条（条約改正協議）

　旧日米租税条約と本条約による改正までの期間は，約 30 年である。今後，この条約がどの程度の期間継続して適用となるのか定かでない以上，その間の経済的な変動，両国の税法等の改正等が，租税条約の適用に影響を与える場合も想定できる。

　現に，旧日米租税条約の適用においても，日米間で相互主義を建前としなければならないのに対して，日本居住者の源泉地国（米国）課税が，米国居住者の源泉地国（日本）課税よりも不利になる事態もあった。その意味で，第 29 条の意義はある。さらに，この規定は，要請を受けて 3 カ月以内に協議を開始するという期限を定めている。

　また，本条約では規定がないが，電子商取引に対する課税等，潜在している重要な課税問題が国際間にはあり，このような問題が実際に浮上した場合に，この規定が生かされることになろう。

第30条（発効）

(1) 第1項
第1項では，条約の成立（発効）は，両締約国の批准（国家として条約を締結する最終的な意思表示）が必要であり，批准書の交換の日にこの条約の効力が生じることを規定している。わが国の場合は，全権委員等が署名した条約案を閣議決定し，国会が承認して（憲法第73条第3号），天皇の国事行為（憲法第7条8号）としての批准書の認証が行われる。

(2) 第2項
イ　日本で源泉徴収される租税
① この条約の発効日が，3月31日以前である場合，その年の7月1日以降に租税を課される額
② この条約の発効日が，4月1日以後である場合，その年の翌年の1月1日以降に租税を課される額

ロ　日本で源泉徴収されない所得に課される税及び事業税
　この条約の発効する年の翌年の1月1日以降に開始する各課税年度の所得

ハ　米国で源泉徴収される租税
③ この条約の発効日が，3月31日以前である場合，その年の7月1日以降に支払われ又は貸記される額
④ この条約の発効日が，4月1日以後である場合，その年の翌年の1月1日以降に支払われ又は貸記される額

ニ　米国における上記ハ以外の租税
　この条約の発効する年の翌年の1月1日以降に開始する各課税年度の所得

(3) 第3項
この条約の発効日に，課税の減免を受ける権利を有する個人は，本条約発効後においても，当該権利が喪失するまでの間，その権利を引き続き有することになる。

(4) 第4項
第1項及び第2項に係る租税について，現条約発効後，旧条約の適用はな

い。

(5) 改正議定書第 15 条

議定書の適用は，現行条約の適用と同様であるが，次の3点（改正議定書第 15 条第 3 項，第 4 項及び第 5 項）が特別に規定されている。

第 3 項は，第 2 項の規定にかかわらず，条約第 25 条第 5 項から第 7 項に規定する仲裁に係る規定は，次のものについて適用となる。

① この議定書が効力を生ずる日において両締約国の権限のある当局が検討を行っている事案。当該事案に係る開始日は，この議定書が効力を生ずる日とする。

② この議定書が効力を生ずる日の後に検討が行われる事案

第 4 項は，適用の原則の例外として，条約第 26 条（情報交換）及び条約第 27 条（徴収共助）の規定は，この議定書が効力を生ずる日から適用する，としている。

第 5 項では，この議定書の効力発生の時において条約第 20 条（教授）の規定によって認められる特典を受ける権利を有する個人は，この議定書が効力を生じた後においても，この議定書が効力を生じなかった場合に当該特典を受ける権利を失う時まで当該特典を受ける権利を引き続き有することが規定されている。

第31条（終了）

　本条は，条約の終了について規定し，この条約の発効日後5年満了後に，6カ月前までに，外交上の経路を通じて終了の通告を行うことを規定している。
　この条約は，次のものにつき効力を失う。
イ　日本で源泉徴収される租税
　当該6カ月の期間を満了した年の翌年の1月1日以降に租税を課される額
ロ　日本で源泉徴収されない所得に課される税及び事業税
　当該6カ月の期間を満了した年の翌年の1月1日以降に開始する各課税年度の所得
ハ　米国で源泉徴収される租税
　当該6カ月の期間を満了した年の翌年の1月1日以降に支払われ又は貸記される額
ニ　米国における上記ハ以外の租税
　当該6カ月の期間を満了した年の翌年の1月1日以降に開始する各課税年度の所得

Ⅳ　日英租税条約

1　基礎データ

(1)　第1次日英租税条約

日本と英国との間の第1次租税条約（昭和38・4・23，条約第20号）は，昭和37年（1962年）9月4日に署名され，昭和38年（1963年）4月23日に行われた批准書の交換により同日に発効している。

この第1次日英租税条約第22条には日英租税条約の適用拡大に関する規定があり，交換公文により次の地域にこの日英租税条約が基本的に適用されることになった（「連合王国が国際関係について責任を負っている若干の地域に対する租税条約の適用に関する書簡の交換の告示」昭和45.10.30，外務省告示第216号）。

① 　英領ヴァージン諸島（昭和50・9・6，外務省告示第188号）
② 　フィジー（昭和45・10・30，外務省告示第217号）
③ 　モントセラット（昭和45・12・15，外務省告示第257号）
④ 　セイシェル（昭和50.10.18，外務省告示第222号）

この適用拡大という規定は，租税条約締約国が条約本文ではなく交換公文等の手続により合意する場合でも，租税条約の適用が，その締約国の海外に有する地域等に対して適用を拡大することを定めたものである。この日英租税条約では，上記昭和45年の外務省告示第216号の附属書Ⅱ(5)において終了について定めた通告の規定がある。

(2)　第2次日英租税条約

第2次日英租税条約（昭和45・12・21，条約第23号，昭和55年10・20議定書，条約第33号）は，昭和44年（1969年）2月10日に東京で署名され，昭和45年（1970年）12月25日に発効している。

第2次日英租税条約が発効後も，第1次日英租税条約の適用地域拡大の規定は有効であったが，セイシェルの適用終了（昭和57年・12・21，外務省告示第447号）の告示があり，そして，平成12年6月21日に日本国政府は英国政府に対し，第1次日英租税条約の適用拡大地域とされていた英領ヴァージン諸島及びモントセラットに対する同条約の適用を終了する旨の通告をしたことにより，平成13年1月1日以後に開始する各課税年度の所得及び各賦課年度の租税について第1次日英租税条約はその効力を失うことになった。

(3) 日英租税条約（第3次）

○　平成16年（2004年）10月27日　日英租税条約の改正交渉開始
○　平成17年（2005年）7月1日　新日英租税条約の締結交渉の基本合意
○　平成18年（2006年）2月2日（日本時間）新日英租税条約（第3次）がロンドンにおいて署名
○　平成18年9月13日　新日英租税条約発効のための外交上の公文交換
○　平成18年10月12日　新日英租税条約は外交上の公文の交換後30日目として発効した。適用は，平成19年1月以降である。

(4) 日英租税条約の条文構成

　日英租税条約の条文構成は次のとおりである。
　第1条（適用対象者），第2条（対象税目），第3条（一般的定義），第4条（居住者），第5条（恒久的施設），第6条（不動産所得），第7条（事業所得）第8条（国際運輸業所得），第9条（特殊関連企業），第10条（配当所得）第11条（利子所得），第12条（使用料所得），第13条（譲渡収益），第14条（給与所得），第15条（役員報酬），第16条（芸能人及び運動家），第17条（退職年金），第18条（政府職員），第19条（学生と事業修習者）第20条（匿名組合），第21条（その他所得），第22条（特典制限），第23条（二重課税の排除），第24条（無差別取扱い），第25条（相互協議），第26条（情報交換），第27条（外交官），第28条（発効），第29条（終了）である。

Ⅳ　日英租税条約

(5) 議定書
1) 議定書1　年金基金又は年金計画に対して日本の特別法人税が課される場合であっても租税が免除される者として扱われる旨の確認的規定
2) 議定書2　英国居住者が日本の組合を通じて取得する所得の取扱い
3) 議定書3　英国居住者であった者が条約相手国の居住者（日本居住者・英国非居住者）となり租税条約に定める譲渡収益源泉地国免税を不正に利用することを防止するための規定
4) 議定書4　ストックオプションから生じる所得の取扱い
5) 議定書5　配当免税に関する同等受益者の定義の特例
6) 議定書6　議定書3に係る外国税額控除の取扱い

(6) 交換公文
交換公文は全6条からなっている。

2　英国の国内税法

以下は，主として租税条約に関連する英国国内法の規定の概略である。

イ　英国税制の特徴
① 英国では，地方税に所得課税の税目がない。
② 配当課税に関する二重課税を排除するためのインピュテーション方式は，1998財政年度において廃止された。
③ 居住法人と非居住法人を区分する基準として，英国は管理支配地主義を採用していたが，1988年3月15日以降，英国において設立されたものも居住法人とすることになった。
④ 国内法により英国居住者と判定される法人であっても，租税条約において英国非居住法人となる法人については，1993年11月30日以降，英国居住法人とはならないこととなった。
⑤ 1993年10月終了の事業年度以降，それまでの賦課課税制度から申告納税制度に移行している。

⑥ 2005年4月18日以降，付加価値税を管理していた関税消費税庁と内国歳入庁が統合し，歳入関税庁（HMRC）となった。

ロ　英国法人の特徴
① 法人税の基本税率は，2012財政年度以降24％である。
② 居住法人には，普通法人以外に，ユニットトラスト等が含まれる。
③ 法人税の基本税率は30％であるが，2011財政年度以降，中小法人には20％の軽減税率が適用される。
④ 2001年4月1日以降，英国法人間の利子，使用料に対する源泉徴収は廃止されている。

ハ　非居住者課税等
① 英国に恒久的施設を有しない外国法人に対する源泉徴収税率23％，利子所得は20％である。租税条約が適用となる場合は，限度税率が適用となる。
② 非居住法人に対する税率は，居住法人と同じである。

3　条文の概要

(1)　日英租税条約の特徴

新日英租税条約（以下「新条約」という。）の特徴は次のとおりである。

イ　日米租税条約追随型

米国と英国の間に第3次米英租税条約が締結されている。この米英租税条約は，平成13年（2001年）7月24日に署名され，平成15年（2003年）3月31日から適用となっている。日米租税条約及び米英租税条約は，いずれも，1996年米国が公表した米国モデル租税条約をベースにしている点では共通しており，米国と日本，米国と英国と租税条約が整備されたことを受けて，残る日本と英国間の租税条約が今回整備されたことになる。

ロ　投資所得の限度税率の引下げ

本条約の特徴の1つは，投資所得の限度税率の引下げである。これは，源泉地国における課税の減免（源泉徴収課税の減免）を行ったもので，配当所

得，使用料所得に係る限度税率は，旧条約よりも引き下げられている。

改正された項目	旧条約	新条約
特定の親子間配当（新設）	10%	源泉地国免税（0％）
親子間配当	10%	5％
一般配当	15%	10%
使用料所得	10%	源泉地国免税（0％）

利子所得に関する限度税率（10％）は引き下げられていないが，金融機関等の利子所得の免税となる範囲が拡大している。

以上のことから，本条約は，旧条約と比較して源泉地国となる締約国の源泉徴収の負担が軽減されている。

ハ　租税回避を防止のための措置

(イ)　特典制限条項（新条約第22条）

本条約では，投資所得の限度税率を引き下げたことに伴い，日英両国以外の居住者がこの条約を不正に利用することが想定される。旧条約では，この英国法人は，条約に規定する居住者として条約の適用を受けることができたが，本条約では，このような租税条約の利用が上記の特典制限条項等により制限されることになる。

(ロ)　個別取引を否認する規定

本条約は，投資所得に関して，その条の特典を受けることを主たる目的の全部又は一部とする場合には，その条に定める租税の軽減又は免除は与えられない，という日米租税条約にはない規定がある。

4　条約の各条項

新条約は，基本的に日米租税条約追随型の特徴を持つことから，多くの点で日米租税条約と類似する規定がある。以下は，日米租税条約の説明との重複を避けるために，同様の内容の規定については説明を省略し，その旨を明記する。

4 条約の各条項(2条～10条)

(1) 第2条(対象税目)

日本は,所得税,法人税,住民税,英国は,所得税,法人税,譲渡収益税が対象税目である。

(2) 第4条(居住者)

第5項は事業体課税に関する規定である。

(a),(b),(c)の規定は,日米租税条約第4条第6項と同じ規定である。

本条約は,日米租税条約第4条第6項(d)(e)の租税条約が適用とならない例についての規定は除かれている。

(3) 第10条(配当所得)

日米租税条約,米英租税条約と新条約を比較すると次のように要件が異なっている。

新条約	50%以上で6ヵ月所有期間(交換公文2に配当を受ける者が特定される日について規定)
日米租税条約	50%超で12ヵ月所有期間(日米租税条約交換公文4に配当を受ける者が特定される日について規定)
米英租税条約	80%以上の12ヵ月所有期間

新条約は,特定の配当所得に係る源泉地国免税の適用範囲が他の2つの租税条約よりも広いといえる。したがって,日本親会社でロンドンに子会社を所有する内国法人にとってこの規定は米国に子会社を有する場合よりも有利といえる。

(4) (議定書5) 源泉地国免税となる配当に関連する同等受益者の特例

本条約の議定書5には,源泉地国免税となる配当に関連する同等受益者の特例が規定されている。

この源泉地国免税となる配当所得は,特典制限条項に規定する特典条項対象所得であることから,この条約上の特典を得るためには特典制限条項のいずれかの規定に該当することを要することになる。

これに関する具体的な事例は,次のような場合である(『平成18年度版改正税法のすべて』大蔵財務協会 525-526頁)。

Ⅳ　日英租税条約

　例えば，英国親会社と日本子会社の関連において，日本子会社からの支払配当について上記の条約免税を英国親会社が請求する場合，この英国親会社の株式の3分の2がフランス居住者であるフランス法人G社とF社に均等に所有されていたとする（その他の株式は英国法人が所有）。

　日仏租税条約の配当条項（同条約第10条）の規定では，一般配当の限度税率15％，親子間配当の限度税率5％，親会社が適格居住者である場合は源泉地国免税という規定である（平成19年1月の改正署名前の日仏租税条約の規定による。）。この場合の条約免税となる要件は，日本法人からの支払配当の場合，フランス親会社が6ヵ月間を通して日本子会社の議決権株式の15％以上を直接保有することであり，かつ，フランス親会社が同条項に定める適格居住者に該当する場合である。したがって，上記のフランス法人G社及びF社は，日仏租税条約に定める条約免税の要件を満たせば日本における支払配当の源泉徴収を免税することができることから，本条約を利用した条約の不正使用を目的として英国親会社を設立したとは考えられないことになる。このような場合，G社及びF社に関する同等受益者の判定において，フランス法人の保有する日本子会社の持株割合を英国親会社の持株割合と同数とみなすことで，フランス法人は同等受益者となり，英国親会社は配当免税の特典を受けることができるように措置されている。

　なお，平成19年1月に日仏租税条約の改正の署名が行われ，特定の親子間配当について条約免税となっている。

(5) 利子所得の所得源泉ルール

① 利子所得の所得源泉ルールの原則

　債務者の所在地国が所得源泉地となる債務者主義が適用となる。

② 日英いずれかの恒久的施設により債務が負担される場合

　恒久的施設が存在する日本又は英国が所得源泉地となる。

③ 第三国に所在する恒久的施設により債務が負担される場合

　恒久的施設の所在地国が所得源泉地となる。

(6) 独立企業間価格を超過した利子

　第8項は，独立企業間価格を超過した利子に関する規定である。この規定

は，利子所得以外に，使用料所得，その他所得条項に規定のある移転価格関連条項であるが，本項の規定は次のとおりである。

「利子の支払者と受益者との間又はその双方と第三者との間の特別の関係により，当該利子の額が，その関係がないとしたならば支払者及び受益者が合意したとみられる額を超えるとき（理由のいかんを問わない。）は，この条の規定は，その合意したとみられる額についてのみ適用する。この場合には，支払われた額のうち当該超過分に対しては，この条約の他の規定に妥当な考慮を払った上，各締約国の法令に従って租税を課することができる。」

そして，この規定等の解釈として，本条約交換公文4に次のような規定がある。

「条約第11条8及び第12条4に関し，両締約国は，利子又は使用料を異なる種類の所得に変更することが認められないことが了解される。」

(7) 第13条（譲渡収益）

第2項は，不動産化体株式に関する規定である。法人，組合及び信託財産の株式又は持分を譲渡することによって取得する収益について，その法人等の資産価値の50％以上が他方の締約国に存在する不動産により直接又は間接に構成される場合，不動産所在地国により課税となる。ただし，上場株式であり，同族持分割合が5％以下の場合は居住地国のみの課税となる。

第3項は，事業譲渡株式の譲渡に関して源泉地国課税とする規定である。この次に掲げる規定は，日米租税条約では規定されず，旧日英租税条約に同種の規定がある。

「2の規定が適用される場合を除くほか，一方の締約国の居住者が他方の締約国の居住者である法人の発行した株式の譲渡によって取得する収益（当該一方の締約国において租税が課されないものに限る。）に対しては，次の(a)及び(b)の要件を満たす場合には，当該他方の締約国において租税を課することができる。

(a)譲渡者が保有し，又は所有する株式（当該譲渡者の特殊関係者が保有し，又は所有する株式であって当該譲渡者が保有し，又は所有するものと合算されるものを含む。）の数が，当該譲渡が行われた課税年度又は賦課年度中の

いずれかの時点において当該法人の発行済株式の総数の25パーセント以上であること。

(b)譲渡者及びその特殊関係者が当該譲渡が行われた課税年度又は賦課年度中に譲渡した株式の総数が，当該法人の発行済株式の総数の5パーセント以上であること。」

この規定は，一定の要件を満たす株式譲渡に係る収益について源泉地国課税とするものであるが，居住地国において課税された場合はこの適用がないことになる。

この源泉地国課税となる要件は，上記(a)の所定の者による25％以上の株式所有要件と(b)の所定の者による譲渡株式総数が5％以上である。

この源泉地国課税の要件となる「当該一方の締約国において租税が課されないもの」については，交換公文5に規定がある。すなわち，居住地国において当該譲渡収益について同一の要件により租税が課される場合には，租税が課されるものとして，源泉地国において課税できないことになる。さらに，法人の組織再編成において株式の譲渡益について居住地国において課税の繰延べが認められる場合（当該繰延べの対象となった収益の全部又は一部に相当する収益が，将来行われる譲渡又は組織再編成により免税となる場合は租税が課されるものにはならない。）には，当該繰延べの対象となった収益は，居住地国において租税が課されるものとされる。

(8) 第22条（特典制限条項）

わが国の租税条約では，日米租税条約が最初にこの規定を置いたのであるが，新条約も日米租税条約の特典制限条項を踏襲する形になっているが，若干，その規定が異なっている。

日米租税条約では，条約に規定するすべての特典を対象としているが，新条約は，事業所得（第7条），源泉地国免税となる配当所得（第10条第3項），源泉地国免税となる利子所得（第11条第3項），使用料所得（第12条），譲渡収益（第13条），その他所得（第14条）の特典に限定している。

Ⅴ 日印租税条約

1 基礎データ

(1) 第1次日印租税条約

日本・インド租税条約（日印租税条約）は，わが国が第2次大戦後に締結した租税条約として，米国，スウェーデン，デンマーク，パキスタン，ノルウェーに次いで6番目と比較的初期の時期に結ばれた租税条約といえる。

この第1次条約は，昭和35年1月5日署名，昭和35年6月13日に発効し，昭和45年11月15日に一部改正が発効している。

(2) 第2次日印租税条約

昭和57年6月にインド側から租税条約見直し交渉の申し入れがあり，第1次条約以降20年が経過していること，1977年の改訂のOECDモデル租税条約の内容と日印租税条約の内容が乖離していることを考慮して日本側も改正交渉に応じた（国税庁『平成元年 改正税法のすべて』219頁）。そして，平成元年3月7日に新条約の署名が行われ，平成元年12月29日に発効している。この平成元年の改正は，第1次条約の全文改正であり，第2次条約といえる。

(3) 平成18年2月の議定書による改正

改正内容の柱は，配当，利子及び使用料・技術上の役務に対する料金の限度税率を10％に引き下げること，みなし外国税額控除規定を削除することである。そして，平成18年2月24日に，日印租税条約の改正議定書の署名が行われたのである。

平成18年5月29日（月）にインドのニューデリーにおいて，日印租税条約を発効させるための外交上の公文の交換が行われた。これにより，改正議定書は平成18年年6月28日（外交上の公文の交換日後30日目）に発効し，

Ⅴ　日印租税条約

日本においては，次のものに適用される。
① 源泉徴収される租税に関しては，平成18年（2006年）年7月1日以後に租税が課される額
② 源泉徴収されない所得に対する租税に関しては，平成19年（2007年）1月1日以後に開始する各課税年度の所得

2　改正箇所の解説

今回の議定書による改正点は，次の2点である。
① 投資所得（配当，利子，使用料（著作権，特許権等）及び技術上の役務に対する料金）の支払に対する源泉地国課税を一律10％へ引下げた。
② みなし外国税額控除の規定については，課税の公平性や中立性の観点から廃止することになった。

(1) 使用料所得

日印租税条約における使用料の範囲は，使用料及び技術上の役務に対する料金である。この後者の技術上の役務に対する料金とは，経営的，技術的性質の役務又はコンサルタント役務の対価としてのすべての支払金で，雇用関係に基づく給与等及び自由職業所得に該当するものはこれに含まれない（国税庁　前掲書　226頁）。

今回の改正点は，使用料及び技術上の役務に対する料金に対する限度税率がこれまでの20％から10％に引き下げられた。

(2) 使用料及び技術上の役務に対する料金

新条約では，配当所得，利子所得，使用料所得等の限度税率は引き下げられているが，それ以外の箇所は，改正されていない。したがって，日印租税条約第12条の「使用料及び技術上の役務に対する料金」については，限度税率を除いてその他の規定は，新条約と旧条約は同じということになる。なお，日印租税条約における使用料条項は，平成元年3月に改正の署名が行われた第2次日印租税条約において初めて規定されたものである。

日印租税条約第12条第2項の規定は，「第1項の使用料及び技術上の役務

に対する料金に対しては，これらが生じた締約国においても，当該締約国の法令に従って租税を課すことができる。その租税の額は，当該使用料及び技術上の役務に対する料金の受領者が当該使用料及び技術上の役務に対する料金の受益者である場合には，当該使用料及び技術上の役務に対する料金の額の20％を超えないものとする。」となっているが，新条約では，限度税率が10％に引き下げられている。

同条第4項に「技術上の役務に対する料金」の定義規定がある。ここでは，「技術上の役務に対する料金」は，技術者その他の人員によって提供される役務を含む経営的若しくは技術的性質の役務又はコンサルタント役務の対価としてのすべての支払金で，雇用関係に基づく給与等及び自由職業所得に該当するものはこれに含まれない，と規定されている。

使用料及び技術上の役務に対する料金に係る所得源泉ルールは，日印租税条約第12条第6項に，「使用料及び技術上の役務に対する料金は，その支払者が一方の締約国又は当該一方の締約国の地方政府，地方公共団体若しくは居住者である場合には，当該一方の締約国内において生じたものとされる。(以下略)」と規定されている。すなわち，日印租税条約における使用料及び技術上の役務に対する料金の所得源泉ルールは，債務者主義ということになる。

以上のことから，日印租税条約の使用料条項の特徴は，使用料の定義ではなく，同条第4項にある「技術上の役務に対する料金」という規定があることである。したがって，第3項に規定のある使用料と第4項に規定のある「技術上の役務に対する料金」は，第6項に規定する所得源泉ルールに従って課税されることになる。

わが国の国内法は，使用料の所得源泉について権利等の使用する場所を基準とする使用地主義であり，日印租税条約の規定のように使用料の所得源泉が支払者の所在地にあるとする債務者主義である場合，所得源泉地の置き換え規定（所法162）により租税条約に規定する債務者主義に置き換えられることになろう。

VI　日比租税条約

1　基礎データ

(1)　第1次日比租税条約

現行の日本・フィリピン租税条約（以下「日比租税条約」という。）は，昭和55年に発効しているが，その後特に大きな改正等もなく現在まで推移してきた租税条約である。

(2)　平成18年12月の議定書による改正

財務省によれば，平成18年1月に日比両国の財務大臣が面談した際に租税条約改正交渉の開始で合意し，平成18年5月に租税条約改正の正式交渉を開始している。そして平成18年7月に議定書による部分改正について基本合意に達し，平成18年12月9日に正式署名が行われた。今後は，両国の議会による条約改正案（以下「本議定書」という。）の承認が終了して両国政府間で批准書を交換したのち30日目の日にこの議定書が発効して，その後に適用ということになる。

2　改正箇所の解説

(1)　主要な改正点

① 配当所得（現行条約第10条）
　○　配当に対する限度税率の引下げ（一般配当の限度税率25％が15％）
　○　10％の限度税率を適用する親子間配当の要件の緩和（25％所有が10％以上の株式保有に改正）

② 利子所得（現行条約第11条）
　利子に対する限度税率が引下げられて，一般の利子が15％，公社債等の

利子10%が一律に10%に改正された。
③ 使用料（現行条約第12条）
　使用料に対する限度税率が引下げられて、映画フィルム等以外の使用料の限度税率25%が10%に引き下げられた。
④ みなし外国税額控除（現行条約第23条第3項）
　みなし外国税額控除の供与期限が10年間に設定された。
　これ以外にも改正箇所があることから、以下において説明する。
(2) **恒久的施設に関連する改正**
　租税条約の事業所得の課税では、その企業の本国（居住地国）ではなく、海外で事業活動を行った国（源泉地国）に事業所得があり、かつ、事務所、支店等の事業を行う一定の場所がその源泉地国に所在することが源泉地国における課税要件となる。この場合、事務所、支店等ばかりではなく、源泉地国に一定期間にわたり建設工事等が存続する場合、源泉地国に恒久的施設である建設PEがあるものとされ、この企業は源泉地国において納税義務が生じることになる。
　したがって、例えば、日本を居住地国とする企業が、日本と租税条約を締結している相手国（源泉地国）において建設工事等を行う場合、その源泉地国に恒久的施設を有しているか否かを判定することが必要となるが、その場合次の2つが判定基準となる。以下の①はすべての租税条約における判定基準となるが、②については、わが国の締結したいくつかの租税条約にみられる規定である。
① 建設工事等の存続期間等
② 建設工事等の指揮監督等及びその役務提供期間
　建設工事等の存続期間等について、国内法（法141）では12か月であり、OECDモデル租税条約及びわが国が先進諸国と締結している租税条約においても、この期間はおおむね12か月である。これに対して、日本と発展途上国との租税条約例では、3か月を超える期間とするもの、6か月を超える期間とするもの等の期間を定めたものがある。すなわち、多くの場合、日本企業が条約相手国で建設工事等を行うことから、この期間を短くすることは、

Ⅵ 日比租税条約

源泉地国である発展途上国の課税範囲を広げることになるからである。

　日比租税条約の場合，同条約第5条（恒久的施設条項）第3項において建設工事等の存続期間を6か月と規定している。この期間に関する規定は今回改正されていない。また，この規定を見る限りでは，日比租税条約の建設工事等の期間に係る規定には他の租税条約との目立った相違は認められない。

　日比租税条約第5条には，第6項に建設工事等の指揮監督等に関連する規定がある。これは前述の②の判定基準である。この2つ目の判定基準はすべての租税条約にある規定ではないが，源泉地国における恒久的施設の範囲を広くする意味がある。

　この規定の趣旨は，源泉地国において居住地国企業が一定の期間建設工事等を施工すると恒久的施設が存在すると判定されることから，このような課税を回避するために，当該居住地国企業は，他の企業に実際の建設工事を施工させて，自らはその工事の指揮監督を行うことで，建設工事等の恒久的施設という課税要件を回避することも考えられる。そこで，このような脱法行為を防止するために，指揮監督のみを行う場合であったとしても，建設工事等と同様の期間の存続期間を租税条約に定めて恒久的施設を判定することを規定している条約例もある。さらに，日比租税条約では，コンサルティング業務についても6か月を超える期間役務提供をする場合に恒久的施設が存在する旨規定を置いている。この規定が第5条第6項である。

　今回の改正は，既に述べたように，期間の改正ではなく，期間の算定方法の改正である。現行条約の条文が，「1課税年度において合計6か月を超える期間」とあるのに対して，「いずれの12か月の間に合計6か月を超える期間」と改正されている。

　この改正は，給与所得の短期滞在者免税の期間計算と同様に，現条約の規定が，一課税年度を基準にその内の合計6か月であることから，2課税年度にわたる場合には，実際に6か月を超えていても課税要件を満たさないといった事例も生じることになる。改正案は，「いずれの12か月の間」としていることから，課税年度に拘らず12か月の内に合計で6か月を超えている場合，恒久的施設と判定されることになる。

Ⅶ　日仏租税条約

1　基礎データ

(1)　第1次日仏租税条約

　日本とフランス共和国との間の所得税租税条約（以下「日仏租税条約」又は「本条約」と略す。）の第1次条約は，昭和40年（1965年）に締結され，昭和56年（1981年）に，フランス国内法の改正（インピュテーション制度の導入等）を受けて一部が改正されている。

(2)　第2次日仏租税条約

　平成7年（1995年）3月に第1次条約を全面改定した第2次日仏租税条約が署名されている。この第2次日仏租税条約は，特定の親子間配当の限度税率について，源泉地国で条約免税にする等，他国に例を見ない斬新な内容を含む租税条約であった。現在では，わが国は，最近締結した日米租税条約等において特定の親子間配当の源泉地国免税を規定しているが，第2次日仏租税条約締結時の米国の締結していた租税条約例では，このような措置はなく，日仏租税条約が先鞭となった事例といえる。この特定の親子間配当の条約免税措置の背景には，当時のEUにおける加盟国間の当該配当について源泉地国課税をしないとする措置があり，その影響ではないかと推測するところである。

(3)　平成19年1月の議定書による改正

　平成19年1月の議定書による改正は，日米租税条約追従型といえる内容で，日米，日英に続く租税条約の改正と位置付けられる。日仏租税条約の改正交渉は，平成18年（2006年）1月に開始され，平成19年（2007年）1月に条約改正の議定書に署名がなされた。今回の改正は，第2次日仏租税条約の一部改正を含む条約改正である。

Ⅶ　日仏租税条約

今回署名された議定書は，全21条の条文と交換公文から構成され，一部改正とはいえ相当な内容変更といえるものである。

(4)　改正による新設条項

平成19年の改正により新設された条項は，第20条A（匿名組合），第22条A（特典制限条項）である。

(5)　日仏社会保障協定

日仏租税条約とは別に，日仏間における給与所得者等に課される社会保障の二重適用と掛け捨て問題を解消するために，日仏間において社会保障協定（正式名称「社会保障に関する日本国政府とフランス共和国政府との間の協定」：以下「日仏社会保障協定」という。）が平成17年（2005年）2月に署名されている。今回の日仏租税条約の議定書では，この社会保険料条項もあり，当該協定と租税条約の改正はリンクしていることになる。

平成19年の改正において，租税条約とは異なる社会保障協定を取り上げる理由は，今回の改正において，条約相手国において支払われる社会保険料について，就労国において所得控除を認めるというこれまでにない措置を今回の改正が規定し，社会保険料に関する租税条約上の取扱いについて新しい規定を設けているからである。

2　フランスの国内税法

(1)　法人税

イ　納税義務者と課税所得の範囲

法人が，フランス国内に登記上の住所を有する場合又は実質的な管理をフランス国内で行っている場合にフランス居住法人となる。このフランス居住者の課税所得の範囲は，事業所得についてはフランス国内源泉所得のみが課税され，投資所得は全世界所得が課税対象となる。

ロ　配当課税

インピュテーション制度が2005年（平成17年）1月1日以降廃止されている。

ハ　連結納税制度

　フランスの連結納税制度は，国内子会社の株式の95％を直接間接に保有している場合，法人の選択により，連結納税制度を採用することができる。

　フランスの連結納税制度は，連結親会社が納税義務者となり，連結子会社は連結税額に対して連帯責任を負うことになる。

ニ　法人税率

　法人税の基本税率は33.33％で，所定の小規模法人を除いて，税額控除前の法人税額が76万3,000ユーロを超える部分について3.3％の社会保障付加税が課される。

ホ　外国税額控除

　フランスは事業所得について属地主義を採用していることから，一定の要件に該当する国外源泉の事業所得は国内で非課税となる。国際的二重課税となる投資所得については，租税条約の規定により外国税額控除が可能となる。

ヘ　外国法人

　フランスにおける外国法人の課税要件は，フランス国内において事業を行うことである。課税所得の範囲は国内源泉所得であり，税率は居住法人と同じであり，概算法人税の課税もある。また，フランス国内法では，追いかけ課税（フランス源泉所得を外国本店等が配当する場合これを追いかけてフランスの課税権を行使するもの）を規定しており，原則として，外国法人フランス支店の税引後利益の25％を納付しなければならない。

　非居住者に対する源泉徴収税率は，配当25％，利子（原則）15％，使用料33.33％

(2)　その他の税

　フランスでは，企業に対する課税として次のような税目がある。

① 職業税

　フランスは法人所得に対して地方所得税の制度はないが，職業税として外形標準課税が行われる。

② 給与税

　売上の90％以上が付加価値税の課税売上となる法人の雇用者はこの税が

免税となるが，それ以外の雇用者は，年間給与支払総額の13.6%の額に，売上高に占める付加価値税非課税売上高の割合を乗じた額を課税される。
③　社会保険料

雇用者負担分は支払給与総額の35〜45%，従業員負担分は，受取給与総額の18〜23%である。

3　改正箇所の解説

以下は，今回の改正箇所を中心として説明したものである。

(1)　**対象税目となるフランスの租税**

今回の対象税目に係る改正では，第2次日仏租税条約に規定されていない新しい税目として，給与税，社会保障税（CSG）及び社会保障債務返済税（GRDS）（これらの租税に係る源泉徴収される租税又は前払税を含む。）が規定されている。

給与税は，所定の雇用者が支払う給与総額の13.6%の額に，売上高に占める付加価値税の課税対象外売上高の比率を乗じた額に対して課税されるものである。

社会保障税及び社会保障債務返済税は，雇用者に課される雇用者負担の社会保険料とは別に，フランの居住者である個人の給与等の額に対して課されるもので源泉徴収される。

(2)　**事業体課税（第4条：居住者）**

本条約は，日米租税条約とは異なり，事業体が第三国にある場合の規定がなく，日英租税条約と類似した規定になっている。

(3)　**投資所得の限度税率の引下げの概要と配当所得（第10条）**

本条約における配当所得又は使用料所得等に係る限度税率は，以下のように改正されている。

改正された項目	旧条約	新条約
特定の親子間配当（新設）	10％	源泉地国免税（0％）
親子間配当	10％	5％
一般配当	15％	10％
使用料所得	10％	源泉地国免税（0％）

　利子所得に関する限度税率は引き下げられていないが，金融機関等の利子所得の免税となる範囲が拡大している。

(4) 特典条項（第22条のA）

　本条約における特典条項の規定は，基本的に日英租税条約の規定に類似しているといえる。日米租税条約に初めて規定されたこの特典条項は，日米，日英と次第に簡素化されているが，本条約における同条の規定の特徴は次のとおりである。

① 日英租税条約と同様に特典条項の適用が限定されている。なお，日米租税条約の場合は，条約に規定するすべての特典である。

② 本条約の場合の適格居住者は，個人，適格政府機関，法人，個人以外の者と日英租税条約よりも限定されている。

③ EU加盟国であるフランスは，英国と同様に，同等の受益者の規定を置いている（第3項）。この規定は，第三国居住者（他のEU加盟国居住者）であっても，一定の条件を満たす者の場合，本条約の特典を受けることができるというものである。この規定は，日米租税条約にはない。

④ 日英租税条約と同様に，適格居住者の判定における課税ベース侵食テストが省略され，簡素化されている。

ポイント

社会保険料の取扱い

　例として，日本の会社甲社に勤務する社員Aが，甲社のフランス子会社乙社に3年間の予定で勤務するとする。この場合，日仏社会保障協定が適用となると，Aは一時的（5年以内）派遣ということで，フランスに就労しながら，フランスの社会保障制度加入が免除され，フランス就労期間中，日本

の社会保障制度に加入することになる。当然、フランス人社員が日本に就労するケースも逆の場合としてあることになる。

　本条約第18条第2項において、上記の例でいえば、日本の社会保険料（条約上では強制保険料と規定されている。）のうち、わが国において所得控除等の対象とされない範囲で、次に要件を満たす場合、フランスにおいて、フランスの社会保険料と同様に取り扱われ、所得控除等の措置を受けることができることを規定している。

① Ａがフランス勤務直前に、フランス居住者ではなく、日本の社会保障制度に参加していたこと。
② 日本の社会保障制度がフランスにおいて課税上認められた社会保障制度に一般的に相当するものとしてフランスの権限ある当局によって承認されていること。
③ 日本において社会保険料の賦課される給与等が、フランスにおいて課税となること。

(5) 1995年議定書の改正及び交換公文

　1995年議定書に9Ａが追加され、フランス居住者が5年以内の日本勤務により取得する給与等に対して、各課税年度において、次の①又は②に規定する額のいずれか低い額を限度として日本で租税を課さないことになっている。

① フランス居住者又は当該居住者に代わる者が、日仏いずれかに設けられ、かつ、課税上認められた社会保険料の支払総額（フランスで課税上控除されたものを除く。）
② 日本の課税上控除できる総保険料の総額

　また、交換公文では、次の内容が了解されている。

① フランスの社会保険料について日本で所得控除を行う場合、日本で社会保険料として支払われる総保険料の上限額を限度とする。
② 日本の社会保険料についてフランスで所得控除を行う場合、フランス税法の規定に従い、本条約第18条第2項、議定書9Ｂ及び9Ｃに定める要件を満たすことを条件として、フランスにおいて全額控除する。

③　これらの社会保険料に係る雇用者負担金が就労国における個人の課税所得とならない。

　以上，本条約第18条第2項，1995年議定書改正分及び交換公文に分かれて社会保険料の取扱いが規定されているが，日本に5年以内で勤務するフランス人社員，フランスに5年以内で勤務する日本人社員の場合，その勤務している就労国の社会保険料ではなく，フランス人社員の場合はフランス，日本人社員の場合は日本と，就労国以外の国の社会保険料を支払うことから，このような規定振りになったものと思われる。

Ⅷ　日本・パキスタン租税条約

1　基礎データ

　日本とパキスタンの間の所得税租税条約（以下本項では「新条約」という。）の改正署名が平成20年1月23日に行われ，平成20年10月10日発効している。旧条約は，昭和34年5月に第1次租税条約が発効している。この新条約は，約50年ぶりの改正ということになり，全面的に内容を改めている。

2　改正箇所の解説

(1)　新条約の構成

　新条約は，全30条及び議定書から構成されている。

　新条約は，第1条　対象となる者，第2条　対象となる租税，第3条　一般的定義，第4条　居住者，第5条　恒久的施設，第6条　不動産所得，第7条　事業利得，第8条　国際運輸，第9条　関連企業，第10条　配当，第11条　利子，第12条　使用料，第13条　技術上の役務に対する料金，第14条　譲渡収益，第15条　独立の人的役務，第16条　給与所得，第17条　役員報酬，第18条　芸能人及び運動家，第19条　退職年金，第20条　政府職員，第21条　学生，第22条　その他の所得，第23条　二重課税の除去，第24条　無差別待遇，第25条　相互協議手続，第26条　情報の交換，第27条　外交使節団及び領事機関の構成員，第28条　見出し，第29条　発効，第30条　終了，議定書，となっている。

　条文では，第13条に「技術上の役務に対する料金」は，日印租税条約第12条（使用料所得）に規定されている「技術上の役務に対する料金」に類

似する規定である。第15条は、OECDモデル租税条約において2000年4月以降削除となっている自由職業所得条項であるが、近年改正された日印租税条約、日比租税条約はいずれも自由職業所得が継続して規定されている。

(2) 事業所得関連条項

新条約における事業所得関連条項は、第5条が恒久的施設、第7条が事業利得、第8条が国際運輸、第9条が関連企業、である。

イ 第5条 恒久的施設

第5条の恒久的施設（PE）条項であるが、PEの例示（第5条第2項）では、他の条約例には見られない特別な例示はない。同条第5項の代理人PEに関する規定(b)は、「(a)に規定する権限は有しないが、当該一方の締約国内で、物品又は商品の在庫を恒常的に保有し、かつ、当該在庫から当該企業に代わって物品又は商品を反復して引き渡すこと。」として、在庫保有代理人を規定している。

ロ 第7条 事業利得

第7条の事業利得条項第1項では、従前の総合主義に代わり帰属主義の規定が新たに設けられている。

(3) 投資所得

新条約における投資所得の限度税率は次のとおりである。

改正された項目	旧条約	新条約
特定の親子間配当（議決権株式6か月以上50％以上）	—	5％
親子間配当（議決権株式6か月以上25％以上）	議決権株式の3分の1所有が要件 15％（日本側）付加税の6.25％軽減（パキスタン側）	7.5％
一般配当	—	10％
利子所得	30％	10％
使用料所得	源泉地国免税	10％

(4) 技術上の役務に対する料金

　第13条に規定のある「技術上の役務に対する料金」は，日印租税条約では使用料条項に規定されているが，新条約では独立した条項となっている。

イ　「技術上の役務に対する料金」の定義（第13条第3項）

　「技術上の役務に対する料金」とは，経営上，技術上又はコンサルタントの役務（技術者その他の人員による役務を含む。）の提供の対価として受領されるすべての種類の支払金をいうが，次のものは含まれない。

① 　建設，組立て若しくは据付けの工事その他これらに類する工事又はこれらに関連する監督活動の対価
② 　第15条に規定する独立の人的役務の提供の対価
③ 　第16条に規定する勤務の対価

ロ　源泉地国における限度税率

　当該技術上の役務に対する料金については，当該所得が生じた国においても，その国の法令に従って租税を課することができる。その租税の額は，当該技術上の役務に対する料金の受益者が条約相手国の居住者である場合には，限度税率は10%である。

ハ　わが国における課税上の留意点

　新条約では，第13条第5項において，「技術上の役務に対する料金は，その支払者が一方の締約国の居住者である場合には，当該一方の締約国内において生じたものとされる。」という所得源泉ルールが規定されている。

　これと同様の規定が日印租税条約にある。日印租税条約第12条第2項の規定は，「第1項の使用料及び技術上の役務に対する料金に対しては，これらが生じた締約国においても，当該締約国の法令に従って租税を課することができる。その租税の額は，当該使用料及び技術上の役務に対する料金の受領者が当該使用料及び技術上の役務に対する料金の受益者である場合には，当該使用料及び技術上の役務に対する料金の額の20%を超えないものとする。」となっており，限度税率が10%である。

　同条第4項に「技術上の役務に対する料金」の定義規定がある。ここでは，「技術上の役務に対する料金」は，技術者その他の人員によって提供される

役務を含む経営的若しくは技術的性質の役務又はコンサルタント役務の対価としてのすべての支払金で，雇用関係に基づく給与等及び自由職業所得に該当するものはこれに含まれない，と規定されている。

使用料及び技術上の役務に対する料金に係る所得源泉ルールは，日印租税条約第12条第6項に，「使用料及び技術上の役務に対する料金は，その支払者が一方の締約国又は当該一方の締約国の地方政府，地方公共団体若しくは居住者である場合には，当該一方の締約国内において生じたものとされる。(以下略)」と規定されている。すなわち，日印租税条約における使用料及び技術上の役務に対する料金の所得源泉ルールは，債務者主義ということになる。わが国の国内法は，使用料の所得源泉について権利等の使用する場所を基準とする使用地主義であり，日印租税条約の規定のように使用料の所得源泉が支払者の所在地にあるとする債務者主義である場合，所得源泉地の置き換え規定（所法162）により租税条約に規定する債務者主義に置き換えられることになろう。

この日印租税条約と新条約の当該規定は同様の内容であることから，わが国の課税上留意すべき点は，技術上の役務がパキスタンで行われた場合，役務提供地に所得源泉地があると判断すると，当該所得は国外源泉所得になる恐れがあるが，債務者主義ということで，その支払者が所在する国に所得源泉があることになる。したがって，内国法人からパキスタンに支払われる「技術上の役務に対する料金」は，所得源泉の置き換え規定（所法162）の適用を受けて，国内源泉所得となり，わが国において源泉徴収されることになる。

Ⅸ 日豪租税条約

1 基礎データ

　平成20年1月31日に日本とオーストラリア連邦との間の新しい所得税租税条約（以下本項では「新条約」という。）の署名が行われ、平成21年1月から適用されている。旧日豪租税条約は、昭和44年3月に署名され昭和45年7月に発効した租税条約である。したがって、平成15年に改正された日米租税条約以降の新しい租税条約例と比較すると、旧条約は居住者条項、親子間配当に係る規定及び譲渡収益条項等がない等の相当古い内容の租税条約であることがわかる。

2 条文の概要

(1) 新条約のポイント

　新条約の投資所得等の規定の内容は、一般配当10%（REITからの配当は15%）、特定親子間配当・源泉地国免税（持株割合80%）、その他の親子間配当5%（持株割合10%）、利子所得の限度税率10%（銀行等の受取利子免税）、使用料所得5%というもので、特典制限条項も付されている。したがって、新条約は、その先行例として、平成13年改正の米豪租税条約、平成15年改正の日米租税条約があり、これらの租税条約の延長線上にあると考えることができる。

　なお、税務以外の関連事項としては、平成21年に日豪社会保障協定が発効され、日豪間における社会保険料の二重加入の防止と年金加入期間の通算が可能となった。

(2) 新条約の概要

新条約本文の条文は，全32条である。各条の見出しは，第1条（対象となる者），第2条（対象となる租税），第3条（一般的定義），第4条（居住者），第5条（恒久的施設），第6条（不動産所得），第7条（事業利得），第8条（海上運送及び航空運送），第9条（関連企業），第10条（配当），第11条（利子），第12条（使用料），第13条（財産の譲渡），第14条（給与所得），第15条（役員報酬），第16条（芸能人及び運動家），第17条（退職年金及び保険年金），第18条（政府職員），第19条（学生），第20条（匿名組合），第21条（その他の所得），第22条（所得の源泉），第23条（特典の制限），第24条（減免の制限），第25条（二重課税の除去），第26条（無差別待遇），第27条（相互協議手続），第28条（情報の交換），第29条（外交使節団及び領事機関の構成員），第30条（見出し），第31条（発効），第32条（終了）である。

新条約は，条約本文以外に，23項目からなる議定書と3項目の交換公文から構成されている。

条文の中で，わが国が日米租税条約以降に締結した租税条約との比較で，他の条約例にないものとしては，第22条（所得の源泉）がある。この条項は，事業所得，投資所得及び人的役務提供所得（学生を除く。）に関する所得源泉ルールと二重課税の除去に関する所得源泉地を定めている。また，第24条（減免の制限）は，わが国の非永住者とオーストラリアの一時的居住者に関する減免の制限を規定しているもので，わが国の非永住者の課税所得に係る規定とは異なるが，オーストラリアの一時的居住者の規定がある故の規定である。

3　新条約の通則条項

イ　対象となる租税（第2条）

新条約の対象税目に係る規定であるが，オーストラリア国内法に規定のある石油資源使用税が対象税目に含まれている。この税目に関しては，議定書

IX 日豪租税条約

1において、「石油資源使用税」とは、1987年（昭和62年）石油資源使用税法に基づき、石油資源の探査又は開発に関する沖合事業に対して課される資源使用税をいう、と規定されている。なお、地方税は対象税目にはない。

ロ　双方居住者の振分け（第4条第2項及び第3項）

　旧条約では双方居住者に関する規定がないために、双方居住者は条約適用対象外となる措置であったが、新条約第4条（居住者）の第2項（個人）及び第3項（法人）に振分け規定が置かれている。個人に関しては、恒久的住居、重要な利害関係、国籍、権限ある当局の合意と判定の順序が示されているが、他の条約例では重要な利害関係の後に常用の住居を判定要素とするが、新条約にはその規定がない。しかし、議定書3において、個人の重要な利害関係の中心がある場所を決定するに当たっては、当該個人がいずれかの締約国内に常用の住居を有する事実を考慮することが了解される、という判定基準を示している。また、法人に関しては、第4条第3項に規定する「その他関連するすべての要因」には、(a) 上級管理者による日常の経営管理が行われる場所、(b) その個人以外の者の法的地位を規律する法令を有する締約国、(c) 会計帳簿が保存されている場所、(d) 事業が遂行されている場所、が含まれ、両国の権限ある当局は合意により締約国の決定に努めることになる（議定書4）。しかし、合意がないときは、双方の締約国の居住者に該当する者は、第26条（無差別待遇）及び第27条（相互協議手続）を除くこの条約により認められる特典を要求する上で、いずれの締約国の居住者ともされないことになる（第4条第4項）。

ハ　代理人PE（第5条第7項）

　代理人PEの範囲が、日米租税条約等とは異なって広く規定されている。代理人の権限について、当該企業に代わって実質的に交渉する権限又は当該企業の名において契約を締結する権限を有し、かつ、この権限を反復して行使すること、としている点が第1の特徴である。この「実質的に交渉する」とは、一方の締約国内において代理人により交渉が行われた契約が他方の締約国内において正式に締結される場合において、当該一方の締約国内に恒久的施設があるか否かに関する疑義を排除するために規定されたものであると、

議定書6に規定されている。これは、名目上の契約締結権限のみを企業が有して、従属代理人がPEになる要件を逃れることを防止するための規定といえよう。また、代理人PEには、当該企業のために当該企業に属する物品又は商品を製造し、又は加工すること、という請負加工の類も含まれることになっている。

4 事業所得関連条項（第7条，第8条，第9条）

事業所得に関連して特に他の条約例にはない特徴となる点は次のとおりである。

(1) 信託に係る事業所得

事業所得条項（第7条）の第9項に、信託に係る規定が置かれている。この規定によれば、以下の①及び②に該当する場合、信託の受託者が行う事業は、一方の締約国の居住者が他方の締約国内にある恒久的施設を通じて当該他方の締約国内で行う事業とみなされ、かつ、当該事業からの所得のうち、当該一方の締約国の居住者の持分に対応するものは、当該恒久的施設に帰せられるものとなる。

① 当該一方の締約国の居住者が、当該信託（受託者が納税義務を負う場合の信託を除く。）の受託者が当該他方の締約国内において当該信託の受託者として行う事業から取得される利得に対する持分を直接に又は信託を介して間接的に有する場合
② 当該事業の遂行に関して、当該信託の受託者が、第5条（恒久的施設）に定める原則に従い、当該他方の締約国内に恒久的施設を有する場合

(2) 移転価格課税の更正処分期限等（第9条第4項，交換公文）

新日米租税条約と同様に、移転価格課税の更正処分期限を課税年度終了時から7年以内に税務調査が開始された場合に制限する規定が置かれている。

5 投資所得関連条項

(1) 投資所得に係る限度税率

新条約における限度税率は，日米租税条約以降の日英，日仏租税条約とは異なり，源泉地国免税となる親子間配当の持株割合は80％であり，使用料所得の限度税率は5％である。

		旧条約	新条約
配当	親子会社間	15%	免税（持株割合12か月以上80％以上） または5％（持株割合10％以上）
	その他		10％（REIT等からの配当は15％）
利子		10%	免税（金融機関，政府機関等） 10％（その他）
使用料		10%	5％

(2) 投資所得に係る租税回避防止規定

日米租税条約では，投資所得に関して租税条約の不正利用を防止する規定が規定されたが，日英租税条約及び日仏租税条約では，租税条約の不正利用を防止する規定に加えて，租税条約の不正な利用を目的とする場合には，租税の軽減又は免除を受けることができない旨の規定が重層的に置かれている。新条約は，日英租税条約及び日仏租税条約と同様の規定である。

(3) バックトゥバック融資の利子

利子所得において金融機関の受取る利子は，条約免税であるが，バックトゥバック融資の利子は課税となり限度税率10％である。新条約に規定する「バックトゥバック融資に関する取決め」とは，例えば，邦銀がオーストラリア国内において生じた利子を受領し，かつ，当該邦銀が当該利子と同等の利子を日本居住者である他の者（オーストラリア国内から直接に利子を受領したならば当該利子についてオーストラリアにおいて租税の免除を受けることができなかったとみられるものに限る。）に支払うように組成されるすべての種類の取決めとされている（議定書15）。

X 日本・カザフスタン租税条約

1 基礎データ

　日本とカザフスタン共和国との租税条約（以下本項では「本条約」という。）が平成20年12月19日に署名され，平成21年12月3日に発効している。

　カザフスタンは，1991年（平成3年）までは旧ソ連に属していたことから，旧ソ連からの分離後においても，一時期，日本と同国との間には旧日本・ソ連租税条約（以下「旧日ソ租税条約」）が継続して適用になっていたのである。

　このように，カザフスタンと日本の間には平成3年後も旧日ソ租税条約が適用されていたのであるが，カザフスタンが，平成7年12月20日に日本・カザフスタン租税条約（旧日ソ租税条約）の適用終了を通告したことから，平成8年1月1日以後に生じた所得について，日本とカザフスタンの間では租税条約の適用がないことになった。その結果，旧ソ連邦の国々とは別に，カザフスタンとは別に，今回，租税条約交渉が行われたのである。

2 カザフスタンの概要

　カザフスタン（正規の国名：カザフスタン共和国）は，1991年（平成3年）に旧ソ連から分離独立した中央アジアに所在する国で，国土面積は日本の約7倍強，人口は約1500万人弱である。この国が注目される理由の一つは，石油，レアメタル等に恵まれた資源大国であることである。外務省資料によれば，石油埋蔵量は398億バーレル（世界の3.3％），天然ガス埋蔵量3兆立方メートル（世界の1.7％）（2007年BP統計）で，特に石油は今後増産

が見込まれていて有望ということである。また、石油以外の鉱物資源としては、ウラン、クロムの埋蔵量は世界2位、亜鉛は世界5位である。わが国企業は、地球温暖化対策として将来の原子力発電の増加等を見込んで、同国のウラン資源開発に意欲を示している。カザフスタンは、このような資源大国であることから、近年の石油価格の高騰等により国内経済は高い成長を続けている。

3　日本・カザフスタン租税条約の特徴

(1)　旧日ソ租税条約との対比

日ロ租税条約と本条約を比較してみると（下図参照），本条約が投資所得の限度税率の点で、源泉地国の課税を軽減しているのである。したがって、今後、日ロ租税条約等が改正となる場合、本条約が改正のモデルとなる可能性がある。

投資所得の種類	日本・ロシア租税条約の限度税率	日本・カザフスタン租税条約
配当所得	15%	5％，15％
利子所得	10%	10％，ただし，特定の政府機関等の利子所得は免税
使用料所得	工業的使用料10％ 文化的使用料免税	限度税率10％，議定書により5％に引き下げ。

(2)　本条約の概要

本条約は、条約本文全29条及び議定書から構成されている。

条約本文の構成は、オーソドックスなもので、日本の締結している他の租税条約と異なるような特異な条項は見当たらない。各条文とその見出しは次のとおりである。

全体は、第1条（人的範囲），第2条（対象税目），第3条（一般的定義），第4条（居住者），第5条（恒久的施設），第6条（不動産所得），第7条

(事業所得)，第 8 条（国際運輸業所得），第 9 条（特殊関連企業），第 10 条（配当所得），第 11 条（利子所得），第 12 条（使用料所得），第 13 条（譲渡所得），第 14 条（給与所得），第 15 条（役員報酬），第 16 条（芸能人及び運動家），第 17 条（退職年金），第 18 条（政府職員），第 19 条（学生と事業修習生），第 20 条（匿名組合），第 21 条（その他所得），第 22 条（二重課税の排除），第 23 条（無差別取扱い），第 24 条（相互協議），第 25 条（情報交換），第 26 条（徴収共助），第 27 条（外交官及び領事官），第 28 条（発効），第 29 条（終了）及び 5 条からなる議定書である。

(3) 通則的規定

第 1 条から第 5 条までの通則的規定では，次の項目が特徴である。

① 第 2 条の対象税目に，日本の租税として住民税が規定されている。
② 第 5 条第 2 項の恒久的施設の例示に係る規定において，(f)に「鉱山，石油若しくは天然ガスの坑井又は採石場」を規定し，(g)に「天然資源の探査若しくは採取のために使用する設備若しくは構築物又は天然資源の探査若しくは採取の場所」を規定している。これは，カザフスタンが資源国であり，日本側が，カザフスタンにおける資源開発に対して投資を行っていることに関係があるものと思われる。

(4) その他の規定

人的役務提供所得以外の実体規定及びその他の執行・管理に係る規定において，本条約の特徴となる点を掲げると以下のとおりである。

① 第 20 条に匿名組合員が取得する所得について源泉地国における課税を定めているのは，日米租税条約以降のわが国における租税条約の特徴の 1 つである。
② 第 25 条（情報交換）において，金融機関等の情報もその対象となるのであるが，カザフスタンは，対米国との租税条約において，国内法の規定に拘らず，金融機関の情報等を租税条約に基づく情報交換の対象とすることで了解をして，米国・カザフスタン租税条約が署名後に議会の承認を得られなかった事態を打開したという経緯がある。

XI 日本・ブルネイ租税条約

1 基礎データ

(1) 署名等

本条約の締結交渉は，平成19年11月に開始され，平成20年6月に基本合意に至り，平成21年1月20日に署名が東京で行われた。本条約は，平成21年11月19日に発効している。

(2) ブルネイの税制

イ ブルネイ税制の概要

ブルネイでは，個人所得税，キャピタルゲイン税がないことから法人格のない個人企業等への課税はなく，法人税（ブルネイの国内法では所得税法に基づいて課税される所得税と表記されている。），石油利得税（石油事業の所得に係る法人税），遺産税，印紙税，免許税及び輸入関税が課税となる。また，同国は，中国，インドネシア，シンガポール及び英国と租税条約を締結している。

ロ 法人税

ブルネイの法人税制の特徴は，英国税制の影響を受けている点である。したがって，やはり英国税制の影響が強い，シンガポールの法人税制と類似していることになる。その典型的な例が財務会計上の減価償却を認めず，税務上の減価償却を認める取扱いである。

(イ) 法人税の課税範囲

ブルネイ居住法人の判定は，その事業の管理支配が同国内で行われているか否かにより行われ，同国内に管理支配がある場合，当該法人はブルネイ居住法人となる。ブルネイ居住法人は，ブルネイ源泉所得及びブルネイで受領した国外源泉所得に対して課税される。非居住法人（外国法人のブルネイ支

店等）は，ブルネイ国内源泉所得のみが課税対象となる。

　(ロ)　法人税率

　ブルネイ居住法人及び外国法人の支店（非居住法人）に適用される法人税率は，22％である。また，石油事業等に従事している法人の所得に対しては石油利得税として55％の税率が適用される。

　(ハ)　課税所得の計算において益金となる項目

　ブルネイ居住法人からの課税済所得を原資とする配当金を除く配当所得，利子所得，事業上の利得，賃貸収入，使用料収入等が益金項目となる。

　(ニ)　課税所得の計算において損金となる項目

　原則として，通常の事業上の経費は，損金としての控除が認められる。貸倒引当金は，所定の不良債権に対するものは認められる。また，支払利子は，所得を得るために必要な資金に係るもののみが損金となる。

　(ホ)　税務上の減価償却

　既に述べたように，ブルネイの法人税制においては，税務会計上の減価償却費を税務上認めず，税務上の減価償却費（capital allowance）が控除されることになる。償却率に関しては，工業建物の初年度償却が要償却額の10％，それ以降は2％，設備及び機械は，初年度償却が取得価額の20％で，その後の年度に関しては資産の種類により3％から25％の範囲で減価償却が行われる。

　(ヘ)　欠損の取扱い

　法人の欠損は，6年間繰り越すことができる。

　(ト)　外国税額控除

　国外源泉所得のうち，ブルネイで受領しない部分の金額は課税対象にならない。外国税額控除で控除される限度額は，ブルネイの税率の半分を超えることができない。

　(チ)　源泉徴収

　非居住者に対する源泉徴収は，利子所得に対する20％のみである。

　(リ)　申告等

　法人の課税年度は暦年であり，申告納税は年初より3月以内となっている。

在ブルネイ日本大使館の作成した資料によれば，ブルネイにおける申告等の手続は，同国の税務代理人（tax agent）を介して行われている。

(3) ブルネイの優遇税制

ブルネイでは，パイオニア産業，ハイテク産業等の技術導入を狙ったパイオニア・サービス企業，パイオニア・サービス企業の優遇延長となるポスト・パイオニア企業，既存の事業の拡張を行う企業に対する優遇措置，輸出向け生産及びサービスを行う企業に対する優遇措置等がある。日本から同国への直接投資の額は現在のところそれほど多くはないが，パイオニア産業の要件を満たす企業であれば，11年程度の免税期間の特典を得ることが可能である。

2 本条約の概要

(1) 本条約の構成

本条約の条文構成は，条文29条及び議定書から成り，筆者が見出しを付して整理すると次のようになる。

第1条（人的範囲），第2条（対象税目），第3条（一般的定義），第4条（居住者），第5条（恒久的施設），第6条（不動産所得），第7条（事業所得），第8条（国際運輸業所得），第9条（特殊関連企業），第10条（配当所得），第11条（利子所得），第12条（使用料所得），第13条（譲渡収益），第14条（給与所得），第15条（役員報酬），第16条（芸能人および運動家），第17条（退職年金），第18条（政府職員），第19条（学生と事業修習者），第20条（匿名組合），第21条（その他の所得），第22条（二重課税の排除），第23条（無差別取扱い），第24条（相互協議），第25条（情報交換），第26条（徴収共助），第27条（外交官及び領事官），第28条（発効），第29条（終了），である。

議定書は4項から成り，第1項は，第4条の居住者の規定に関して，「一方の締約国の居住者」には，当該一方の締約国の政府により設置された法令上の組織及び当該一方の締約国の政府が全面的に所有する機関を含むとして

第2項では、第13条2の規定（事業譲渡類似に係る規定）に関し、「公認の有価証券市場」とは、(a)日本国の金融商品取引法に基づき設立された金融商品取引所又は認可金融商品取引業協会により設立された有価証券市場、(b)同規定の適用上、両締約国の権限のある当局が公認の有価証券市場として合意するものが該当することが確認されている。

　第3項では、第25条5の規定（金融機関に係る情報交換）に関し、(a)同規定は、一方の締約国が公の秩序を理由として、第11条4に規定する機関（中央銀行及び政府系機関）が所有する情報の提供を拒否することを妨げるものと解してはならないことが了解され、(b)一方の締約国は、弁護士その他の法律事務代理人がその職務に関してその依頼者との間で行う通信に関する情報であって、当該一方の締約国の法令に基づいて保護されるものについては、その提供を拒否することができる、ことを了解している。

　第4項では、本条約と経済上の連携に関する日本国とブルネイ・ダルサラーム国との間の協定（以下「経済連携協定」という。）との関係に関し、経済連携協定のいかなる規定も、本条約に基づく各締約国の権利及び義務に影響を及ぼすものではない。本条約と経済連携協定とが抵触する場合には、その抵触の限度において、本条約が優先する、としている。要するに、租税に関しては、両国間にある協定等に対して本条約が優先適用されることが確認されているのである。

(2)　通則的規定（本条約第1条から第5条）

　この範囲では、第2条の日本の対象税目に住民税が規定されている。また、ブルネイでは、石油利得税が掲げられている。

(3)　事業所得関連条項（第7条から第9条）

　本条約における事業所得関連条項は、従来の租税条約どおりの規定である。

(4)　投資所得（配当所得、利子所得、使用料所得）

　投資所得に対する限度税率が、本条約における焦点となる事項である。それぞれの所得における限度税率は次のとおりである。

XI　日本・ブルネイ租税条約

所得区分	限度税率
親子間配当（持株割合6か月以上10%以上）	5%
一般配当	10%
利子	10%，特定の政府系機関等の受け取る利子等は源泉地国免税
使用料	10%

(5) 譲渡収益（第13条）

譲渡収益を規定した第13条では，第2項は不動産化体株式（源泉地国に所在する資産価値の50%以上が不動産である法人等の株式）の譲渡による源泉地国課税を規定している。また，同条第3項は，事業譲渡類似の規定では，源泉地国課税となる要件は，発行済株式の25%以上の所有と課税年度中に譲渡した株式総数が発行済株式総数の5%以上である。

(6) 管理的規定（第23条から第29条）

第24条の相互協議に関する規定では，申立ての期限が3年とされている。

XII 日本・クウェート租税条約

1 基礎データ

(1) 条約交渉の経過

この条約は，平成18年11月27日に条約交渉開始，平成21年1月13日に基本合意成立公表，平成22年2月17日に署名し，平成25年1月末現在未発効である。本条約は，今後，国会の承認等の手続を経て，国内手続が完了したことを通知する公文の交換が行われた翌日から30日目に発効することになる。

(2) クウェートの税制等

外務省ホームページの資料によれば，クウェートの面積は，日本の四国程度で，人口は344万人（平成20年末現在），1938年（昭和13年）に油田が発見され，1961年（昭和36年）6月19日に英国より独立している。

国民経済は，石油が中心であり，国民の94％が国家公務員又は国営企業に勤めている。同国は，石油収入の多くを海外投資に向けると共に，外貨導入による産業の多角化を目指して，外国資本直接投資法（以下「投資法」という。）が2001年（平成13年）に，減税を柱とする税制改正法（2008年法律第2号：以下「改正税法」という。）が2007年（平成19年）に成立している。

クウェートの税制は，改正税法により，2008年（平成20年）2月3日後に開始となる事業年度から法人税率が従前の最高税率55％の累進税率から15％の比例税率に改正されている。

また，同国では，個人所得税，財産税，相続税及び贈与税の課税はなく，クウェート国内法には源泉徴収の規定がない。

なお，湾岸協力会議（Gulf Cooperation Council：以下「GCC」という。）

XII 日本・クウェート租税条約

は1981年（昭和56年）に設立されたもので，ペルシャ湾岸国である，バーレーン，クウェート，オマーン，カタール，サウジアラビア，アラブ首長国連邦の6カ国から構成されている。クウェート国民がすべての株式を所有する法人或いはGCCで設立されてGCCの国民がすべての株式を所有する法人は，法人税の課税を受けることはない。

2 本条約の概要

(1) 本条約の条文構成

本条約は，第1条（対象となる者），第2条（対象となる租税），第3条（一般的定義），第4条（居住者），第5条（恒久的施設），第6条（不動産所得），第7条（事業利得），第8条（国際運輸），第9条（関連企業），第10条（配当），第11条（利子），第12条（使用料），第13条（譲渡収益），第14条（給与所得），第15条（役員報酬），第16条（芸能人及び運動家），第17条（退職年金），第18条（政府職員），第19条（学生），第20条（匿名組合），第21条（その他所得），第22条（二重課税の除去），第23条（無差別待遇），第24条（相互協議手続），第25条（情報の交換），第26条（雑則），第27条（外交使節団及び領事機関の構成員），第28条（見出し），第29条（効力発生），第30条（終了）の全30条から構成されている。

上記条約本文以外の付属文書として，議定書に12条の規定がある。議定書以外に交換公文等はない。

条文の構成に関しては，オーソドックスなOECDモデル租税条約型を踏襲したものであるが，第20条に匿名組合に関する規定を置くのが，最近の日本の租税条約例である。

(2) 対象税目

本条約第2条に規定する対象税目であるが，日本は，所得税，法人税，住民税であり，クウェートは，①法人所得税，②クウェート科学振興財団（KFAS）に支払われる分担金，③クウェート資本の法人の純利得から国家予算を支援するために支払われる分担金，④ザカート，⑤クウェート国民で

2 本条約の概要

ある使用人を支援するために課される税, である。

(3) 恒久的施設

建築工事現場又は建設若しくは据付けの工事のいわゆる建設 PE の判定基準として, 本条約は, これらの工事現場又は工事が9か月を超える期間存続する場合には, 恒久的施設を構成するものとする, として9か月を期間としている。

(4) 投資所得（配当所得, 利子所得, 使用料所得）

投資所得に対する限度税率は次のとおりである。

所得区分	限度税率
親子間配当（6か月以上所有, 議決権株式の持株割合10％以上）	5％
一般配当	10％
利子	10％
使用料	10％

本条約の投資所得に係る規定では, 受益者概念が使用され, これらの所得を受取る者が, 真の受領者であるという受益者でない場合は, 限度税率の適用がないことになる。

利子所得に関しては, 両国の政府, 中央銀行, 所定の政府が全面的に所有する機関は源泉地国における課税が免除となる。また, 議定書により, クウェート源泉の利子所得で, 日本国の法令に基づいて設立された年金基金が受益者であるものに対しては, クウェートの課税は免除となる。

(5) 譲渡収益

譲渡収益の規定では, 不動産化体株式の株式譲渡に関しては, 源泉地国課税となる。

(6) 情報交換

本条約第25条5に,「3の規定は, 提供を要請された情報が銀行その他の金融機関, 名義人, 代理人若しくは受託者が有する情報又はある者の所有に関する情報であることのみを理由として, 一方の締約国が情報の提供を拒否

すること認めるものと解してはならない。」と規定されており，本条約は，金融機関の保有する情報等の交換が可能になったのであるが，弁護士等の保有する情報の交換には一定の制限がある。

(7) **プリザベーション・クローズ**

本条約は，第26条（雑則）において，プリザベーション・クローズが規定されている。

条文としては，次のとおりである。

「この条約の規定は，次のものによって現在又は将来認められる非課税，免税，所得控除，税額控除その他の租税の減免をいかなる態様においても制限するものと解してはならない。

(a)一方の締約国が課する租税の額を決定するに当たって適用される当該一方の締約国の法令

(b)両締約国間の他の二国間協定又は両締約国が当事国となっている多数国間協定」

この規定の役割は，租税条約が，両締約国の国内法および両締約国間の他の協定に定める租税の減免措置を制限するものにはならないという内容であるが，この規定の意味は，租税条約が適用された結果，国内法よりも税負担が増えるということはないということである。

XIII　日本・スイス租税条約

1　基礎データ

(1)　条約改正の経緯

第1次条約は，昭和46年1月19日に署名され，同年11月26日に批准書の交換が行われ，同年12月26日に発効している。

第1次条約の特徴の1つは，情報交換の規定がないことであった。G20及びOECD等において租税に関する情報交換の促進が図られたことから，第1次条約の一部が議定書（以下「改正議定書」という。）の形で改正されたのである。

改正議定書は，平成22年5月21日にスイスで署名され，全21条と付属の議定書（以下「付属議定書」という。）及び交換公文から構成されている。改正議定書の内容は，第1次条約条文に組み込まれ（以下本項では「改正条約」という。），発効の翌年1月1日より適用となる。この議定書は，平成23年12月1日に発効している。

(2)　スイス税制の特徴

スイスは，26の州（cantons）から構成される連邦国家である。スイスでは，連邦税，州税，市町村民税の3種類の課税があるが，法人税制に関して次のような特徴がある。

① 連邦税の税率が地方税に比べて相対的に低い。
② 州税が州により異なること（法律により州間の税率の調整を図ったが達成されていない）。
③ 連邦法人税の税率は，8.5％であるが，損金算入が認められることから実効税率は，7.8％となる。また，既に述べたように，州により税率等が異なることから，スイスにおける法人の実効税率は，約12％から

25％の範囲ということになる。
④　外国からの投資を促進するために，持株会社等に対する優遇税制がある。
⑤　連結納税制度はない。

2　改正条約の主要項目

(1)　投資所得の限度税率の引き下げと特典条項

改正議定書の特徴の1つは，投資所得の限度税率の引下げである。これは，源泉地国における課税の減免（源泉徴収課税の減免）を行ったもので，配当所得，使用料所得に係る限度税率は，現条約よりも引き下げられている。

改正された項目	第1次条約	改正条約
特定の親子間配当（新設：持株割合6か月以上50%以上）	10%	源泉地国免税（0％）
親子間配当（持株割合6か月以上10%以上）	10%	5％
一般配当	15%	10%
使用料所得	10%	源泉地国免税（0％）

(2)　改正議定書における情報交換規定の新設の背景

改正議定書第19条には，改正条約第25条のAを新設することが規定された。特に金融機関に係る情報交換に関連する規定は次のとおりである。

イ　第25条のA第5項

第25条のA第5項の規定は次のとおりである。

「3の規定は，提供を要請された情報が銀行その他の金融機関，名義人，代理人若しくは受託者が有する情報又はある者の所有に関する情報であることのみを理由として，一方の締約国が情報の提供を拒否することを認めるものと解してはならない。これらの情報を入手するため，当該一方の締約国の税務当局は，この5の規定に基づく義務を履行するために必要な場合には，

3の規定又は当該一方の締約国の法令のいかなる規定にもかかわらず，当該情報を開示させる権限を有する。」
  ロ　付属議定書5の規定
　さらにその細則として付属議定書5(c)に次のような規定がある。
　「(c)一方の締約国が同条の規定に従って他方の締約国に対し情報の提供を要請する場合には，当該一方の締約国の権限のある当局は，当該他方の締約国の権限のある当局に対して，次の(i)から(v)までに掲げる情報を提供することが了解される。
　(i)調査の対象となる者を特定するために十分な情報（例えば，名称及び，判明している場合には，住所，口座番号その他これらに類する情報）
　(ii)要請する情報の対象となる期間
　(iii)求める情報に係る記述（当該情報の性質及び当該一方の締約国が希望する当該他方の締約国から当該情報を受領する形式を含む。）
　(iv)情報を必要とする課税目的
　(v)要請する情報を保有していると認められる者の名称及び判明している場合には住所」
　さらに，情報交換における制約条件として，付属議定書5(b)に次のような規定がある。
　「(b)同条に規定する情報の交換には，単なる証拠の収集（証拠漁り）のみを目的とする措置を含まないことが了解される。」
　以上のことから，両国間における税務情報交換の基本的なルールはできたことになるが，今後は執行面において円滑な運営に至るまでの経験の蓄積が必要になるものと思われる。
  ハ　情報交換規定の解釈に関する書簡の交換
　平成24年5月15日に，標記の書簡の交換が行われた。この書簡の交換により次のことが確認されている。①租税に関する情報の交換を可能な限り広範に行うこととする一方で，特定の納税者に関連する可能性に乏しい情報まで自由に要請することはできないこと，②改正後の条約の不可分の一部を成す議定書5（C）の規定は，情報を要請する際に単なる証拠の収集が行われ

ないことを確保するための手続的要件を含むものであるが，実効的な情報の交換を妨げるものではないと解されること，というものである。

(3) 居住者規定の改正（改正条約第4条）

日本とスイスの間では，双方居住者の振分けの問題があったが，現条約第4条の居住者条項が改正され，第4条第2項に双方居住者の振分け規定が新設された。

また，改正条約第4条第5項に，事業体に対する租税条約の適用の規定（両国間で課税上の取扱いが異なる団体に関する規定）が置かれた。これは，日米租税条約以降のわが国の対先進国型の租税条約の特徴の一つであるが，この規定にも，日米型（5パターンを規定）と日英型（3パターンを規定）等があるが，改正条約は日英型である。

(4) 租税回避目的による否認規定

この規定は，日米租税条約には規定されていないが，日英租税条約及び日仏租税条約に新たに規定されたものである。付属議定書1において，条約全体に関して，所得の支払又は取得の基因となる権利又は財産の設定又は移転に関与した者が，条約の特典を受けることを当該権利又は財産の設定又は移転の主たる目的とする場合には，当該所得に対しては，条約に定める租税の軽減又は免除は与えられない，と規定された。この規定は，改正条約第22条のAの特典条項，各投資所得条項に規定のある租税回避防止規定とは別に，「条約の特典を受けることを当該権利又は財産の設定又は移転の主たる目的とする場合」という租税回避目的のある場合，課税当局から否認を受ける可能性を規定した規定である。

XIV 日蘭租税条約

1 基礎データ

　日本とオランダ王国との間の所得税租税条約（以下「日蘭租税条約」という。）の沿革は，第1次日蘭租税条約の署名が1970年（昭和45年）3月，その後の一部改正の署名が1992年（平成4年）3月である。この1992年の改正は，日本から支払われる親子間配当の限度税率をオランダ側と同様に5％に引下げたことと，情報交換と徴収共助の条項を創設したことである。したがって，今回の改正は，第1次日蘭租税条約の全文改正であることから，第2次日蘭租税条約（以下本項では「本条約」という。）ということができる。本条約の交渉の経緯は，交渉開始が平成16年6月，基本合意が平成21年12月，そして，署名が平成22年）8月25日，発効が平成23年11月である。

2 本条約の構成

(1) 本条約の特徴

　本条約は，条約本文が31条，議定書13条及び交換公文5項目から構成されている。その特徴を掲げると下記のとおりである。

① 本条約は，日本の締結している租税条約の類型からすると，日米租税条約型（日英，日仏租税条約等）に属するものである。
② 本条約の特徴の1つは，第24条の相互協議手続にわが国の租税条約としては初めて仲裁に関する規定を設けたことである。
③ 投資所得に関する限度税率が大幅に減免されたことである。
④ 米国企業がオランダ法人を使ってわが国の匿名組合を利用した租税回避

事例があったことから，本条約改正の契機となったのは，同様の手法による租税回避を防止するためといわれていたが，匿名組合からの分配金に関する課税については，議定書9条において日本における課税が明記されている。

(2) 適用地域（第3条第1項(b)）

オランダはカリブ海等に海外領土を保有しており，アルバ，アンチルはタックスヘイブンである。本条約に規定する適用地域では，オランダはヨーロッパに位置する部分となっている。

(3) 課税上の取扱いが異なる事業体の課税関係（第4条第5項）

日米租税条約第4条第6項がわが国の締結した租税条約における初めてのハイブリット事業体に関する規定であるが，日米租税条約以降，改正日英租税条約等において，条約ごとに日米租税条約のように5形態を規定したもの以外のものもあるが，本条約は日米租税条約と同様の規定になっている。

(4) 投資所得の限度税率に係る改正

本条約は，旧条約と比較して投資所得に係る限度税率を引下げている。

投資所得	旧条約	本条約
特定親子間配当（保有期間6カ月，持株50％以上）	規定なし	免税
一般親子間配当（保有期間6カ月，持株10％以上）	5％（25％以上）	5％
一般配当	15％	10％
利子	10％	免税（金融機関等）10％（その他）
使用料	10％	免税

(5) 利子所得の免税等（本条約第11条）

利子所得の所得源泉ルールについては，日米租税条約同様に，第三国に所在するPEがその利子を負担するときは当該第三国に所得源泉地があるとする規定を設けている。

(6) 特典の制限

　特典制限に関する本条約の特徴となる点を列挙すると次のとおりである。本条約における特典制限条項は，日米型ではなく日英租税条約における特典制限に係る規定が多く取り入れられている。

① 制限対象となる特典は，配当所得（第10条3），利子所得（第11条3），使用料所得（第12条），譲渡所得（第13条），その他所得（第20条）の条約免税となるものに限定している。日英租税条約では，事業所得条項（第7条）が規定されているが，本条約ではない。

② 上場法人の場合の要件としての通常の取引に係る「主たる種類の株式に係る発行済株式の総数の平均の6パーセント以上」（本条約議定書10条）は日米租税条約と同様の規定である。

③ 両締約国以外の有価証券市場に上場又は登録されるものである場合には，当該法人の事業の管理及び支配の主たる場所が，当該法人が居住者とされる締約国内にあるときに限る，と規定されており，この法人の「事業の管理及び支配の主たる場所」は，役員及び上級管理者が当該法人（当該法人が直接又は間接に所有する子会社を含む。）の戦略上，財務上及び運営上の経営判断を行うための日々の職務を当該一方の締約国において他のいずれの国より多く遂行し，かつ，当該役員及び上級管理者を補佐する職員がこれらの経営判断の準備及び決定のために必要な日々の活動を当該一方の締約国において他のいずれの国より多く行う場合に限り，当該法人が居住者とされる締約国内に存在するものとされる，としている（本条約議定書11条）。

④ 居住者となる国の法令に基づいて設立され，規制されている銀行，保険会社又は証券会社を適格者としている。

⑤ 所有権テストとして，個人以外の者（(a)から(e)までに掲げる適格者であるいずれかの締約国の居住者が，議決権の50パーセント以上に相当する株式その他の受益に関する持分を直接又は間接に所有する場合に限る。）について規定がある。日米租税条約にある課税ベース侵食テストの規定はない。

⑥　日英租税条約等と同様に同等受益者に係る規定がある（同条第3項）。同等受益者は，EU加盟国等の適格国の居住者で，本条約の適格者と類似して特典を受ける権利を有するのである。なお，同等受益者に関する定義は，同条第8項(d)に定義されている。

⑦　同条第6項には，統括会社（Headquarters Companies）に係る規定がある。この規定と類似する規定は米蘭租税条約第26条（特典制限条項）第5項にある。多国籍企業集団の統括会社については，同条第6項(b)に要件が規定されている。要するに，統括会社に該当する場合とは，実際に投資を行いそれを管理しているという活動を行っていることが要件となっているのである。

(7)　**オランダ居住法人の役員（本条約第15条，議定書7条）**

議定書第7条には，オランダ居住法人の「法人の役員」には，「取締役（bestuurder）」及び「監査役（commissaris）」を含み，「取締役（bestuurder）」及び「監査役（commissaris）」とは，それぞれ法人の経営全般に従事する者及びこれらの者を監督する者をいう，と規定されている。

(8)　**匿名組合（議定書第9条）**

本条約は，日米租税条約以降の日本の締結する租税条約の多くと同様に，匿名組合に関する日本の課税権を保障する規定が設けられている。

(9)　**相互協議手続における仲裁規定（本条約第24条第5項，議定書12条）**

仲裁規定が創設された（30頁参照）。

(10)　**金融機関等の情報交換（本条約第25条第3項及び第5項，議定書第13条）**

本条約第25条第5項において，銀行その他の金融機関，名義人，代理人若しくは受託者が有する情報又はある者の所有に関する情報の交換ができることが規定されている。ただし，条約第25条3及び5の規定に関し，一方の締約国は，弁護士その他の法律事務代理人がその職務に関してその依頼者との間で行う通信に関する情報であって，当該一方の締約国の法令に基づいて保護されるものについては，その提供を拒否することができる，としている。

XV 日本・香港租税協定

1 基礎データ

(1) 香港との租税条約の意義

日本・香港新租税協定(以下「香港条約」という。)の特徴を掲げると,次のとおりである。

① タックスヘイブンとして有名な地域と日本が締結した初めての包括的所得税租税条約である。
② 日本が締結している,バミューダ,バハマ,ケイマン諸島等というタックスヘイブンと租税協定は税務情報の交換を主たる役割とするものであるが,香港条約は,包括的所得税租税条約の内容を具備している。
③ 日本と中国本土との租税条約(日中租税条約),中国本土と香港との間の租税条約に加えて,香港条約が締結されたことで,日本・中国本土・香港の租税条約ネットワークが繋がり,中国或いは香港に投資を行っている内国法人等にとっては,タックスプランニングの選択肢が増加したことになる。
④ 税務当局にとって,香港条約により日本と香港間において日本側からは香港の金融機関情報等に関する実効的な情報交換が可能になったことが今後の税務執行上有益なものとなろう。

(2) 香港条約の適用

全30条の条文と議定書(8項目)から構成されている香港条約は平成22年11月9日に署名され,平成23年7月15日に発効した。

(3) 香港条約の特徴

香港条約の特徴としては,相互協議の一環として,仲裁に関する規定が整備されたこと,税務当局間の情報交換が可能になったこと等の他に,投資所

得に関する限度税率が次のように定められたことで，香港居住者が日本で投資所得を得る場合の税負担が減少することになった。

① 親子間配当（持株要件：配当支払法人の議決権株式の10％を直接間接に6か月以上保有する法人）⇒限度税率5％
② 一般配当⇒限度税率10％
③ 利子⇒限度税率10％（政府・中央銀行等は免税）
④ 使用料⇒限度税率5％

(4) 香港条約の効果

投資所得の源泉地国における減免の効果は，次のようになる。

① 香港居住者による日本投資における投資所得に対する日本における課税は，この条約がなければ，日本の国内法の適用となるため，おおむね20％の源泉徴収となる。この条約が適用となると，上記の限度税率の適用となり，源泉地国である日本における税負担が減少することになる。
② 日本居住者による香港への投資に係る投資所得の課税は，香港が使用料所得に対して，低率の源泉徴収課税を行うのみで，配当所得，利子所得については国内法で課税がないことから，本条約の適用はないことになる。

(5) 香港の締結している租税条約

香港は，香港基本法第151条に基づいて独自に租税条約を交渉する権限がある。香港政府が租税条約を締結している国は，ベルギー（2003年署名），ルクセンブルク（2007年署名），中国（旧条約：1998年，現条約：2006年署名，2008年一部改正），タイ（2005年署名），ベトナム（2008年署名），ハンガリー（2010年署名），クウェート（2010年署名），オーストリア（2010年署名），英国（2010年署名），アイルランド（2010年署名），リヒテンシュタイン（2010年署名），フランス（2010年署名），日本（2010年署名）である。

(6) 香港の税制

香港条約の適用に関連する香港の税制は次のとおりである。

① 香港の税制で，法人が課税対象となる主たる税目は，法人税（利得税）

と不動産税（資産の賃貸料等に課される税）であり，香港に地方税はない。個人については給与税がある。
② 香港は，国内源泉所得のみを課税所得とする属地主義の税制を採用していることから，原則として，国外源泉所得は非課税である。したがって，内国法人又は外国法人，居住者又は非居住者は課税上同等の扱いとなる。
③ 事業所得は営業活動から生じたものに限定され，事業所得以外の所得となるキャピタルゲインは非課税となる。
④ 受取配当は，その支払法人が内国法人及び外国法人のいずれであっても非課税となる。
⑤ 法人所得に対する税率は16.5％，法人以外の場合は15％である。なお，個人の給与所得の最高税率は17％である。
⑥ 非居住者に対する源泉徴収は，使用料（映画，テレビフィルム等の使用，特許権等の使用から生ずる所得）所得に課される。利子と配当に対する源泉徴収課税はない。使用料の源泉徴収税率は，支払額の30％を所得とみなして，その16.5％の税率を適用するので，支払額の実質4.95％となる（100 × 30％ × 16.5％ = 4.95％）。

上記の特徴のうち，香港の国内法が国内源泉所得のみを課税所得とすることから，内国法人又は外国法人，居住者又は非居住者は課税上同等の扱いとなること，源泉徴収が使用料にみで，配当，利子には課税がないことは，香港条約に影響する事項である。

(7) 香港における租税条約と国内法の適用

香港・中国租税条約における限度税率は，親子間配当（株式持分要件25％以上）が5％，一般配当が10％，利子所得が7％，使用料所得が7％である。中国側の源泉徴収税率は，10％であることから，租税条約に基づく限度税率により税負担の軽減が図れるが，香港側は国内法の税率の方が租税条約の限度税率を下回ることになる。この両者の関係について，香港・中国租税条約の適用上，中国の2007年通達第1条において，両地域の国内法が租税条約と異なる定めがある場合には，租税条約に従うことになり，国内法に定める優遇措置が租税条約よりも有利であるときは国内法に従うことになる。

2 条文の概要

(1) 対象税目

香港の対象税目は，利得税（profits tax），給与税（salaries tax），不動産税（property tax）である。利得税は，香港内における事業活動による取得した所得に課される税であり，給与税は，香港内における役務提供の対価としての給与所得に課される税である。不動産税は，固定資産税ではなく，香港内の不動産からの賃貸所得に課される税である。

(2) 適用地域

中国本土，香港，マカオの税率が異なることを理由として，日中租税条約は中国本土と日本には適用となるが，香港には適用にはならない。同様に，マカオも日中租税条約の適用外である。

(3) 香港居住者に関する規定

香港の居住者（個人）については，次のように規定された。
① 香港内に通常居住する個人（当該個人が，香港内に実質的に所在し，又は恒久的住居若しくは常用の住居を有し，かつ，香港に人的及び経済的関係を有する場合に限る。）
② 香港内に1賦課年度（4月～翌年3月）中に180日を超えて滞在し，又は連続する2賦課年度において300日を超えて滞在する個人（当該個人が，香港に人的及び経済的関係を有する場合に限る。）

また，香港居住者となる法人等については，次のように規定された。
① 香港内に事業の管理及び支配の主たる場所を有する法人
② 香港内に事業の管理及び支配の主たる場所を有するその他の者

上記の「事業の管理及び支配の主たる場所」とは，本条約議定書3により，法人又はその他の者の役員及び上級管理者が当該法人又はその他の者のための戦略上，財務上及び運営上の方針について日々の重要な決定を行い，かつ，当該法人又はその他の者の従業員がそのような決定を行うために必要な日々の活動を行う場所をいうこととされている。

2 条文の概要

(4) 相互協議手続における仲裁規定

相互協議手続における仲裁規定は，平成22年8月25日に署名された日本・オランダ租税条約に続いて2例目である。

仲裁に付託されるまでの手続は次のとおりである。

① 本条約の規定に適合しない課税を受けたと認める者等は，本条約の規定に適合しない課税措置の最初の通知の日から3年以内に相互協議の申立てしなければならない。
② 権限のある当局は，他方の締約者の権限のある当局との合意によって当該事案を解決するよう努めることになる。
③ 相互協議の申立てをした日から2年以内に，当該事案を解決するために合意に達することができない場合，当該者が要請するときは，当該事案の未解決の事項は，原則として，仲裁に付託されることになる。

その仲裁に関する手続の概要は次のとおりである。

① 両締約者の権限のある当局は，原則として，仲裁の要請から2年以内に仲裁決定が実施されることを確保する手続を合意によって定める。
② 仲裁のための委員会を設置し，その委員会は，国際租税に関する事項について専門知識又は経験を有する3人の仲裁人により構成される（双方から1名ずつ，第三者が1名で，これまでに当該事案に関与した者は除かれる）。
③ 仲裁及びその職員は，守秘義務等の義務に負い，仲裁人に係る費用及び自らが仲裁に関与する費用は，両締約者の権限のある当局が負担する。
④ 仲裁決定は，先例としての価値を有しない。

すなわち，仲裁手続の効果は，相互協議により双方が合意しなかった場合の救済手段という意味と，相互協議に期限（申立て後2年）が課され，この期限後は，原則として，仲裁に付託されることで，相互協議自体の合意形成を間接的に促す意味がある。

(5) 情報交換

本条約第25条第5項において，金融機関等の情報交換が可能になる旨規定されたことにより，日本側から香港の金融機関情報の交換が可能になった

(6) 減免の制限

　所得が生ずる基因となる権利又は財産の設定又は移転に関与した者が，投資所得の限度税率，譲渡収益の居住地国課税又はその他所得の居住地国課税という特典を受けることを当該設定又は移転の主たる目的とする場合，これらの所得に対しては，これらの規定に定める租税の減免が与えられない。

（参考資料）香港・中国租税条約
1　香港・中国第1次租税条約（旧条約）
① 署名日：1998年　2月11日
② 発効日：1998年　4月10日
③ 条文構成：第1条（恒久的施設と事業所得），第2条（船舶，航空及び陸上交通からの国際運輸業所得），第3条（役務提供所得），第4条（二重課税排除の方法），第5条（相互協議），第6条（人的範囲と対象税目），第7条（一般的定義）の全7条である。
2　香港・中国第2次租税条約（以下「香港・中国現条約」という。）
① 署名日：2006年　8月21日
② 発効日：2006年 12月　8日
③ 適用　：香港は，2007年4月1日以降，中国は，2007年1月1日以降
3　香港・中国現条約第2次議定書（香港・中国現条約の一部修正）
① 署名日：2008年　1月30日
② 発効日：2008年　6月11日
③ 適用　：2008年　6月11日

XVI 日本・サウジアラビア租税条約

1 基礎データ

　この条約は，平成20年10月に正式交渉を開始し，平成21年6月に基本合意に達し，平成22年11月15日署名を行った。発効は，平成23年7月19日である。

2 サウジアラビアの国内法

　サウジアラビアの税制以外の特記事項としては，同国が世界の石油埋蔵量のランキングで第1位ということと，アラビア海の湾岸に所在する国々で，1981年に湾岸協力会議（Gulf Cooperation Council：以下「GCC」という。）の加盟国であることである（GCCはXIIクウェートの項参照）。
　サウジアラビアにおいて所得税は1950年（昭和25年）に導入され，2004年（平成16年）7月30日から施行された改正所得税法では，GCC加盟国の法人を除いた法人は，20％の法人税率の適用であるが，天然ガスの会社は30〜85％，石油等の事業会社は85％の税率が適用となる。なお，サウジアラビア国民及びGCC加盟国の国民でサウジアラビアの居住者は，個人所得税の課税がない。サウジアラビア居住者となる要件は，①サウジアラビア国内に常用の住居を有しかつ課税年度中に総計30日以上国内に滞在した場合，又は②課税年度中に183日以上国内に滞在した場合，である。所得税が課税となる者は，給与所得者，事業所得者，非居住者が受領する投資所得で，いずれも所得税率は20％の比例税率である。また，非居住者に対する源泉徴収は，使用料所得に対する15％等が定められている。
　その他の税としては，ザカートがある。この税は，サウジアラビア又は

GCCの国民，及びこれらの者が所有する法人に対して課され，所定の資本（固定資産に投資されている部分を除く。）に対して2.5％の率で課税となる。

3 条文の解釈

(1) 本条約の特徴

本条約本文は全30条，付属の議定書は19項目が規定されている。

投資所得に対する限度税率は次のとおりである。なお，この条約では，サウジアラビアにおける宗教上の理由からか，利子という用語の使用に代えて，債権から生じた所得（Income from Debt-Claims）という用語が使用されている。

① 親子間配当（持株要件：配当支払法人の議決権株式の10％以上を183日間直接間接に保有する法人）⇒限度税率5％
② 一般配当⇒限度税率10％
③ 債権から生じた所得⇒限度税率10％（政府・中央銀行等は免税）
④ 使用料⇒限度税率5％（設備の使用），その他10％

(2) 対象税目

サウジアラビアの税目として上述のザカートが規定されている。

(3) 保険業者の恒久的施設

恒久的施設条項（条約第5条第7項）に，保険業を営む一方の締約国の企業が，他方の締約国内で保険料の受領をする場合又は当該他方の締約国内で生ずる危険に係る保険を引き受ける場合には，当該企業は，当該他方の締約国内に恒久的施設を有するものとされる，と規定されている。

(4) 事業利得

事業の利得に関して議定書に次の2つが規定されている。
① 役務の提供（コンサルタントの役務の提供を含む。）から得られる一方の締約国の企業の利得については，他方の締約国内にある恒久的施設によって当該活動が実際に行われた結果得られる利得のみが当該他方の締約国内にある恒久的施設に帰せられるものとする。

② 企業の恒久的施設が当該企業の本店又は当該企業の他の事務所に支払った又は振り替えた支払金（実費弁償に係るものを除く。）で次に掲げるものについては，損金不算入となる。

(a) 特許権その他の権利の使用の対価として支払われる使用料，報酬その他これらに類する支払金

(b) 特定の役務の提供又は事業の管理の対価として支払われる手数料

(c) 当該恒久的施設に対する貸付けに係る債権から生じた所得（当該企業が銀行業を営む企業である場合を除く。）

(5) **関連企業**

移転価格税制の調査期限が7年となっている。

(6) **自由職業所得**

現行の租税条約の多くが廃止している自由職業所得条項が規定されている。

(7) **事業修習生等への課税の免除**

事業修習者又は研修員に与えられる課税の免除は，当該事業修習者又は研修員が滞在する当該一方の締約国において訓練を開始した日から2年を超えない期間にのみ適用となる。

(8) **匿名組合等に係る所得**

匿名組合契約等による所得は，源泉地国課税となる。

(9) **情報交換**

本条約は，金融機関の情報等も交換の対象としている。

XVII 日本・ポルトガル租税条約

1 基礎データ

(1) 租税条約の名称

平成23年12月19日に，日本政府とポルトガル共和国は上記の本条約に署名した（平成25年1月末現在，未発効）。

(2) 租税条約の条文構成

本条約は，条文29条と議定書14条から構成されている。条文は，第1条（対象となる者），第2条（対象となる租税），第3条（一般的定義），第4条（居住者），第5条（恒久的施設），第6条（不動産所得），第7条（事業利得），第8条（海上運送及び航空運送），第9条（関連企業），第10条（配当），第11条（利子），第12条（使用料），第13条（譲渡収益），第14条（給与所得），第15条（役員報酬），第16条（芸能人及び運動家），第17条（退職年金），第18条（政府職員），第19条（学生），第20条（その他の所得），第21条（減免の制限），第22条（二重課税の除去），第23条（無差別待遇），第24条（相互協議手続），第25条（情報の交換），第26条（外交使節団及び領事機関の構成員），第27条（見出し），第28条（効力発生），第29条（終了），である。　議定書は，全14条である。

2 本条約の特徴

(1) 本条約の概要

本条約は，これまでわが国が締結してきた租税条約と比較して大きな相違のある条約ではない。全体としては，日米租税条約以降のわが国の租税条約締結方針が維持され，匿名組合，相互協議における仲裁，拡大した情報交換

規定等を含む一方，日米租税条約ほどには先鋭的な内容を伴わない，旧来型の租税条約の特徴も一部持つ規定ぶりといえる。

(2) **投資所得の限度税率**

配当所得	親子間配当（持株要件12か月以上10%以上）	限度税率 5％
	一般配当	限度税率10％
利子所得	免税（政府，中央銀行等）	
	居住者である銀行	限度税率 5％
	その他	限度税率10％
使用料所得		限度税率 5％

わが国の他の条約例と比較して，いわゆる日米租税条約をモデルとする日米型租税条約（日英租税条約，日仏租税条約，日豪租税条約，日蘭租税条約等）における投資所得に係る限度税率ではなく，本条約は，それ以外の条約例と属するものと思われるが，利子所得において銀行の限度税率を5%とした点，使用料所得の限度税率を5%とした点は，日米租税条約と日米租税条約以外の租税条約の中間的な税率を採用したものといえよう。

(3) **仲裁条項**

わが国は，これまで日蘭租税条約，日本・香港租税条約において仲裁条項を既に導入している。この規定は，移転価格課税等における両国間の相互協議において合意に達することがない場合，次の段階として，仲裁制度を設けて解決を図ろうというものである。

(4) **情報交換**

わが国は，OECD，G20等による国際標準に基づく課税当局間の情報交換が可能になった。本条約における情報交換規定も上記の租税条約と同様の規定ぶりである。

3 本条約の各条項の概要

本条約は,これまでわが国が締結してきた租税条約と同様の条項も多いことから,以下では,本条約の独自の規定となるものを中心としてその概要を述べることとする。

(1) 対象税目(第2条)

第2条は,両国の対象税目を列挙するのではなく,第1項において,「この条約は,一方の締約国又は一方の締約国の地方政府,自治州若しくは地方公共団体のために課される所得に対する租税(課税方法のいかんを問わない。)について適用する。」と規定している。これは,ポルトガル側に事情であり,法人所得に課される地方税の付加税,マデイラ等の自治州の存在を考慮したものと思われる。また,同条第2項では,「総所得又は所得の要素に対する全ての租税(財産の譲渡から生ずる収益に対する租税,企業が支払う賃金又は給料の総額に対する租税及び資産の価値の上昇に対する租税を含む。)は,所得に対する租税とされる。」と,所得に対する租税に係る規定がある。

日本は,2011年11月に成立した復興特別税(復興特別所得税及び同法人税)と住民税が規定されている。

(2) 匿名組合の課税(議定書第5条)

日米租税条約以降の締結した租税条約において,匿名組合から分配金についてわが国が課税権を有していることを条約に明記している。本条約においても,「条約のいかなる規定にもかかわらず,匿名組合契約(ポルトガルについては,参加型組合契約)その他これに類する契約に関連して匿名組合員が取得する所得及び収益に対しては,当該所得及び収益が生ずる締約国において当該締約国の法令に従って租税を課することができる。」という規定が置かれている。

(3) 移転価格課税の処分期限(第9条第3項)

移転価格課税の処分についてその期限を課税年度終了時から7年としているが,この規定は,不正に租税を免れた利得については,適用しないことに

なっている。

(4) 銀行が受け取る利子に係る限度税率（第11条第3項）

一方の締約国内において生ずる利子であって，他方の締約国の居住者である銀行（当該他方の締約国の法令に基づいて設立され，かつ，規制されるものに限る。）が受益者である利子の限度税率は，5％である。この規定は，利幅の薄い金融機関に対して10％の源泉徴収が負担となることから，その点について配慮した規定といえよう。

XVIII　日本・ニュージーランド租税条約

1　基礎データ

　日本・ニュージーランド改正租税条約（以下本項では「新条約」という。）が平成24年12月10日に東京で署名された（平成25年1月末現在未発効）。現行の日本・ニュージーランド租税条約（第1次租税条約：以下「旧条約」という。）は，昭和38年1月に署名されたもので，その後，昭和42年にその一部が改正されて現在に至っている。

2　条文の概要

(1)　条文等の概要

　新条約は，条約本文が第1条から第32条まで，付属する議定書が18項目を規定している。今回の改正に交換公文は含まれていない。新条約の各条とその見出しは次のとおりである。
　第1条（対象となる者），第2条（対象となる租税），第3条（一般的定義），第4条（居住者），第5条（恒久的施設），第6条（不動産所得），第7条（事業所得），第8条（海上運送及び航空運送），第9条（関連企業），第10条（配当），第11条（利子），第12条（使用料），第13条（財産の譲渡），第14条（給与所得），第15条（役員報酬），第16条（芸能人及び運動家），第17条（退職年金），第18条（政府職員），第19条（学生），第20条（匿名組合），第21条（その他の所得），第22条（特典制限），第23条（減免の制限），第24条（二重課税の除去），第25条（無差別待遇），第26条（相互協議手続），第27条（情報交換），第28条（租税の徴収における支援），第29条（外交使節団及び領事機関の構成員），第30条（見出し），第31条

(効力発生)，第32条（終了），である。

(2) 新条約の特徴

新条約の最大の特徴は，次の2点といえよう。

① 日本の租税条約としては初めて恒久的施設の条項に，「サービスPE」の概念を規定したこと。
② 日本の租税条約としては初めての税務当局間の徴収共助（いわゆる国際的徴収システム）が導入されたことである。

今回の改正は，最も古い租税条約の形態から最も新しい租税条約例へと大きな改正が行われた点で，新条約は，その署名時点における日本の最新型モデル租税条約ともいえるのである。

3 新条約の概要

(1) サービスPE規定の導入

国際税務では，例えば，日本において外国法人が事業活動を行った場合に課税を受ける要件は，当該外国法人が，源泉地国である日本に支店，事務所等の恒久的施設（PE）を有することである。

技術を教えるために滞在するコンサルタントのような者が，外国法人との契約で源泉地国に派遣されて役務提供をした場合であっても，源泉地国にPE又はこれに類する固定的施設がなければ課税関係が生じないことになる。そこで，このような者のうち，一定の要件を満たす者に対して，源泉地国においても課税できるようにするために，源泉地国においてPEを認定するいわゆるサービスPEの考え方が生まれ，実際の租税条約にもこの規定が盛り込まれるようになったのである。

実際の租税条約では，米国・インド租税条約，カナダ・インド租税条約のPE条項にサービスPEの概念があり，米国・カナダ租税条約第5次議定書にもこの規定が創設されたのである。また，サービスPEの規定は，2001年（平成13年）の「改訂・国連モデル租税条約」に規定され，2006年（平成18年）12月に公表されたOECDの検討試案（OECD, "The Tax Treaty

Treatment of Services: Proposed Commentary Changes"），そしてこの検討を経て，2008年（平成20年）7月17日に公表されたOECDモデル租税条約改訂版において，第5条（PE条項）のコメンタリー（パラ42.11以降）が改正され，サービスPEに関する説明が盛り込まれている。

カナダは，対インド租税条約にサービスPEを規定しているが，米国・カナダ租税条約の第5議定書3条2項にはサービスPEの規定を盛り込む改正を行っている。第5議定書3条2項には，以下に掲げる2つの要件が規定され，いずれかの要件に該当すると，源泉地国にあるPEを通じて役務提供が行われたものとみなされるのである。

第1要件における2つの基準の第1は，役務提供が源泉地国で行われ，その個人が源泉地国にいずれかの12カ月の期間に期間又は合計で183日以上滞在（aggregating 183 days or more in any twelve-month period）していること，かつ，第2基準は，その期間に，企業の積極的収入（gross active business revenues）の50％超が当該個人による他方の締約国における役務提供から生じる所得から構成されている場合である。

第2の要件は，同一プロジェクト又は関連するプロジェクトに関して，いずれかの12か月の間に，183日を超えて役務提供を行う場合，源泉地国におけるPEを通じて役務が提供されたものとみなされるのである。

この2つの要件は，一見すると類似しているかに見えるが，第1の要件は，183日の物理的滞在であり，第2要件は，役務提供の期間が183日を超えるとしていることから，この点に相違がある。

新条約は，5条の恒久的施設条項の5項において，日本の租税条約としては初めてこのサービスPEの概念を導入し，前述の米加租税条約第5議定書3条2項と同様の規定を設けたのである。

(2) 投資所得の限度税率

旧条約では，利子所得及び使用料所得の規定がなかったが，新条約は，他の条約例と同様に，以下のように限度税率等を定めている。

3 新条約の概要

配当所得	親子間配当（持株要件6か月以上10％以上）	免税
	一般配当	限度税率15％
利子所得	免税（政府，中央銀行等）	免税
	その他	限度税率10％
使用料所得		限度税率5％

投資所得の限度税率では，配当所得の条約免税となる親子間配当の要件について，持株要件を10％に引き下げたことがこれまでにない低いハードルといえる。また，使用料所得についても5％と低くなっている。

(3) 租税の徴収における支援（新条約28条）

新条約28条は，日本の租税条約史上初めて国際的徴収システムを二国間租税条約において規定したのであり，全10項と議定書18から構成されている。

第1項は，両締約国が租税債権の徴収につき相互に支援を行うことを規定し，この支援は，第1条（対象となる者）及び第2条（対象税目）の規定による制限を受けないとしている。

第2項は，新条約が規定する対象税目以外に，日本の場合については，消費税，相続税及び贈与税，ニュージーランドの場合については，物品及びサービス税と，これらの租税の額に関する利子，行政上の金銭罰及び徴収又は保全の費用も含まれることを規定している。

日本では，これまで消費税を滞納した外国人が家族の病気を申し立てて帰国し，そのまま来日しなかった例もあり，直接税以外の税目も租税債権に含まれている理由としてはこのような事例が想定されているものと思われる。

徴収共助には，徴収の要請を受けた国（被要請国）が要請国に代わり租税を徴収し，この徴収した税額を要請国に送金することと，被要請国が要請国の租税徴収のための財産の差し押さえ等の保全措置をすることが含まれている。

第3項は，共助の対象となる租税債権について規定しており，一方の締約国の租税債権が当該一方の締約国の法令に基づき執行することができるものであり，かつ，その徴収における支援の要請の時において当該租税債権を負担する者が当該一方の締約国の法令に基づき当該租税債権の徴収を停止させることができないという要件を満たす場合，徴収共助の要請は，被要請国に引き受けられる等のことを規定している。

第4項は，被要請国における保全措置等の関する規定である。

第5項は，徴収又は保全措置のために引き受けられた租税債権は，被要請国の租税債権に係る時効の対象とされず，かつ，その理由により適用される優先権を与えられないことが規定されている。

この共助対象となる外国租税債権にかかる優先権については，日本が長い間，税務行政執行共助条約参加に反対してきた理由であった。平成4年（1992年）4月17日の外務委員会において出席委員から，日本は税務行政執行共助条約に加盟するつもりがあるのかという質問に対して，当時の大蔵省の担当者の答えは，消極的な姿勢が示されている。すなわち，税務行政執行共助条約の問題点は，要請国の租税に対して優先権が与えられていないことであり，国税債権の私債権に対する優先権が与えられておらず，わが国が外国から租税債権の徴収の依頼を受けた場合，滞納者が納税を拒否しても，差し押さえ，換価処分ということが行えないということが当時の消極的な姿勢の理由であった。

第6項は，時効を停止及び中断する効果に関する規定であり，7項は，一方の締約国の租税債権に係る争訟の手続は，他方の締約国の裁判所又は行政機関に提起されないことを規定している。8項は，租税債権を徴収と送金するまでの間に生じる事象に関する処理に係る規定である。9項は，いかなる場合にも，一方の締約国に対し義務を課するものではない例を規定している。10項は，両締約国の権限のある当局間の手続等に関する規定である。

(4) **相互協議手続における仲裁規定（新条約26条5項，議定書16）**

相互協議手続における仲裁規定は，日本が既に締結している対香港，対オランダ租税条約等において規定されている。

イ　仲裁の概要

　当該事案に関する協議の申立てをした日から2年以内に，両締約国の権限のある当局が当該事案を解決するために合意に達することができない場合，当該者の要請により当該事案の未解決の事項は，仲裁に付託されることになる。相互協議における仲裁のポイントは，①相互協議により合意に達しない場合は，強制的に仲裁に移行することになること，②仲裁手続に関して期間制限が設けられ，一定の期間内に結論が出せるようにしたこと，③仲裁手続がある種の牽制効果を相互協議の及ぼし，合意形成を促進する効果を期待されること，等である。

ロ　仲裁の手続

　議定書16に規定する仲裁の手続の要点は次のとおりである。

① 仲裁の要請から2年以内に仲裁決定が実施されることを確保するため，仲裁手続を合意によって定める。
② 仲裁のための委員会が設置される。
③ 仲裁のための委員会は，国際租税に関する事項について専門知識又は経験を有する3人の仲裁人により構成される。
④ 両締約国の権限のある当局は，それぞれ1人の仲裁人を任命する。その2人の仲裁人は，仲裁委員会委員長となる第3の仲裁人を任命する。
⑤ すべての仲裁人は，いずれの締約国の税務当局の職員ではなく，申し立てられた事案にこれまで関与した者であってはならない。
⑥ 両締約国の権限のある当局は，仲裁手続の実施に先立って，すべての仲裁人及びその職員に対して所定の守秘義務に従うことに合意することを確保する。
⑦ 両締約国の権限のある当局は，自らが任命した仲裁人に係る費用及び自国の費用を負担する。仲裁委員会の委員長の費用等のその他の仲裁手続の実施に関する費用については，両締約国の権限のある当局が均等に負担する。
⑧ 両締約国の権限のある当局は，すべての仲裁人及びその職員に対し，仲裁決定のために必要な情報を不当に遅滞することなく提供する。

ハ　仲裁決定の取扱い

仲裁決定の取扱いは次のとおりである。
① 仲裁決定は，先例としての価値を有しない。
② 仲裁決定は，条約26条5の規定及び議定書16の規定に従って決定される手続規則のいずれかに違反することにより当該仲裁決定がいずれか一方の締約国の裁判所において無効であるとされる場合を除くほか，確定する。仲裁決定は，その違反によって無効であるとされる場合には，行われなかったものとする。
③ 仲裁の要請が行われた後で，かつ，仲裁のための委員会がその決定を両締約国の権限のある当局及び仲裁の要請を行った者に送達する前に，両締約国の権限のある当局が仲裁に付託されたすべての未解決の事項を解決した場合には，当該事案は相互協議により解決されたものとし，仲裁決定は行われない。

4　新条約の各条項の概要

上記以外の点について日本の現行の租税条約例と比較して簡単にその内容を述べる。

新条約第4条（居住者）第5項は事業体課税の規定であるが，日米租税条約と同様の内容である。第7条（事業所得）第6項には信託の受託者が行う事業で同項に規定する所定の要件を満たす場合，居住地国居住者の持分に対応する部分は源泉地国課税となる。第10条（関連企業）第3項における更正期限は10年である。第20条（匿名組合）は，現行の日本の租税条約に必ず入る規定である。第21条（その他所得）は，第1項において居住地国課税を規定しているが，一方の締約国の居住者の所得のうち，源泉地国において生ずるものであって前各条に規定がないものに対しては，源泉地国においても租税を課することができることが規定されている。第22条（特典制限）は，日本の他の条約例にもある規定であるが，第23条（減免の制限）は，取引の主たる目的が租税条約上の特典の濫用である場合，当該所得に対して

条約上の特典を認めないことを規定している。この第23条の規定は，日米租税条約にはないが，後発の日英租税条約等には見ることができる規定である。第27条（情報交換）は，国税及び地方税を情報交換の対象とし，金融機関情報も交換対象に含めている。

議定書3には，個人以外の者の居住形態の判定の要因として，本店又は主たる事務所の所在地，事業の実質的な管理の場所以外の関連する要員として，4つの事項が例示されている。

XIX 日本・ケイマン諸島租税協定と他のタックスヘイブンとの租税協定

1 基礎データ

日本がタックスヘイブンと締結している租税協定は次のとおりである。

(1) 日本・バミューダ情報交換協定

この協定は，平成22年2月2日署名，同年7月2日に発効している。

(2) 日本・バハマ租税協定

この協定は，平成23年1月28日署名，同年7月27日に発効している。

(3) 日本・ケイマン諸島租税協定

この協定は，平成23年2月7日署名，同年10月17日に発効している。

(4) 日本・マン島租税情報交換協定

この協定は，平成23年6月22日署名，同年8月3日に発効している。

(5) 日本・ジャージー租税協定

この協定は，平成23年12月5日署名で，平成25年1月末現在未発効である。

(6) 日本・ガーンジー租税協定

この協定は，平成23年12月7日署名で，平成25年1月末現在未発効である。

(7) 日本・リヒテンシュタイン租税情報交換協定

この協定は，平成24年7月6日署名，同年11月30日発効である。

(8) 日本・サモア税務情報交換協定

この協定は，平成24年10月7日に基本合意に至っている。

(9) タックスヘイブンとの租税協定が発展した理由

税金のない又は低税率の国又は地域のことをタックスヘイブンというが，わが国は，バミューダ，バハマ，ケイマン諸島，マン島と次々とこれらのタ

ックスヘイブンと租税協定を締結した。また，これらの国等以外のタックスヘイブンとも租税協定の交渉中である。ここに掲げた租税協定の特徴は，脱税防止のための情報交換を主とした協定（以下これらを「情報交換協定」という。）ということができる。

これに対して，以下に掲げた租税条約は，対香港租税条約を除いて，いずれも既存の租税条約について情報交換規定が改正されたものである。
① 対ルクセンブルク租税条約（平成22年1月26日）改正署名
② 対ベルギー租税条約（平成22年1月27日）改正署名
③ 対シンガポール租税条約（平成22年2月4日）改正署名
④ 日本・マレーシア租税条約（平成22年2月10日）改正署名
⑤ 日本・スイス租税条約（平成22年5月21日）改正署名
⑥ 日本・オランダ租税条約（平成22年8月25日）改正署名
⑦ 日本・香港新租税条約（平成22年11月9日）署名

同じ情報交換に関する租税条約では，情報交換協定と包括的租税条約における情報交換規定の改正ではその内容が異なっている。

2 条文の概要

我が国が最初に締結したバミューダとの情報交換協定の条文構成は次のとおりである。

第1章（総則）は第1条（一般的定義）のみである。

第2章（情報の交換）は，第2条（目的及び適用範囲），第3条（管轄），第4条（対象となる租税），第5条（要請に基づく情報の交換），第6条（海外における租税に関する調査），第7条（要請を拒否することができる場合），第8条（秘密），第9条（保護：バハマ・ケイマン諸島の租税協定にはない）第10条（費用：バハマ・ケイマン諸島の租税協定の第9条）を含んでいる。

第3章（課税権の配分）は，第11条（対象となる者），第12条（対象となる租税），第13条（居住者），第14条（退職年金），第15条（政府職員），第16条（学生）から構成されている。

第4章（特別規定）は，第17条（相互協議手続），第18条　不利益な又は制限的な租税に係る課税措置の禁止（バハマ租税協定にはない）が含まれている。

第5章（最終規定）は，第19条（見出し），第20条（効力発生），第21条（終了）である。なお，議定書は，バハマ，ケイマン諸島との租税協定にはない。

3　ケイマン諸島等のタックスヘイブンが租税協定を受け入れた理由

ケイマン諸島に代表されるようなタックスヘイブンに多額の資金が集中し，金融等の企業活動等が移転することにより，先進諸国から所得税の納税義務者が減少した結果，その税制等が間接税を主とする体系になるという歪みが生じることになる。

このタックスヘイブンの有害性を排除するためにOECDは，平成8年以降，有害な税競争を除去する活動を行った。そして，OECDは，透明性及び情報交換の基準を制定し，加盟国及び非加盟国にこの受入を要請しているのである。この基準は，2004年ベルリンで開催された「G20財務大臣会議」，2008年10月開催の「租税に関する国際協力に関する国連専門家委員会」（国連の経済社会理事会に属する小委員会）において支持されているのである。なお，OECDは，2002年にOECDモデル情報交換協定を制定している。

さらに，世界的な金融危機を話し合うための会合であるG20とは，2008年11月15日から米国のワシントンにおいて開催された第1回金融・世界経済サミット首脳会議の参加国である世界の19の国及びEU（グループである20の国及び地域の意味。）のことであるが，第2回のG20首脳会議が2009年4月2日にロンドン（第3回：2009年9月米国ピッツバーグ）において開催され，そこで，タックスヘイブンに対する規制強化等の合意がなされたのである。この背景には，スイスの大手銀行UBS及びリヒテンシュタインの銀行における先進諸国の納税義務者の脱税等の資金の隠ぺい等が発覚したこともG20における規制強化の背景にある。

4 租税協定により交換される情報

租税協定が締結されたことで，日本の協定相手国における金融情報がすべて日本の課税当局に筒抜け状態になるのかという危惧を抱く向きもあるが，ケイマン租税協定第5条第5項に規定する情報提供を要請する場合，次のような項目を提供して対象者を特定化することが必要になる。①調査の対象となる者を特定する事項，②要請する情報に係る記述，③要請する情報を必要とする課税目的，④要請する情報を被要請者が保有しているか又は被要請者の領域的管轄内にある者が保有し，若しくは管理していると認める根拠，⑤要請する情報を保有し，又は管理していると認められる者の名称及び住所（判明している場合に限る。），⑥要請が要請者の法令及び行政上の慣行に従って行われており，要請者が自らが被要請者の立場にあったとしたならば自己の法令に基づいて，又は自己の通常の行政上の慣行を通じて情報を入手することができ，並びに当該要請がこの協定に従って行われている旨の記述，⑦要請する情報を入手するために要請者が自己の領域的管轄内において利用可能なすべての手段（過重な困難を生じさせるものを除く。）をとった旨の記述，である。

5 調査官の海外派遣

情報交換協定が他の包括的租税条約における情報交換条項と異なる点は，税務執行を行う調査官を海外に派遣することを定めていることである。

日本・ケイマン租税協定第6条（海外における租税に関する調査）には，この事が規定されている。同条第1項では，例えば，日本がケイマン当局に税務調査の適当な部分に日本の調査官の立会を要請する場合，ケイマン当局はこれを認めることができることになっている。

さらに，上記の例のように，日本からケイマン当局に対して要請する場合，ケイマン当局は，その要請に応ずる場合，日本の権限ある当局に対し，当該調査の時間及び場所，当該調査を行う当局又は職員並びに当該調査を行うた

めにケイマンが求める手続及び条件を通知する。租税に関する調査の実施についてのすべての決定は，当該調査を実施するケイマン当局が行うことになる。

XX　税務行政執行共助条約

1　基礎データ

本条約の正式名称とこれまでの沿革は次のとおりである。

① 正式名称は，「租税に関する相互行政支援に関する条約」，略称「税務行政執行共助条約」（Convention on Mutual Administrative Assistance in Tax Matters）である。

② 本条約は，1977年（昭和52年）9月にOECD理事会勧告，1978年4月に欧州評議会勧告により条約案（本条約改正前の原条約のこと：以下「原条約」という。）の検討が開始されたことが始まりである。

③ 原条約案の採択は，OECD理事会が1986年（昭和61年）7月，欧州評議会が1987年（昭和62年）4月である。

④ 原条約の開放合意は，欧州評議会が1987年（昭和62年）6月25日，OECD理事会が同年10月8日であり，実際の開放は，1988年（昭和63年）1月25日である。

⑤ 原条約は，2010年（平成22年）5月27日の議定書（以下「2010議定書」という。）により一部改正されて，本条約となり現在に至っている。

⑥ 参加国の一覧（2011年7月1日現在）

国　名	原条約署名日	原条約適用日	2010議定書 署名日（上段） 適用日（下段）
1）アゼルバイジャン	2003年3月26日	2004年10月1日	
2）ベルギー	1992年2月7日	2000年12月1日	2011年4月4日
3）カナダ	2004年4月28日		
4）デンマーク	1992年7月16日	1995年4月1日	2010年5月27日 2011年6月1日

XX 税務行政執行共助条約

5）フィンランド	1989年12月11日	1995年4月1日	2010年5月27日 2011年6月1日
6）フランス	2003年9月17日	2005年9月1日	2010年5月27日
7）グルジア	2010年10月12日	2011年6月1日	2010年11月3日 2011年6月1日
8）ドイツ	2008年4月17日		
9）アイスランド	1996年7月22日	1996年11月1日	2010年5月27日
10）アイルランド	2011年6月30日		2011年6月30日
11）イタリア	2006年1月31日	2006年5月1日	2010年5月27日
12）韓国	2010年5月27日		2010年5月27日
13）メキシコ	2010年5月27日		2010年5月27日
14）モルドバ	2011年1月27日		2011年1月27日
15）オランダ	1990年9月25日	1997年2月1日	2010年5月27日
16）ノルウェー	1989年5月5日	1995年4月1日	2010年5月27日 2011年6月1日
17）ポーランド	1996年3月19日	1997年10月1日	2010年7月9日 2011年10月1日
18）ポルトガル	2010年5月27日		2010年5月27日
19）スロベニア	2003年5月27日	2011年6月1日	2010年5月27日 2011年6月1日
20）スペイン	2009年11月12日	2010年12月1日	2011年2月18日
21）スウェーデン	1989年4月20日	1995年4月1日	2010年5月27日 2011年9月1日
22）ウクライナ	2004年12月30日	2009年7月1日	2010年5月27日
23）英国	2007年5月24日	2008年5月1日	2010年5月27日 2011年10月1日
24）米国	1989年6月28日	1995年4月1日	2010年5月27日

　なお，平成23年11月3日，4日にフランスのカンヌにおいて開催されたG20第6回会議において，本条約に参加していないG20参加国に参加を呼びかけた結果，日本，中国，インドネシア，ロシア，トルコ，ブラジル，アルゼンチン，南アフリカ，オーストラリアが新たに参加して参加国は33か国となった。カンヌのG20以降，G20参加国の多くが本条約に参加したことで，本条約参加後の各国における国内法の整備に必要な期間，本条約の各条文に関する留保の状況等を勘案する必要はあるが，二国間租税条約とは異なる広い範囲をカバーする租税条約が出現するということになる。

2 条文の概要

(1) 条文構成

原条約及び本条約には，説明報告書（Explanatory Report：以下「説明書」という。）と付属文書として Annex A（参加国の本条約適用対象税目），Annex B（参加国の権限ある当局），Annex C（本条約適用上の国民）がある。この説明書は，条約の各条項を説明したもので，原条約に係る旧説明書と，本条約に係る新しい説明書がある。本論では，特にことわりのない限り，この新しい説明書を「説明書」と表記する。旧説明書は，2010議定書により改正された条項を中心として，その内容が変更されている。

そして，条文構成においては，原条約の第19条（要請辞退の可能性）が本条約では削除されたので本条約に第19条の規定はない。2010議定書による改正後の条文構成は次のとおりである。

前　　文		
第1章（条約の範囲）		第1条（条約の対象と人的範囲） 第2条（対象税目）
第2章（一般的定義）		第3条（定義）
第3章（協力の諸形態）	第1節（情報交換）	第4条（一般規定） 第5条（要請による情報交換） 第6条（自動的情報交換） 第7条（自発的情報交換） 第8条（同時税務調査） 第9条（外国における税務調査） 第10条（内容が相違する情報）
	第2節（「徴収共助」）	第11条（租税債権の徴収） 第12条（保全措置） 第13条（要請における添付書類） 第14条（期間制限） 第15条（優先権） 第16条（納付延期）
	第3節（文書の送達）	第17条（文書の送達）
第4章（全ての協力形態に関連する規定）		第18条（要請国が提供をすべき情報）

		第20条（協力要請に対する応答） 第21条（納税義務者の保護と協力義務の限界） 第22条（秘密保護） 第23条（訴訟手続き）
第5章（特別規定）		第24条（条約の施行） 第25条（使用言語） 第26条（費用負担）
第6章（最終規定）と		第27条（他の国際協定又は取決め）第28条（署名及び条約の発効） 第29条（条約の適用地域） 第30条（留保） 第31条（脱退） 第32条（預託を受けた者とその役割）

(2) **本条約の特徴**

イ 多国間租税条約と現行の二国間租税条約との関係

　前記の本条約参加国一覧に掲げられている国のうち日本と二国間租税条約を締結していない国は、アイスランドとスロベニアの2か国である。したがって、これらの2か国を除く22か国と日本との間には、二国間租税条約が締結されている。日本が本条約に参加すると、これらの22か国とは個別の租税条約と本条約が複層する形となる。

　本条約はこの件については、第27条（他の国際協定又は取決め）第1項には、次のような規定している。

　「1．この条約により規定される協力の可能性は、締約国間の現行又は将来の国際取決め、もしくはその他の取決め、又は税務協力に関係するその他の措置を制約するものではなく、また、制約されるものでもない。」

　第27条を解説した説明書のパラグラフ（以下、「パラ」という。）267では、2つの国が本条約と他の取決めの双方に参加している場合、特定の事例に対して最も適切な取決めを選択することができる、と説明されていることから、両者の間における抵触という問題は生じないことになる。

ロ 本条約における執行共助（administrative assistance）の内容

本条約第1条第2項に執行共助として次の3つが規定されている。
① 同時税務調査及び他国の税務調査への参加を含む情報交換
② 保全措置を含む租税債権徴収における協力
③ 文書の送達

本条約における執行共助の対象は、上記の①-③である。したがって、本条約第3章（協力の諸形態）に含まれる第4条から第17条までがこれらに関する規定である。

ハ 条約の対象者と対象税目

条約の対象者は、締約国の居住者又は国民だけではなく、他国の居住者又は国民に対しても執行共助が行われる（本条約第1条第3項）。

また、対象税目については、2つのグループに分けられている。

第1にグループには、①所得又は利益に課される税、②所得又は利益に課される税とは分離して課される譲渡所得に課される税、③純資産に対する税、が含まれる。これらの税目は、すべての締約国が本条約の適用対象とすべき税目であり、留保の対象とはならない（パラ31）。

第2グループは、①締約国の地方政府又は地方公共団体により課される所得、利益、譲渡所得若しくは純資産に課される税、②政府或いは社会保障機関に対して支払いを強制される社会保険料、③締約国において課されるその他の租税（関税を除く）として、遺産税、相続税又は贈与税、不動産に対する租税、付加価値税又は売上税等の一般消費税、物品税等特定の物品及び役務に対する租税、自動車の使用又は所有に対する税、自動車以外の動産の使用又は所有に対する税、その他の税が含まれる。この第2グループの税目は、留保を付すことのできる税目である（パラ31）。

日本の場合、第1グループの③純資産に対する税、は国内法に規定がないので対象税目とはなり得ないが、第2グループにある相続税又は贈与税は、執行共助の対象とすべき税目と思われる。

3 情報交換

(1) 交換の対象となる情報

　原条約では，交換対象となる情報についての一般規定（第4条）として，①租税の賦課及び徴収並びに租税債権の徴収及び強制執行，②執行当局による訴追又は司法当局による訴追の開始，についてのすべての情報を交換すると規定されていたが，2010議定書により，この規定は改正されて，「締約国は，本条約により対象となる租税に関して国内法令の管理又は執行に近い将来に適切となる，特に本条に規定ある情報を交換するものとする。」という抽象的な規定に変更されている。

　情報交換の趣旨は，締約国に対して，国際的租税回避及び脱税に対処することをできる限り広い範囲で助けることである。報告書（パラ50）では，「予測可能な関連性（foreseeable relevance）」の基準に従って，できる限り広範囲な情報交換を行うとしているが，同時に，締約国が無限定に情報を無理に探したりすることをしないこと或いは特定の者等に対して税務に関連のない情報を要請しないことを明確にしている。

(2) 情報交換の方法

　情報交換の方法は下記の5つであり，それぞれは各条項に規定されている。
① 要請による情報交換（第5条）
② 自動的情報交換（第6条）
③ 自発的情報交換（第7条）
④ 同時税務調査（第8条）
⑤ 外国における税務調査（第9条）

　上記④の同時税務調査とは，2以上の締約国が，調査を通じて取得した関連情報を交換することを目的として，その共通若しくは関連する1又は複数の者の課税関係の調査を，同時に，それぞれ自国において行うことである。

　この条項について，関連企業間取引を同時税務調査の対象とするのであれば（パラ73），相互協議等の負担も従前よりも軽くなり，いずれかの締約国において移転価格課税があったとしても，比較的容易に相互協議における合

意に至る可能性が考えられる。この同時税務調査の締約国の一方が事案を選定して、他方の締約国に通知をして参加の有無を確認することになる（パラ75）。そして、同時税務調査が合意された場合、両国の担当者は、調査対象期間、調査事項、調査日等について協議して、その合意が成立した場合、各締約国の調査官は、自国の管轄権内において税務調査を実施する（パラ81）。

上記⑤は、要請国からの被要請国に対する税務調査官の派遣を認める内容で、被要請国がこの要請を受け入れる場合、要請国に対し、速やかに調査の日時及び場所、調査を担当する部局又は職員並びに調査を実施するために被要請国が必要とする手続及び条件について通知をする必要がある。なお、税務調査の実施に関するすべての決定は、被要請国によって行われる。また、締約国は、この要請については原則として受け入れない意向を通知することができる。

この条項については、外国の課税当局の代表に税務調査の立会いを認めるか否かは、税務調査が実施される国の権限ある当局が決定する事項である（パラ84）。外国からの調査官の受け入れについては、主権侵害として反対する国と（パラ85）、その国の法令等を遵守するのであれば外国からの調査官の税務調査参加を認める国がある（パラ86）。

(3) 情報交換の範囲拡大

OECDモデル租税条約第26条（情報交換）のコメンタリー（パラ9及び9.1）において、①要請による情報交換、②自動的情報交換、③自発的情報交換（第7条）を3つの形式による交換とし、情報交換をこれらの方法に限定することなく、締約国は、⑤同時税務調査、⑥外国における税務調査及び⑦業種別情報交換も利用できると記述している。

情報交換に係る規定の観点から現行の租税条約を分類すると次の3つに分けることができる。

第1のグループは、包括的租税条約といわれる従来型の形態（以下「第1グループ租税条約」という。）である。改正又は新規の租税条約では、日本・ルクセンブルク租税条約、日本・ベルギー租税条約、日本・シンガポール租税条約、日本・マレーシア租税条約、日本・スイス租税条約、日本・オ

ランダ租税条約,日本・香港新租税協定がこのグループに分類される。情報交換について,金融機関まで情報交換の範囲が拡大したことがこれらの改正租税条約等の大きな特徴といえる。

第2のグループは,情報交換等を主とした租税条約である。日本・バミューダ新租税協定,日本・バハマ新情報交換協定,日本・ケイマン諸島新租税協定,日本・マン島新情報交換協定がこのグループに分類される。この第2グループに属する租税条約(以下「第2グループ租税条約」という。)の内容は条約ごとに若干異なっている。

第3のグループは,第1グループ及び第2グループのいずれにも属さない租税条約(以下「第3グループ租税条約」という。)をいう。

以上のことから,現行の租税条約における情報交換及び本条約の情報交換に関して,次のように分類することが想定できる。

① 第3グループ租税条約における情報交換では,情報提供を行う国が,その国の法令及び行政上の慣行に反する方法により情報の入手を行う義務のないこと等の制約を条件とするもので,交換される情報の形態としては,個別事案に関する情報,自動的情報交換,自発的情報交換等がある。
② 第1グループ及び第2グループの租税条約における情報交換は,第3グループと相違する点として,金融機関情報にアクセスできることである。
③ 第1グループと第2グループ租税条約における情報交換の相違点は,第2グループ租税条約には,海外への調査官の派遣等を含む詳細な情報交換に関する規定がある。
④ 本条約は,第1〜第3グループにおける情報交換では,最も範囲が広く,同時調査等を含むものになっている。

(4) 情報交換等における協力義務の限界

情報交換等における協力義務の限界については,本条約第21条に,原則としては,この条約のいかなる条項も,被要請国の法令又は行政慣行によって納税義務者に保障されている権利及び保障に影響を与えるものでない,という規定がある(第21条第1項)。

被要請国に対しては,次に掲げる義務を課すものではないとしている(第

21条第2項)。
① 被要請国又は要請国の法令又は行政慣行に抵触する措置を採ること。
② 被要請国が公の秩序に反すると認められる措置を採ること。
③ 被要請国又は要請国の法令又は行政慣行上入手することができない情報を提供すること。
④ 営業上，事業上，産業上，商業上若しくは職業上の秘密若しくは取引の過程を明らかにするような情報又は公開することが公の秩序に反するような情報を提供すること。
⑤ 被要請国が要請国における課税について，一般に受け入れられている課税原則，二重課税回避のための条約又は被要請国が要請国との間で締約したその他の条約に抵触すると認められる場合，かつ，その限りにおいて執行上の協力を行うこと。
⑥ 要請国の国内法令の管理或いは執行の適用に関して，或いは関連する要件として，同一の状況において，被要請国の国民と要請国の国民を差別することになる場合に執行上の協力を行うこと。
⑦ 要請国がその国内法令或いは行政慣行の下で適用可能なすべての合理的な手段を執行できない場合には，執行上の協力を行うこと。ただし，当該手段の依頼が不相当な困難を生じさせる場合は除く。
⑧ 要請国により生じた特典に対して被要請国の管理上の負担が明らかに不相当である場合，徴収における協力を行うこと。

そして，第21条第4項において，情報が銀行その他の金融機関，代理人又は受託者が有する情報又はある者の所有に関する情報であることのみを理由として，被要請国が情報の提供を拒否することを認めるものと解してはならない，と規定して金融機関情報を情報提供から除いていない。

(5) 同時調査

同時調査は，同時にそれぞれの締約国がその管轄内において税務調査を行い，そこから得た情報を交換するのであるから，相互に必要な情報が交換される相互主義が保たれる場合は問題ないが，一方の締約国のみに利する結果となることも想定できることから，両国の利害の調整が難しいところとなる。

4 徴収共助

(1) 租税条約における徴収共助の規定

例えば，2013年1月改正前の日米租税条約第27条（徴収共助）第1項では，「各締約国は，この条約に基づいて他方の締約国の認める租税の免除又は税率の軽減が，このような特典を受ける権利を有しない者によって享受されることのないようにするため，当該他方の締約国が課する租税を徴収するよう努める。」と規定されている。

この規定は，租税条約に基づいて他方の締約国の認める租税の減免が，条約の適用対象外の者により享受されることのないように，両締約国が，当該他方の締約国の課する租税を徴収するように努めるものとすることを規定しているものである。したがって，本項の規定は，源泉地国において不当な租税条約の特典を受けるケースに適用され，源泉地国における納税を逃れて本国に帰国するような場合はこれに該当しないことになる。

(2) 本条約における租税債権の徴収

本条約は，上記(1)に述べた通常の二国間租税条約における徴収共助の規定ではカバーできない事案（滞納者による国外への資産の移転等）に対応する，いわゆる国際的徴税システム体制といわれるものであり，日本で税を滞納して海外に移転した者について，その移転先の国が本条約の締約国であれば，その移転先の国が日本に代わって税の徴収を行うというものである。

本条約第11条第1項では，「被要請国は，要請国の要請に基づき，第14条（期間制限）及び第15条（期間制限）の規定に従うことを条件として，自国の租税債権と同様に，要請国の租税債権を徴収するために必要な措置を採るものとする。」と規定され，要請国の租税債権を自国の租税債権と同様に徴収することを定めている。この『租税債権』については，本条約第3条（定義）第3条第1項cに定義があり，「租税債権」とは，納付義務が生じ，かつ，滞納の状況にある租税とそれに係る利子，罰金及び徴収に付随する費用を含むとなっている。そして，この租税債権には，その執行を許可する文書の対象となっている租税債権で，かつ，締約国間で別に合意のない限り，

不服申立てが行われていない租税債権がこれに該当することになっている。

(3) **租税債権徴収に関連する本条約の規定**

関連する規定としては，次のようなものがある。

① この租税債権は，被要請国の租税債権に特別に与えられている優先権は有しない（第15条）。
② 被要請国は，要請国の要請に基づき，租税債権について不服申立てが行われており，また執行を許可する文書の対象となっていないものであっても，当該租税債権の徴収のためには保全措置を採るものとする（第12条）。なお，わが国の場合，保全処分（保全措置）の種類としては，①保全担保，②繰上保全差押え，③保全差押え，④繰上請求，⑥繰上差押え，がある。
③ 租税債権の徴収可能期間は，要請国の法令による（第14条）。
④ 納付延期に関しては，被要請国は，その国の法令又は行政慣行が類似の状況において納付の延期又は分割納付を認めている場合には，これを許可することができる。なお，この場合には最初に要請国に通知するものとする（第16条）。

(4) **優先権**

イ　優先権に関する国内法と本条約の規定の概要

国税の優先権については，国税徴収法第8条において，「国税は，納税者の総財産について，この章に別段の定がある場合を除き，すべての公課その他の債権に先立って徴収する。」と規定されている。

本条約第15条（優先権）では，「徴収共助が行われる租税債権は，その徴収手続が被要請国の徴収手続にのみ適用されるものであっても，被要請国の租税債権に特別に与えられている優先権は有しないものとする。」と規定されている。

本条約の規定によれば，要請国の租税債権に優先権が与えられないということである。国内法においては，租税が納期限までに納付されない場合，国税債権の徴収手続として，督促，差押え，換価，配当等が行われることになる。このような一連の処分を滞納処分というが，徴収法では，無担保債権者

は滞納処分における配当手続に参加できないことから，要請国の租税債権について，滞納処分から配当を受けることができないとされている。

ロ　報告書の解説

本条約第15条の規定は，被要請国が自国の租税債権の徴収のために規定する優先権は要請国の租税債権に対してまで拡大して自動的に適用にはならないのである（パラ149）。

このような規定を置いた理由については，第1に，外国の租税債権に優先権を認めると自国の債権者の利益を害すること，第2に，二国間の租税債権の優先権の競合を避けるため，が理由とされている（パラ149）。

ハ　優先権の付与

優先権の付与がないことに関して，要請国の租税債権について滞納処分等ができないという見解があったが，これに対して，上記ロにおける報告書の解説にあるように，優先権を付与しない理由から考慮して，国内法に規定に従って強制徴収手続を行うことを否定する趣旨ではないという解釈がなされている。本条約において優先権の付与がないことを理由として，被要請国において，本条約の適用を受ける要請国の租税債権と無担保の私債権を同列に扱うということは，本条約がこの規定を置いた本来の趣旨ではないものと思われる。したがって，国際的徴税システムの構築という本条約の趣旨を生かすのであれば，要請国の租税債権と滞納処分との関連を租税条約実施特例法のような，条約と国内法の橋渡しをする国内法により調整する手段も考えられるのである。

5　文書の送達

文書の送達について，被要請国は，要請国の要請により，要請国から発せられたこの条約の対象となる租税に関する文書（司法上の決定に関するものを含む。）を名宛人に送達する，と規定されている（第17条第1項）。

　　（注）平成24年度税制改正において，徴収共助・送達共助の国内法（租税条約実施特例法等）の整備が図られた。

XXI 巻末資料

> ○利用上の注意事項
>
> 1. この巻末に掲載した改正された租税条約正文は，縦書きであり，数字も漢字を使用しているが，本書では，これを横書きに改め，数字も算用数字に改めている。
> 2. 平成25年1月改正分は条約本文議定書に（改正）等の注を付して織り込み済みである。
> 3. ここに記載してある条文等は，あくまでも本書を読む上での参考資料として掲載したもので，実際に使用する場合は，租税条約集等の資料で適用条文を確認されたい。

所得に対する租税に関する二重課税の回避及び脱税の防止のための日本国政府とアメリカ合衆国政府との間の条約（2013年改正後）

日本国政府及びアメリカ合衆国政府は，所得に対する租税に関し，二重課税を回避し及び脱税を防止するための新たな条約を締結することを希望して次のとおり協定した。

第1条

1 この条約は，この条約に別段の定めがある場合を除くほか，一方又は双方の締約国の居住者である者にのみ適用する。

2 この条約の規定は，次のものによって現在又は将来認められる非課税，免税，所得控除，税額控除その他の租税の減免をいかなる態様においても制限するものと解してはならない。

(a) 一方の締約国が課する租税の額を決定するに当たって適用される当該一方の締約国の法令

(b) 両締約国間の他の二国間協定又は両締約国が当事国となっている多数国間協定

3 (a) 2(b)の規定にかかわらず，

(i) この条約の解釈又は適用（ある措置がこの条約の適用の対象となるか否かを含む。）に関して生ずる問題は，第25条の規定に従ってのみ解決される。

(ii) サービスの貿易に関する一般協定第17条の規定は，両締約国の権限のある当局が

その措置が第24条の適用の対象とならないと合意する場合を除くほか，当該措置には適用しない。
(b) この3の適用上，「措置」とは，次条及び第3条1(d)の規定にかかわらず，一方の締約国が課するすべての種類の租税に関する法令，規則，手続，決定，行政上の行為その他同様の規定又は行為をいう。
4(a) この条約は，5の場合を除くほか，第4条の規定に基づき一方の締約国の居住者とされる者に対する当該一方の締約国の課税及び合衆国の市民に対する合衆国の課税に影響を及ぼすものではない。
(b) この条約の他の規定にかかわらず，合衆国の市民であった個人又は合衆国において長期居住者とされる個人に対しては，当該個人が合衆国の法令において租税の回避を主たる目的の一つとして合衆国の市民としての地位を喪失したとされる場合（合衆国の法令において合衆国の市民としての地位を喪失した個人と同様の取扱いを受ける場合を含む。）には，その市民としての地位を喪失した時から10年間，合衆国において，合衆国の法令に従って租税を課することができる。
5 4の規定は，第9条2及び3，第17条3，第18条，第19条，第23条から第25条まで並びに第28条の規定に基づき一方の締約国により認められる特典に影響を及ぼすものではない。もっとも，第18条及び第19条の規定に基づき合衆国により認められる特典については，これを要求する者が合衆国の市民でなく，かつ，合衆国における永住を適法に認められた者でない場合に限り，認められる。（議定書改正）

第2条
1 この条約は，次の租税について適用する。
(a) 日本国については，
 (i) 所得税
 (ii) 法人税
 （以下「日本国の租税」という。）
(b) 合衆国については，内国歳入法によって課される連邦所得税（社会保障税を除く。以下「合衆国の租税」という。）
2 この条約は，1に掲げる租税に加えて又はこれに代わってこの条約の署名の日の後に課される租税であって1に掲げる租税と同一であるもの又は実質的に類似するものについても，適用する。両締約国の権限のある当局は，各締約国の租税に関する法令について行われた実質的な改正又はこの条約における両締約国の義務に重大な影響を与える他の法令の改正を，その改正後の妥当な期間内に，相互に通知する。

第3条
1 この条約の適用上，文脈により別に解釈すべき場合を除くほか，
(a) 「日本国」とは，地理的意味で用いる場合には，日本国の租税に関する法令が施行されているすべての領域（領海を含む。）及びその領域の外側に位置する区域で日本国が国際法に基づき管轄権を有し日本国の租税に関する法令が施行されているすべての区域（海底及びその下を含む。）をいう。

所得に対する租税に関する二重課税の回避及び脱税の防止のための日本国政府と
アメリカ合衆国政府との間の条約（2013 年改正後）

(b) 「合衆国」とは，アメリカ合衆国をいい，地理的意味で用いる場合には，アメリカ合衆国の諸州及びコロンビア特別区をいう。また，合衆国には，その領海並びにその領海に隣接し，合衆国が国際法に基づいて主権的権利を行使する海底区域の海底及びその下を含む。ただし，合衆国には，プエルトリコ，バージン諸島，グアムその他の合衆国の属地又は準州を含まない。
(c) 「一方の締約国」及び「他方の締約国」とは，文脈により，日本国又は合衆国をいう。
(d) 「租税」とは，文脈により，日本国の租税又は合衆国の租税をいう。
(e) 「者」には，個人，法人及び法人以外の団体を含む。
(f) 「法人」とは，法人格を有する団体又は租税に関し法人格を有する団体として取り扱われる団体をいう。
(g) 「企業」は，あらゆる事業の遂行について用いる。
(h) 「一方の締約国の企業」及び「他方の締約国の企業」とは，それぞれ一方の締約国の居住者が営む企業及び他方の締約国の居住者が営む企業をいう。
(i) 「国際運輸」とは，一方の締約国の企業が運用する船舶又は航空機による運送（他方の締約国内の地点の間においてのみ行われる運送を除く。）をいう。
(j) 一方の締約国の「国民」とは，次の者をいう。
　(i) 日本国については，日本国の国籍を有するすべての個人及び日本国において施行されている法令によってその地位を与えられたすべての法人その他の団体
　(ii) 合衆国については，合衆国の市民権を有するすべての個人及び合衆国において施行されている法令によってその地位を与えられたすべての法人，パートナーシップその他の団体
(k) 「権限のある当局」とは，次の者をいう。
　(i) 日本国については，財務大臣又は権限を与えられたその代理者
　(ii) 合衆国については，財務長官又は権限を与えられたその代理者
(l) 「事業」には，自由職業その他の独立の性格を有する活動を含む。
(m) 「年金基金」とは，次の(i)から(iii)までに掲げる要件を満たす者をいう。
　(i) 一方の締約国の法令に基づいて組織されること。
　(ii) 当該一方の締約国において主として退職年金その他これに類する報酬（社会保障制度に基づく給付を含む。）の管理又は給付のために設立され，かつ，維持されること。
　(iii) (ii)にいう活動に関して当該一方の締約国において租税を免除されること。
2　一方の締約国によるこの条約の適用に際しては，この条約において定義されていない用語は，文脈により別に解釈すべき場合又は両締約国の権限のある当局が第 25 条の規定に基づきこの条約の適用上の用語の意義について別に合意する場合を除くほか，この条約の適用を受ける租税に関する当該一方の締約国の法令において当該用語がその適用の時点で有する意義を有するものとする。当該一方の締約国において適用される租税に関する法令における当該用語の意義は，当該一方の締約国の他の法令における当該用語の意義に優先するものとする。

第 4 条

1　この条約の適用上，「一方の締約国の居住者」とは，当該一方の締約国の法令の下に

おいて，住所，居所，市民権，本店又は主たる事務所の所在地，法人の設立場所その他これらに類する基準により当該一方の締約国において課税を受けるべきものとされる者をいい，次のものを含む。
(a) 当該一方の締約国及び当該一方の締約国の地方政府又は地方公共団体
(b) 当該一方の締約国の法令に基づいて組織された年金基金
(c) 当該一方の締約国の法令に基づいて組織された者で，専ら宗教，慈善，教育，科学，芸術，文化その他公の目的のために当該一方の締約国において設立され，かつ，維持されるもの（当該一方の締約国において租税を免除される者を含む。）

ただし，一方の締約国の居住者には，当該一方の締約国内に源泉のある所得又は当該一方の締約国内にある恒久的施設に帰せられる利得のみについて当該一方の締約国において租税を課される者を含まない。

2　1の規定にかかわらず，合衆国の市民又は合衆国の法令に基づいて合衆国における永住を適法に認められた外国人である個人は，次の(a)から(c)までに掲げる要件を満たす場合に限り，合衆国の居住者とされる。
(a) 当該個人が，1の規定により日本国の居住者に該当する者でないこと。
(b) 当該個人が，合衆国内に実質的に所在し，又は恒久的住居若しくは常用の住居を有すること。
(c) 当該個人が，日本国と合衆国以外の国との間の二重課税の回避のための条約又は協定の適用上当該合衆国以外の国の居住者とされる者でないこと。

3　1の規定により双方の締約国の居住者に該当する個人（2の規定の対象となる合衆国の市民又は外国人である個人を除く。）については，次のとおりその地位を決定する。
(a) 当該個人は，その使用する恒久的住居が所在する締約国の居住者とみなす。その使用する恒久的住居を双方の締約国内に有する場合には，当該個人は，その人的及び経済的関係がより密接な締約国（重要な利害関係の中心がある締約国）の居住者とみなす。
(b) その重要な利害関係の中心がある締約国を決定することができない場合又はその使用する恒久的住居をいずれの締約国内にも有しない場合には，当該個人は，その有する常用の住居が所在する締約国の居住者とみなす。
(c) その常用の住居を双方の締約国内に有する場合又はこれをいずれの締約国内にも有しない場合には，当該個人は，当該個人が国民である締約国の居住者とみなす。
(d) 当該個人が双方の締約国の国民である場合又はいずれの締約国の国民でもない場合には，両締約国の権限のある当局は，合意により当該事案を解決する。

この3の規定により一方の締約国の居住者とみなされる個人は，この条約の適用上，当該一方の締約国のみの居住者とみなす。

4　1の規定により双方の締約国の居住者に該当する者で個人以外の者は，この条約により認められる特典を要求する上で，いずれの締約国の居住者ともされない。（議定書改正）

5　この条約の規定に従い一方の締約国が他方の締約国の居住者の所得に対する租税の率を軽減し，又はその租税を免除する場合において，当該他方の締約国において施行されている法令により，当該居住者が，その所得のうち当該他方の締約国に送金され，又は当該他方の締約国内で受領された部分についてのみ当該他方の締約国において租税を課されることとされているときは，その軽減又は免除は，その所得のうち当該他方の締約国に送金

所得に対する租税に関する二重課税の回避及び脱税の防止のための日本国政府とアメリカ合衆国政府との間の条約（2013年改正後）

され，又は当該他方の締約国内で受領された部分についてのみ適用する。
6　この条約の適用上，
(a)　一方の締約国において取得される所得であって，
　(i)　他方の締約国において組織された団体を通じて取得され，かつ，
　(ii)　当該他方の締約国の租税に関する法令に基づき当該団体の受益者，構成員又は参加者の所得として取り扱われるもの
　に対しては，当該一方の締約国の租税に関する法令に基づき当該受益者，構成員又は参加者の所得として取り扱われるか否かにかかわらず，当該他方の締約国の居住者である当該受益者，構成員又は参加者（この条約に別に定める要件を満たすものに限る。）の所得として取り扱われる部分についてのみ，この条約の特典（当該受益者，構成員又は参加者が直接に取得したものとした場合に認められる特典に限る。）が与えられる。
(b)　一方の締約国において取得される所得であって，
　(i)　他方の締約国において組織された団体を通じて取得され，かつ，
　(ii)　当該他方の締約国の租税に関する法令に基づき当該団体の所得として取り扱われるものに対しては，当該一方の締約国の租税に関する法令に基づき当該団体の所得として取り扱われるか否かにかかわらず，当該団体が当該他方の締約国の居住者であり，かつ，この条約に別に定める要件を満たす場合にのみ，この条約の特典（当該他方の締約国の居住者が取得したものとした場合に認められる特典に限る。）が与えられる。
(c)　一方の締約国において取得される所得であって，
　(i)　両締約国以外の国において組織された団体を通じて取得され，かつ，
　(ii)　他方の締約国の租税に関する法令に基づき当該団体の受益者，構成員又は参加者の所得として取り扱われるもの
　に対しては，当該一方の締約国又は当該両締約国以外の国の租税に関する法令に基づき当該受益者，構成員又は参加者の所得として取り扱われるか否かにかかわらず，当該他方の締約国の居住者である当該受益者，構成員又は参加者（この条約に別に定める要件を満たすものに限る。）の所得として取り扱われる部分についてのみ，この条約の特典（当該受益者，構成員又は参加者が直接に取得したものとした場合に認められる特典に限る。）が与えられる。
(d)　一方の締約国において取得される所得であって，
　(i)　両締約国以外の国において組織された団体を通じて取得され，かつ，
　(ii)　他方の締約国の租税に関する法令に基づき当該団体の所得として取り扱われるものに対しては，この条約の特典は与えられない。
(e)　一方の締約国において取得される所得であって，
　(i)　当該一方の締約国において組織された団体を通じて取得され，かつ，
　(ii)　他方の締約国の租税に関する法令に基づき当該団体の所得として取り扱われるものに対しては，この条約の特典は与えられない。

第5条
1　この条約の適用上，「恒久的施設」とは，事業を行う一定の場所であって企業がその事業の全部又は一部を行っている場所をいう。

2 「恒久的施設」には、特に、次のものを含む。
(a) 事業の管理の場所
(b) 支店
(c) 事務所
(d) 工場
(e) 作業場
(f) 鉱山、石油又は天然ガスの坑井、採石場その他天然資源を採取する場所
3 建築工事現場、建設若しくは据付けの工事又は天然資源の探査のために使用される設備、掘削機器若しくは掘削船については、これらの工事現場、工事又は探査が12箇月を超える期間存続する場合には、恒久的施設を構成するものとする。
4 1から3までの規定にかかわらず、「恒久的施設」には、次のことは、含まないものとする。
(a) 企業に属する物品又は商品の保管、展示又は引渡しのためにのみ施設を使用すること。
(b) 企業に属する物品又は商品の在庫を保管、展示又は引渡しのためにのみ保有すること。
(c) 企業に属する物品又は商品の在庫を他の企業による加工のためにのみ保有すること。
(d) 企業のために物品若しくは商品を購入し又は情報を収集することのみを目的として、事業を行う一定の場所を保有すること。
(e) 企業のためにその他の準備的又は補助的な性格の活動を行うことのみを目的として、事業を行う一定の場所を保有すること。
(f) (a)から(e)までに掲げる活動を組み合わせた活動を行うことのみを目的として、事業を行う一定の場所を保有すること。ただし、当該一定の場所におけるこのような組合せによる活動の全体が準備的又は補助的な性格のものである場合に限る。
5 1及び2の規定にかかわらず、企業に代わって行動する者（6の規定が適用される独立の地位を有する代理人を除く。）が、一方の締約国内で、当該企業の名において契約を締結する権限を有し、かつ、この権限を反復して行使する場合には、当該企業は、その者が当該企業のために行うすべての活動について、当該一方の締約国内に恒久的施設を有するものとされる。ただし、その者の活動が4に掲げる活動（事業を行う一定の場所で行われたとしても、4の規定により当該一定の場所が恒久的施設とされない活動）のみである場合は、この限りでない。
6 企業は、通常の方法でその業務を行う仲立人、問屋その他の独立の地位を有する代理人を通じて一方の締約国内で事業を行っているという理由のみでは、当該一方の締約国内に恒久的施設を有するものとされない。
7 一方の締約国の居住者である法人が、他方の締約国の居住者である法人若しくは他方の締約国内において事業（恒久的施設を通じて行われるものであるか否かを問わない。）を行う法人を支配し、又はこれらに支配されているという事実によっては、いずれの一方の法人も、他方の法人の恒久的施設とはされない。

第6条

1 一方の締約国の居住者が他方の締約国内に存在する不動産から取得する所得（農業又は林業から生ずる所得を含む。）に対しては、当該他方の締約国において租税を課するこ

所得に対する租税に関する二重課税の回避及び脱税の防止のための日本国政府とアメリカ合衆国政府との間の条約（2013年改正後）

とができる。
2　この条約において，「不動産」とは，当該財産が存在する締約国の法令における不動産の意義を有するものとする。不動産には，いかなる場合にも，これに附属する財産，農業又は林業に用いられる家畜類及び設備，不動産に関する一般法の規定の適用がある権利，不動産用益権並びに鉱石その他の天然資源の採取又は採取の権利の対価として料金（固定的な料金であるか否かを問わない。）を受領する権利を含む。船舶及び航空機は，不動産とはみなさない。
3　1の規定は，不動産の直接使用，賃貸その他のすべての形式による使用から生ずる所得について適用する。
4　1及び3の規定は，企業の不動産から生ずる所得についても，適用する。

第7条

1　一方の締約国の企業の利得に対しては，その企業が他方の締約国内にある恒久的施設を通じて当該他方の締約国内において事業を行わない限り，当該一方の締約国においてのみ租税を課することができる。一方の締約国の企業が他方の締約国内にある恒久的施設を通じて当該他方の締約国内において事業を行う場合には，その企業の利得のうち当該恒久的施設に帰せられる部分に対してのみ，当該他方の締約国において租税を課することができる。
2　3の規定に従うことを条件として，一方の締約国の企業が他方の締約国内にある恒久的施設を通じて当該他方の締約国内において事業を行う場合には，当該恒久的施設が，同一又は類似の条件で同一又は類似の活動を行う別個のかつ分離した企業であって，当該恒久的施設を有する企業と全く独立の立場で取引を行うものであるとしたならば当該恒久的施設が取得したとみられる利得が，各締約国において当該恒久的施設に帰せられるものとする。
3　恒久的施設の利得を決定するに当たっては，経営費及び一般管理費を含む費用で当該恒久的施設のために生じたものは，当該恒久的施設が存在する締約国内において生じたものであるか他の場所において生じたものであるかを問わず，控除することを認められる。
4　一方の締約国の権限のある当局が入手することができる情報が恒久的施設に帰せられる利得を決定するために十分でない場合には，この条のいかなる規定も，当該恒久的施設を有する者の納税義務の決定に関する当該締約国の法令の適用に影響を及ぼすものではない。ただし，当該情報に基づいて恒久的施設の利得を決定する場合には，この条に定める原則に従うものとする。
5　恒久的施設が企業のために物品又は商品の単なる購入を行ったことを理由としては，いかなる利得も，当該恒久的施設に帰せられることはない。
6　1から5までの規定の適用上，恒久的施設に帰せられる利得は，毎年同一の方法によって決定する。ただし，別の方法を用いることにつき正当な理由がある場合は，この限りでない。
7　他の条で別個に取り扱われている種類の所得が企業の利得に含まれる場合には，当該他の条の規定は，この条の規定によって影響されることはない。

第8条

1 一方の締約国の企業が船舶又は航空機を国際運輸に運用することによって取得する利得に対しては，当該一方の締約国においてのみ租税を課することができる。

2 この条の適用上，船舶又は航空機を運用することによって取得する利得には，船舶又は航空機の賃貸によって取得する利得（裸用船による船舶又は航空機の賃貸によって取得する利得については，当該賃貸が船舶又は航空機の国際運輸における運用に付随するものである場合に限る。）が含まれる。いずれかの締約国内における貨物又は旅客の国内運送によって取得する利得は，当該運送が国際運輸の一部として行われる場合には，船舶又は航空機を国際運輸に運用することによって取得する利得として取り扱う。

3 第2条及び第3条1(d)の規定にかかわらず，いかなる合衆国の地方政府又は地方公共団体も日本国の企業が船舶又は航空機を国際運輸に運用することにつき日本国における住民税又は事業税に類似する租税を課さないことを条件として，合衆国の企業は，船舶又は航空機を国際運輸に運用することにつき日本国において住民税及び事業税を免除される。

4 一方の締約国の企業がコンテナー（コンテナーの運送のためのトレーラー，はしけ及び関連設備を含む。）を使用し，保持し又は賃貸することによって取得する利得に対しては，当該コンテナーが他方の締約国内においてのみ使用される場合を除くほか，当該一方の締約国においてのみ租税を課することができる。

5 1から4までの規定は，共同計算，共同経営又は国際経営共同体に参加していることによって取得する利得についても，適用する。

第9条

1 次の(a)又は(b)に該当する場合であって，そのいずれの場合においても，商業上又は資金上の関係において，双方の企業の間に，独立の企業の間に設けられる条件と異なる条件が設けられ又は課されているときは，その条件がないとしたならば一方の企業の利得となったとみられる利得であってその条件のために当該一方の企業の利得とならなかったものに対しては，これを当該一方の企業の利得に算入して租税を課することができる。

(a) 一方の締約国の企業が他方の締約国の企業の経営，支配又は資本に直接又は間接に参加している場合

(b) 同一の者が一方の締約国の企業及び他方の締約国の企業の経営，支配又は資本に直接又は間接に参加している場合

2 一方の締約国において租税を課された当該一方の締約国の企業の利得を他方の締約国が当該他方の締約国の企業の利得に算入して租税を課する場合において，当該一方の締約国が，その算入された利得が，双方の企業の間に設けられた条件が独立の企業の間に設けられたであろう条件であったとしたならば当該他方の締約国の企業の利得となったとみられる利得であることにつき当該他方の締約国との間で合意するときは，当該一方の締約国は，当該利得に対して当該一方の締約国において課された租税の額について適当な調整を行う。この調整に当たっては，この条約の他の規定に妥当な考慮を払う。

3 1の規定にかかわらず，一方の締約国は，1にいう条件がないとしたならば当該一方の締約国の企業の利得として更正の対象となったとみられる利得に係る課税年度の終了時

所得に対する租税に関する二重課税の回避及び脱税の防止のための日本国政府とアメリカ合衆国政府との間の条約（2013年改正後）

から7年以内に当該企業に対する調査が開始されない場合には、1にいう状況においても、当該利得の更正をしてはならない。この3の規定は、不正に租税を免れた場合又は定められた期間内に調査を開始することができないことが当該企業の作為若しくは不作為に帰せられる場合には、適用しない。

第10条

1　一方の締約国の居住者である法人が他方の締約国の居住者に支払う配当に対しては、当該他方の締約国において租税を課することができる。

2　1の配当に対しては、これを支払う法人が居住者とされる締約国においても、当該締約国の法令に従って租税を課することができる。その租税の額は、当該配当の受益者が他方の締約国の居住者である場合には、4及び5に定める場合を除くほか、次の額を超えないものとする。

(a)　当該配当の受益者が、当該配当の支払を受ける者が特定される日に、当該配当を支払う法人の議決権のある株式の10パーセント以上を直接又は間接に所有する法人である場合には、当該配当の額の5パーセント

(b)　その他のすべての場合には、当該配当の額の10パーセント

　　この2の規定は、当該配当を支払う法人のその配当に充てられる利得に対する課税に影響を及ぼすものではない。

3　2の規定にかかわらず、1の配当に対しては、当該配当の受益者が次の(a)又は(b)に該当する場合には、当該配当を支払う法人が居住者とされる締約国においては租税を課することができない。

(a)　他方の締約国の居住者であり、かつ、当該配当の支払を受ける者が特定される日をその末日とする<u>6か月</u>の期間を通じ、当該配当を支払う法人の議決権のある株式の<u>50パーセント以上</u>を直接に又はいずれかの締約国の1若しくは2以上の居住者を通じて間接に所有する法人であって、次のいずれかに該当するもの（下線部分議定書一部改正）

　（i）　第22条1(c)(i)又は(ii)に該当する法人

　（ii）　第22条1(f)(i)及び(ii)に規定する要件を満たす法人で、当該配当に関し同条2に規定する条件を満たすもの

　（iii）　この3の規定の適用に関し、第22条4の規定により認定を受けたもの

(b)　他方の締約国の居住者である年金基金。ただし、当該配当が、当該年金基金が直接又は間接に事業を遂行することにより取得されたものでない場合に限る。

4　2(a)及び3(a)の規定は、合衆国の規制投資会社（以下この4において「規制投資会社」という。）又は合衆国の不動産投資信託（以下この4において「不動産投資信託」という。）によって支払われる配当については、適用しない。規制投資会社によって支払われる配当については、2(b)及び3(b)の規定を適用する。

　　不動産投資信託によって支払われる配当については、次のいずれかの場合に該当するときに限り、2(b)及び3(b)の規定を適用する。

(a)　当該配当の受益者が、当該不動産投資信託の10パーセント以下の持分を保有する個人又は当該不動産投資信託の10パーセント以下の持分を保有する年金基金である場合

(b)　当該配当が当該不動産投資信託の一般に取引される種類の持分に関して支払われ、か

つ，当該配当の受益者が当該不動産投資信託のいずれの種類の持分についてもその5パーセント以下の持分を保有する者である場合
(c) 当該配当の受益者が当該不動産投資信託の10パーセント以下の持分を保有する者であり，かつ，当該不動産投資信託が分散投資している場合
5　2(a)及び3(a)の規定は，日本国における課税所得の計算上受益者に対して支払う配当を控除することができる法人によって支払われる配当については，適用しない。当該法人の有する資産のうち日本国内に存在する不動産により直接又は間接に構成される部分の割合が50パーセント以下である場合は，当該法人によって支払われる配当については，2(b)及び3(b)の規定を適用する。当該法人に係る当該割合が50パーセントを超える場合は，当該法人によって支払われる配当については，次のいずれかの場合に該当するときに限り，2(b)及び3(b)の規定を適用する。
(a) 当該配当の受益者が，当該法人の10パーセント以下の持分を保有する個人又は当該法人の10パーセント以下の持分を保有する年金基金である場合
(b) 当該配当が当該法人の一般に取引される種類の持分に関して支払われ，かつ，当該配当の受益者が当該法人のいずれの種類の持分についてもその5パーセント以下の持分を保有する者である場合
(c) 当該配当の受益者が当該法人の10パーセント以下の持分を保有する者であり，かつ，当該法人が分散投資している場合
6　この条において，「配当」とは，株式その他利得の分配を受ける権利（信用に係る債権を除く。）から生ずる所得及び支払者が居住者とされる締約国の租税に関する法令上株式から生ずる所得と同様に取り扱われる所得をいう。
7　1から3までの規定は，一方の締約国の居住者である配当の受益者が，当該配当を支払う法人が居住者とされる他方の締約国内において当該他方の締約国内にある恒久的施設を通じて事業を行う場合において，当該配当の支払の基因となった株式その他の持分が当該恒久的施設と実質的な関連を有するものであるときは，適用しない。この場合には，第七条の規定を適用する。
8　一方の締約国は，他方の締約国の居住者である法人が支払う配当及び当該法人の留保所得については，これらの配当及び留保所得の全部又は一部が当該一方の締約国内において生じた利得又は所得から成る場合においても，当該配当（当該一方の締約国の居住者に支払われる配当及び配当の支払の基因となった株式その他の持分が当該一方の締約国内にある恒久的施設と実質的な関連を有するものである場合の配当を除く。）に対して租税を課することができず，また，当該留保所得（9の規定により租税を課される所得を除く。）に対して租税を課することができない。
9　一方の締約国の居住者である法人で，他方の締約国内に恒久的施設を有するもの又は第6条若しくは第13条1の規定に従い他方の締約国においてその所得について租税を課されるものに対しては，当該他方の締約国において，この条約の他の規定に従って課される租税に加えて租税を課することができる。ただし，当該租税は，当該恒久的施設に帰せられる利得及び第6条又は第13条1若しくは2の規定に従い当該他方の締約国において租税を課される所得のうち，これらの利得又は所得に係る活動が法律上独立した団体により行われたとしたならば支払われたとみられる配当の額に相当する所得の額に該当する部

所得に対する租税に関する二重課税の回避及び脱税の防止のための日本国政府とアメリカ合衆国政府との間の条約（2013年改正後）

分についてのみ課することができる。この9の規定は，次のいずれかに該当する法人については適用しない。（議定書一部改正）
(a) 第22条1(c)(i)又は(ii)に該当する法人
(b) 第22条1(f)(i)及び(ii)に規定する要件を満たす法人で，当該所得に関し同条2に規定する条件を満たすもの
(c) この9の規定の適用に関し，第22条4の規定により認定を受けたもの
10　9に規定する租税は，2(a)に規定する率を超えて課することができない。
11　一方の締約国の居住者が優先株式その他これに類する持分（以下この11において「優先株式等」という。）に関して他方の締約国の居住者から配当の支払を受ける場合において，次の(a)及び(b)に該当する者が当該優先株式等と同等の当該一方の締約国の居住者の優先株式等を有していないとしたならば，当該一方の締約国の居住者が当該配当の支払の基因となる優先株式等の発行を受け又はこれを所有することはなかったであろうと認められるときは，当該一方の締約国の居住者は，当該配当の受益者とはされない。
(a) 当該他方の締約国の居住者が支払う配当に関し，当該一方の締約国の居住者に対してこの条約により認められる特典と同等の又はそのような特典よりも有利な特典を受ける権利を有しないこと。
(b) いずれの締約国の居住者でもないこと。

第11条（議定書により全文改正）

1　一方の締約国内において生じ，他方の締約国の居住者が受益者である利子に対しては，当該他方の締約国においてのみ租税を課することができる。
2　1の規定にかかわらず，
(a) 債務者若しくはその関係者の収入，売上げ，所得，利得その他の資金の流出入，債務者若しくはその関係者の有する資産の価値の変動若しくは債務者若しくはその関係者が支払う配当，組合の分配金その他これらに類する支払金を基礎として算定される利子又はこれに類する利子であって，一方の締約国内において生ずるものに対しては，当該利子が生じた一方の締約国において，当該一方の締約国の法令に従って租税を課することができる。その租税の額は，当該利子の受益者が他方の締約国の居住者である場合には，当該利子の額の10パーセントを超えないものとする。
(b) 一方の締約国は，不動産により担保された債権又はその他の資産の流動化を行うための団体の持分に関して支払われる利子の額のうち，当該一方の締約国の法令で規定されている比較可能な債券の利子の額を超える部分については，当該一方の締約国の法令に従って租税を課することができる。
3　利子は，その支払者が一方の締約国の居住者である場合には，当該一方の締約国内において生じたものとされる。ただし，利子の支払者（いずれかの締約国の居住者であるか否かを問わない。）が，その者が居住者とされる国以外の国に恒久的施設を有する場合において，当該利子の支払の基因となった債務が当該恒久的施設について生じ，かつ，当該利子が当該恒久的施設によって負担されるものであるときは，次に定めるところによる。
(a) 当該恒久的施設が一方の締約国内にある場合には，当該利子は，当該一方の締約国内において生じたものとされる。

(b) 当該恒久的施設が両締約国以外の国にある場合には，当該利子は，いずれの締約国内においても生じなかったものとされる。
4　この条において，「利子」とは，全ての種類の信用に係る債権（担保の有無及び債務者の利得の分配を受ける権利の有無を問わない。）から生じた所得，特に，公債，債券又は社債から生じた所得（公債，債券又は社債の割増金及び賞金を含む。）及びその他の所得で当該所得が生じた締約国の租税に関する法令上貸付金から生じた所得と同様に取り扱われるものをいう。前条で取り扱われる所得は，この条約の適用上利子には該当しない。
5　1及び2の規定は，一方の締約国の居住者である利子の受益者が，当該利子の生じた他方の締約国内において当該他方の締約国内にある恒久的施設を通じて事業を行う場合において，当該利子の支払の基因となった債権が当該恒久的施設と実質的な関連を有するものであるときは，適用しない。この場合には，第7条の規定を適用する。
6　利子の支払の基因となった債権について考慮した場合において，利子の支払者と受益者との間又はその双方と第三者との間の特別の関係により，当該利子の額が，その関係がないとしたならば支払者及び受益者が合意したとみられる額を超えるときは，この条の規定は，その合意したとみられる額についてのみ適用する。この場合には，支払われた額のうち当該超過分に対しては，当該利子の生じた締約国において当該超過分の額の5パーセントを超えない額の租税を課することができる。
7　一方の締約国の居住者がある債権に関して他方の締約国の居住者から利子の支払を受ける場合において，次の(a)及び(b)に該当する者が当該債権と同等の債権を当該一方の締約国の居住者に対して有していないとしたならば，当該一方の締約国の居住者が当該利子の支払の基因となる債権を取得することはなかったであろうと認められるときは，当該一方の締約国の居住者は，当該利子の受益者とはされない。
(a)　当該他方の締約国内において生ずる利子に関し，当該一方の締約国の居住者に対してこの条約により認められる特典と同等の又はそのような特典よりも有利な特典を受ける権利を有しないこと。
(b)　いずれの締約国の居住者でもないこと。

第12条

1　一方の締約国内において生じ，他方の締約国の居住者が受益者である使用料に対しては，当該他方の締約国においてのみ租税を課することができる。
2　この条において，「使用料」とは，文学上，芸術上若しくは学術上の著作物（映画フィルム及びラジオ放送用又はテレビジョン放送用のフィルム又はテープを含む。）の著作権，特許権，商標権，意匠，模型，図面，秘密方式若しくは秘密工程の使用若しくは使用の権利の対価として，又は産業上，商業上若しくは学術上の経験に関する情報の対価として受領されるすべての種類の支払金等をいう。
3　1の規定は，一方の締約国の居住者である使用料の受益者が，当該使用料の生じた他方の締約国内において当該他方の締約国内にある恒久的施設を通じて事業を行う場合において，当該使用料の支払の基因となった権利又は財産が当該恒久的施設と実質的な関連を有するものであるときは，適用しない。この場合には，第7条の規定を適用する。
4　使用料の支払の基因となった使用，権利又は情報について考慮した場合において，使

所得に対する租税に関する二重課税の回避及び脱税の防止のための日本国政府とアメリカ合衆国政府との間の条約（2013年改正後）

用料の支払者と受益者との間又はその双方と第三者との間の特別の関係により，当該使用料の額が，その関係がないとしたならば支払者及び受益者が合意したとみられる額を超えるときは，この条の規定は，その合意したとみられる額についてのみ適用する。この場合には，支払われた額のうち当該超過分に対しては，当該使用料の生じた締約国において当該超過分の額の5パーセントを超えない額の租税を課することができる。

5　一方の締約国の居住者がある無体財産権の使用に関して他方の締約国の居住者から使用料の支払を受ける場合において，次の(a)及び(b)に該当する者が当該無体財産権と同一の無体財産権の使用に関して当該一方の締約国の居住者から使用料の支払を受けないとしたならば，当該一方の締約国の居住者が当該無体財産権の使用に関して当該他方の締約国の居住者から使用料の支払を受けることはなかったであろうと認められるときは，当該一方の締約国の居住者は，当該使用料の受益者とはされない。

(a)　当該他方の締約国内において生ずる使用料に関し，当該一方の締約国の居住者に対してこの条約により認められる特典と同等の又はそのような特典よりも有利な特典を受ける権利を有しないこと。

(b)　いずれの締約国の居住者でもないこと。

第13条

1　一方の締約国の居住者が他方の締約国内に存在する不動産の譲渡によって取得する収益に対しては，当該他方の締約国において租税を課することができる。

2　この条の規定の適用上，「他方の締約国内に存在する不動産」には，次のものを含む。（議定書改正）

(a)　第6条に規定する不動産

(b)　当該他方の締約国が日本国である場合には，法人，組合又は信託（その資産の価値が主として第6条に規定する不動産であって日本国内に存在するものにより直接又は間接に構成されるものに限る。）の株式又は持分

(c)　当該他方の締約国が合衆国である場合には，合衆国不動産持分

3　(a)次の(i)及び(ii)に該当する場合において，一方の締約国の居住者が(ii)に規定する株式を譲渡（(i)の資金援助が最初に行われた日から5年以内に行われる譲渡に限る。）することによって取得する収益に対しては，他方の締約国において租税を課することができる。

　(i)　当該他方の締約国（日本国については，預金保険機構を含む。以下この3において同じ。）が，当該他方の締約国の金融機関の差し迫った支払不能に係る破綻処理に関する法令に従って，当該他方の締約国の居住者である金融機関に対して実質的な資金援助を行うこと。

　(ii)　当該一方の締約国の居住者が当該他方の締約国から当該金融機関の株式を取得すること。

(b)　(a)の規定は，当該一方の締約国の居住者が，当該金融機関の株式を当該他方の締約国から，この条約の発効前に取得した場合又はこの条約の発効前に締結された拘束力のある契約に基づいて取得した場合には，適用しない。

4　3の規定にかかわらず，一方の締約国の企業が他方の締約国内に有する恒久的施設の事業用資産を構成する財産（不動産を除く。）の譲渡から生ずる収益（当該恒久的施設の

譲渡又は企業全体の譲渡の一部としての当該恒久的施設の譲渡から生ずる収益を含む。）に対しては，当該他方の締約国において租税を課することができる。（議定書改正）

5　一方の締約国の居住者が国際運輸に運用する船舶又は航空機及びこれらの船舶又は航空機の運用に係る財産（不動産を除く。）の譲渡によって当該居住者が取得する収益に対しては，当該一方の締約国においてのみ租税を課することができる。

6　一方の締約国の居住者がコンテナー（コンテナー運送のためのトレーラー，はしけ及び関連設備を含む。）の譲渡によって取得する収益に対しては，当該コンテナーが他方の締約国内においてのみ使用された場合を除くほか，当該一方の締約国においてのみ租税を課することができる。

7　1から6までに規定する財産以外の財産の譲渡から生ずる収益に対しては，譲渡者が居住者とされる締約国においてのみ租税を課することができる。

第14条

1　次条，第17条及び第18条の規定が適用される場合を除くほか，一方の締約国の居住者がその勤務について取得する給料，賃金その他これらに類する報酬に対しては，勤務が他方の締約国内において行われない限り，当該一方の締約国においてのみ租税を課することができる。勤務が他方の締約国内において行われる場合には，当該勤務から生ずる報酬に対しては，当該他方の締約国において租税を課することができる。

2　1の規定にかかわらず，一方の締約国の居住者が他方の締約国内において行う勤務について取得する報酬に対しては，次の(a)から(c)までに掲げる要件を満たす場合には，当該一方の締約国においてのみ租税を課することができる。

(a)　当該課税年度において開始又は終了するいずれの12箇月の期間においても，報酬の受領者が当該他方の締約国内に滞在する期間が合計183日を超えないこと。

(b)　報酬が当該他方の締約国の居住者でない雇用者又はこれに代わる者から支払われるものであること。

(c)　報酬が雇用者の当該他方の締約国内に有する恒久的施設によって負担されるものでないこと。

3　1及び2の規定にかかわらず，一方の締約国の企業が国際運輸に運用する船舶又は航空機内において行われる勤務に係る報酬に対しては，当該一方の締約国において租税を課することができる。

第15条

一方の締約国の居住者が他方の締約国の居住者である法人の取締役会の構成員の資格で取得する報酬その他これに類する支払金に対しては，当該他方の締約国において租税を課することができる。（議定書改正）

第16条

1　一方の締約国の居住者である個人が演劇，映画，ラジオ若しくはテレビジョンの俳優，音楽家その他の芸能人又は運動家として他方の締約国内で行う個人的活動によって取得する所得（第7条及び第14条の規定に基づき当該他方の締約国において租税を免除される

所得に対する租税に関する二重課税の回避及び脱税の防止のための日本国政府とアメリカ合衆国政府との間の条約（2013年改正後）

所得に限る。）に対しては，当該他方の締約国において租税を課することができる。ただし，当該芸能人又は運動家がそのような個人的活動によって取得した総収入の額（当該芸能人若しくは運動家に対して弁償される経費又は当該芸能人若しくは運動家に代わって負担される経費を含む。）が当該課税年度において1万合衆国ドル又は日本円によるその相当額を超えない場合は，この限りでない。

2　一方の締約国内で行う芸能人又は運動家としての個人的活動に関する所得が当該芸能人又は運動家以外の者（他方の締約国の居住者に限る。）に帰属する場合には，当該所得に対しては，第7条及び第14条の規定にかかわらず，当該個人的活動が行われる当該一方の締約国において租税を課することができる。ただし，そのような個人的活動に関する契約において，当該所得が帰属する者が当該個人的活動を行う芸能人又は運動家を指名することができる場合は，この限りでない。

第17条

1　次条2の規定が適用される場合を除くほか，一方の締約国の居住者が受益者である退職年金その他これに類する報酬（社会保障制度に基づく給付を含む。）に対しては，当該一方の締約国においてのみ租税を課することができる。

2　一方の締約国の居住者が受益者である保険年金に対しては，当該一方の締約国においてのみ租税を課することができる。この2において「保険年金」とは，適正かつ十分な対価（役務の提供を除く。）に応ずる給付を行う義務に従い，終身にわたり又は特定の若しくは確定することができる期間中，所定の時期において定期的に所定の金額が支払われるものをいう。

3　書面による別居若しくは離婚に関する合意又は別居，離婚等に伴う扶養料等に関する司法上の決定に基づいて行われる配偶者若しくは配偶者であった者又は子に対する定期的な金銭の支払であって，一方の締約国の居住者から他方の締約国の居住者に支払われるものに対しては，当該一方の締約国においてのみ租税を課することができる。ただし，当該支払が，当該一方の締約国において当該支払を行う個人の課税所得の計算上控除することができない場合には，いずれの締約国においても租税を課することができない。

第18条

1 (a)　政府の職務の遂行として一方の締約国又は一方の締約国の地方政府若しくは地方公共団体に対し提供される役務につき，個人に対し当該一方の締約国又は当該一方の締約国の地方政府若しくは地方公共団体によって支払われる給料，賃金その他これらに類する報酬（退職年金その他これに類する報酬を除く。）に対しては，当該一方の締約国においてのみ租税を課することができる。

(b)　もっとも，当該役務が他方の締約国内において提供され，かつ，当該個人が次の(i)又は(ii)に該当する当該他方の締約国の居住者である場合には，その給料，賃金その他これらに類する報酬に対しては，当該他方の締約国においてのみ租税を課することができる。
　(i)　当該他方の締約国の国民
　(ii)　専ら当該役務を提供するため当該他方の締約国の居住者となった者でないもの

2 (a)　一方の締約国又は一方の締約国の地方政府若しくは地方公共団体に対し提供され

る役務につき，個人に対し，当該一方の締約国若しくは当該一方の締約国の地方政府若しくは地方公共団体によって支払われ，又は当該一方の締約国若しくは当該一方の締約国の地方政府若しくは地方公共団体が拠出した基金から支払われる退職年金その他これに類する報酬（社会保障に関する法令又はこれに類する法令の規定に基づき合衆国によって支払われる給付を除く。）に対しては，当該一方の締約国においてのみ租税を課すことができる。

(b) もっとも，当該個人が他方の締約国の居住者であり，かつ，当該他方の締約国の国民である場合には，当該退職年金その他これに類する報酬に対しては，当該他方の締約国においてのみ租税を課することができる。

3 一方の締約国又は一方の締約国の地方政府若しくは地方公共団体の行う事業に関連して提供される役務につき支払われる給料，賃金その他これらに類する報酬及び退職年金その他これに類する報酬については，第14条から前条までの規定を適用する。

第19条

教育又は訓練を受けることを主たる目的として一方の締約国内に滞在する学生又は事業修習者であって，現に他方の締約国の居住者であるもの又はその滞在の直前に他方の締約国の居住者であったものがその生計，教育又は訓練のために受け取る給付（当該一方の締約国外から支払われる給付に限る。）については，当該一方の締約国において租税を免除する。この条に規定する租税の免除は，事業修習者については，当該一方の締約国において最初に訓練を開始した日から1年を超えない期間についてのみ適用する。

第20条（削除：議定書改正）

第21条

1 一方の締約国の居住者が受益者である所得（源泉地を問わない。）で前各条に規定がないもの（以下「その他の所得」という。）に対しては，当該一方の締約国においてのみ租税を課することができる。

2 1の規定は，一方の締約国の居住者である所得（不動産から生ずる所得を除く。）の受益者が，他方の締約国内において当該他方の締約国内にある恒久的施設を通じて事業を行う場合において，当該所得の支払の基因となった権利又は財産が当該恒久的施設と実質的関連を有するものであるときは，当該所得については，適用しない。この場合には，第七条の規定を適用する。

3 その他の所得の支払の基因となった権利又は財産について考慮した場合において，1に規定する一方の締約国の居住者と支払者との間又はその双方と第三者との間の特別の関係により，当該その他の所得の額が，その関係がないとしたならば当該居住者及び当該支払者が合意したとみられる額を超えるときは，この条の規定は，その合意したとみられる額についてのみ適用する。この場合には，支払われた額のうち当該超過分に対しては，当該その他の所得が生じた締約国において当該超過分の額の5パーセントを超えない額の租税を課することができる。

4 一方の締約国の居住者がある権利又は財産に関して他方の締約国の居住者からその他

所得に対する租税に関する二重課税の回避及び脱税の防止のための日本国政府と
アメリカ合衆国政府との間の条約（2013年改正後）

の所得の支払を受ける場合において，次の(a)及び(b)に該当する者が当該権利又は財産と同一の権利又は財産に関して当該一方の締約国の居住者からその他の所得の支払を受けないとしたならば，当該一方の締約国の居住者が当該権利又は財産に関して当該他方の締約国の居住者からその他の所得の支払を受けることはなかったであろうと認められるときは，当該一方の締約国の居住者は，当該その他の所得の受益者とはされない。
(a) 当該他方の締約国内において生ずるその他の所得に関し，当該一方の締約国の居住者に対してこの条約により認められる特典と同等の又はそのような特典よりも有利な特典を受ける権利を有しないこと。
(b) いずれの締約国の居住者でもないこと。

第22条

1 一方の締約国の居住者で他方の締約国において所得を取得するものは，この条約の特典を受けるために別に定める要件を満たし，かつ，次の(a)から(f)までに掲げる者のいずれかに該当する場合に限り，各課税年度において，この条約の特典（この条約の他の条の規定により締約国の居住者に対して認められる特典に限る。以下この条において同じ。）を受ける権利を有する。ただし，この条約の特典を受けることに関し，この条に別段の定めがある場合は，この限りでない。
(a) 個人
(b) 当該一方の締約国，当該一方の締約国の地方政府若しくは地方公共団体，日本銀行又は連邦準備銀行
(c) 法人のうち，次の(i)又は(ii)に該当するもの
 (i) その主たる種類の株式及び不均一分配株式が，5(b)(i)又は(ii)に規定する公認の有価証券市場に上場又は登録され，かつ，1又は2以上の公認の有価証券市場において通常取引される法人
 (ii) その各種類の株式の50パーセント以上が，5以下の当該一方の締約国の居住者である(i)に規定する法人により直接又は間接に所有されている法人（その株式が間接に所有されている場合には，各中間所有者がこの1に規定する者のみである法人に限る。）
(d) 第4条1(c)に規定する者
(e) 年金基金（当該課税年度の直前の課税年度の終了の日においてその受益者，構成員又は参加者の50パーセントを超えるものがいずれかの締約国の居住者である個人である年金基金に限る。）
(f) 個人以外の者で次の(i)及び(ii)の要件を満たすもの
 (i) その者の各種類の株式その他の受益に関する持分の50パーセント以上が(a)，(b)，(c)(i)，(d)又は(e)に掲げる当該一方の締約国の居住者により直接又は間接に所有されていること。
 (ii) 当該課税年度におけるその者の総所得のうちに，その者が居住者とされる締約国におけるその者の課税所得の計算上控除することができる支出により，いずれの締約国の居住者にも該当しない者に対し，直接又は間接に支払われた，又は支払われるべきものの額の占める割合が，50パーセント未満であること。ただし，当該支出には，事業の通常の方法において行われる役務又は有体財産に係る支払（独立の企業の間に設けられる価格に

よる支払に限る。）及び商業銀行に対する金融上の債務に係る支払（当該銀行がいずれの締約国の居住者でもない場合には，当該支払に係る債権がいずれかの締約国内にある当該銀行の恒久的施設に帰せられるときに限る。）は含まれない。

2 (a) 一方の締約国の居住者は，他方の締約国において取得するそれぞれの所得に関し，当該居住者が当該一方の締約国内において営業又は事業の活動に従事しており，当該所得が当該営業又は事業の活動に関連又は付随して取得されるものであり，及び当該居住者がこの条約の特典を受けるために別に定める要件を満たすことを条件として，この条約の特典を受ける権利を有する。ただし，当該営業又は事業の活動が，当該居住者が自己の勘定のために投資を行い又は管理する活動（商業銀行，保険会社又は登録を受けた証券会社が行う銀行業，保険業又は証券業の活動を除く。）である場合は，この限りでない。

(b) 一方の締約国の居住者が，他方の締約国内における営業若しくは事業の活動から所得を取得する場合又は当該居住者と第9条1(a)若しくは(b)にいう関係を有する者から他方の締約国内において生ずる所得を取得する場合には，当該居住者が当該一方の締約国内において行う営業又は事業の活動が，当該居住者又は当該関係を有する者が当該他方の締約国内において行う営業又は事業の活動との関係において実質的なものでなければ，当該所得について(a)に規定する条件を満たすこととはならない。この b)の規定の適用上，営業又は事業の活動が実質的なものであるか否かは，すべての事実及び状況に基づいて判断される。

3 源泉徴収による課税について1(c)(ii)の規定を適用する場合には，一方の締約国の居住者が，その所得の支払が行われる日（配当については，当該配当の支払を受ける者が特定される日）が課税年度終了の日である場合には当該課税年度を通じて，当該支払が行われる日が課税年度終了の日以外の日である場合には当該課税年度中の当該支払が行われる日に先立つ期間及び当該課税年度の直前の課税年度を通じて，1(c)(ii)に規定する要件を満たしているときに，当該居住者は当該支払が行われる課税年度について当該要件を満たすものとする。

(b) 1(f)(i)の規定を適用する場合には，次に定めるところによる。

(i) 源泉徴収による課税については，一方の締約国の居住者が，その所得の支払が行われる日（配当については，当該配当の支払を受ける者が特定される日）が課税年度終了の日である場合には当該課税年度を通じて，当該支払が行われる日が課税年度終了の日以外の日である場合には当該課税年度中の当該支払が行われる日に先立つ期間及び当該課税年度の直前の課税年度を通じて，1(f)(i)に規定する要件を満たしているときに，当該居住者は当該支払が行われる課税年度について当該要件を満たすものとする。

(ii) その他のすべての場合については，一方の締約国の居住者は，その所得の支払が行われる課税年度の総日数の半数以上の日において1(f)(i)に規定する要件を満たしているときに，当該支払が行われる課税年度について当該要件を満たすものとする。

(c) 日本国における源泉徴収による課税について1(f)(ii)の規定を適用する場合には，合衆国の居住者は，その所得の支払が行われる課税年度の直前の3課税年度について1(f)(ii)に規定する要件を満たしているときに，当該支払が行われる課税年度について当該要件を満たすものとする。

4 一方の締約国の居住者は，1(a)から(f)までに掲げる者のいずれにも該当せず，かつ，

所得に対する租税に関する二重課税の回避及び脱税の防止のための日本国政府とアメリカ合衆国政府との間の条約（2013年改正後）

2の規定に基づきある所得についてこの条約の特典を受ける権利を有する場合に該当しないときにおいても，この条約により認められる特典についての要求を受ける締約国の権限のある当局が，当該締約国の法令又は行政上の慣行に従って，当該居住者の設立，取得又は維持及びその業務の遂行がこの条約の特典を受けることをその主たる目的の一つとするものでないと認定するときは，この条約の特典を受けることができる。

5　この条の適用上，
(a)　「不均一分配株式」とは，一方の締約国の居住者である法人の株式で，その条件その他の取決め内容により，当該株式を所有する者が，当該条件その他の取決め内容が定められていないとした場合に比し，当該法人が他方の締約国において取得する所得の分配をより多く受ける権利を有するものをいう。
(b)　「公認の有価証券市場」とは，次のものをいう。
　(i)　日本国の金融商品取引法（昭和23年法律第25号）に基づき設立された有価証券市場（下線部分議定書一部改正）
　(ii)　ナスダック市場及び合衆国の1934年証券取引法に基づき証券取引所として証券取引委員会に登録された有価証券市場
　(iii)　その他の有価証券市場で両締約国の権限のある当局が合意するもの
(c)　「総所得」とは，一方の締約国の居住者がその事業から取得する総収入の額から当該収入を得るために直接に要した費用の額を差し引いた残額をいう。

第23条

1 (a)　日本国の居住者がこの条約の規定に従って合衆国において租税を課される所得を合衆国内において取得する場合には，当該所得について納付される合衆国の租税の額は，日本国以外の国において納付される租税を日本国の租税から控除することに関する日本国の法令の規定に従い，当該居住者に対して課される日本国の租税の額から控除する。ただし，控除の額は，当該所得に対応する日本国の租税の額を超えないものとする。この(a)の規定の適用上，日本国の居住者が受益者である所得でこの条約の規定に従って合衆国において租税を課されるものは，合衆国内の源泉から生じたものとみなす。
(b)　合衆国内において取得される所得が，配当であって，合衆国の居住者である法人により当該法人の発行済株式の10パーセント以上を当該配当の支払義務が確定する日に先立つ6か月の期間を通じて所有する日本国の居住者である法人に対して支払われるものである場合には，当該配当は，日本国の租税の課税標準から配当を除外することに関する日本国の法令の規定（株式の所有に関する要件に係る規定を除く。）に従い，日本国の租税の課税標準から除外される。（下線部分議定書改正）
2　合衆国は，合衆国の法令（その一般原則を変更することなく随時行われる改正の後のものを含む。）の規定及び当該法令上の制限に従い，合衆国の居住者又は市民に対し，次のものを合衆国の租税から控除することを認める。
(a)　当該市民若しくは居住者又はこれらに代わる者により支払われた，又は支払われるべき日本国の租税
(b)　合衆国の居住者である法人で，日本国の居住者である法人の議決権のある株式の10パーセント以上を所有し，当該日本国の居住者である法人から配当の支払を受けるものに

については，当該配当に充てられる利得に関して当該日本国の居住者である法人又はこれに代わる者により支払われた，又は支払われるべき日本国の租税

　この２の規定の適用上，第２条１(a)及び２に規定する租税は，当該所得の受益者に課された日本国の租税とみなす。この２の規定の適用上，合衆国の居住者が取得する合衆国の法令に基づき総所得の項目とされる所得で，この条約の規定に従って日本国において租税を課されるものは，日本国内に源泉があるものとみなす。

3　１及び２の規定の適用上，第１条４の規定に従い，合衆国が日本国の居住者である合衆国の市民又は市民であった者若しくは長期居住者とされる者に対して租税を課する場合には，次に定めるところによる。

(a)　日本国は，１の規定に従って行われる控除の額の計算上，合衆国が合衆国の市民又は市民であった者若しくは長期居住者とされる者でない日本国の居住者が取得した所得に対しこの条約の規定に従って課することができる租税の額のみを考慮に入れるものとする。

(b)　(a)に規定する所得に対する合衆国の租税の計算上，合衆国は，(a)の規定に従って控除を行った後の日本国の租税を合衆国の租税から控除することを認める。そのようにして認められた控除は，(a)の規定に従って日本国の租税から控除される合衆国の租税の額を減額させないものとする。

(c)　(a)に規定する所得は，(b)の規定に従って合衆国が控除を認める場合においてのみ，当該控除を認めるために必要な範囲に限り，日本国内において生じたものとみなす。

第24条

1　一方の締約国の国民は，他方の締約国において，特にすべての所得（当該一方の締約国内に源泉のある所得であるか否かを問わない。）について租税を課される者であるか否かに関し，同様の状況にある当該他方の締約国の国民に課されており若しくは課されることがある租税若しくはこれに関連する要件以外の又はこれらよりも重い租税若しくはこれに関連する要件を課されることはない。この１の規定は，いずれの締約国の居住者でもない者にも，適用する。

2　一方の締約国の企業が他方の締約国内に有する恒久的施設に対する租税は，当該他方の締約国において，同様の活動を行う当該他方の締約国の企業に対して課される租税よりも不利に課されることはない。

この２の規定は，一方の締約国に対し，家族の状況又は家族を扶養するための負担を理由として当該一方の締約国の居住者に認める租税上の人的控除，救済及び軽減を他方の締約国の居住者に認めることを義務付けるものと解してはならない。

3　第９条１，第11条６，第12条４又は第21条３の規定が適用される場合を除くほか，一方の締約国の居住者が他方の締約国の居住者に支払った利子，使用料その他の支払金については，当該一方の締約国の居住者の課税対象利得の決定に当たって，当該一方の締約国の居住者に支払われたとした場合における条件と同様の条件で控除するものとする。また，一方の締約国の居住者の他方の締約国の居住者に対する債務については，当該一方の締約国の居住者の課税対象財産の決定に当たって，当該一方の締約国の居住者に対する債務であるとした場合における条件と同様の条件で控除するものとする。（議定書一部改正）

4　一方の締約国の企業であってその資本の全部又は一部が他方の締約国の一又は二以上

所得に対する租税に関する二重課税の回避及び脱税の防止のための日本国政府とアメリカ合衆国政府との間の条約（2013 年改正後）

の居住者により直接又は間接に所有され又は支配されているものは，当該一方の締約国において，当該一方の締約国の類似の他の企業に課されており若しくは課されることがある租税若しくはこれに関連する要件以外の又はこれらよりも重い租税若しくはこれに関連する要件を課されることはない。

5　この条のいかなる規定も，いずれかの締約国が第 10 条 9 に規定する租税を課することを妨げるものと解してはならない。（議定書一部改正）

6　この条の規定は，第 2 条及び第 3 条 1(d)の規定にかかわらず，一方の締約国又は一方の締約国の地方政府若しくは地方公共団体によって課されるすべての種類の租税に適用する。

第 25 条

1　一方の又は双方の締約国の措置によりこの条約の規定に適合しない課税を受けたと認める者又は受けることになると認める者は，当該事案について，当該一方の又は双方の締約国の法令に定める救済手段とは別に，自己が居住者である締約国の権限のある当局に対して又は当該事案が前条 1 の規定の適用に関するものである場合には自己が国民である締約国の権限のある当局に対して，申立てをすることができる。当該申立ては，この条約の規定に適合しない課税に係る措置の最初の通知の日から 3 年以内に，しなければならない。

2　権限のある当局は，1 の申立てを正当と認めるが，満足すべき解決を与えることができない場合には，この条約の規定に適合しない課税を回避するため，他方の締約国の権限のある当局との合意によって当該事案を解決するよう努める。成立したすべての合意は，両締約国の法令上のいかなる期間制限その他の手続上の制限（当該合意を実施するための手続上の制限を除く。）にもかかわらず，実施されなければならない。

3　両締約国の権限のある当局は，この条約の解釈又は適用に関して生ずる困難又は疑義を合意によって解決するよう努める。特に，両締約国の権限のある当局は，次の事項について合意することができる。

(a)　一方の締約国の企業が他方の締約国内に有する恒久的施設への所得，所得控除，税額控除その他の租税の減免の帰属

(b)　2 以上の者の間における所得，所得控除，税額控除その他の租税の減免の配分

(c)　この条約の適用に関する相違（次に掲げる事項に関する相違を含む。）の解消
　　(i)　特定の所得の分類
　　(ii)　者の分類
　　(iii)　特定の所得に対する源泉に関する規則の適用
　　(iv)　この条約において用いられる用語の意義

(d)　事前価格取決め

両締約国の権限のある当局は，また，この条約に定めのない場合における二重課税を除去するため，相互に協議することができる。

4　両締約国の権限のある当局は，2 及び 3 の合意に達するため，直接相互に通信することができる。

（以下：議定書改正）

5　この条の規定に従い，一方又は双方の締約国の措置によりある者がこの条約の規定に

適合しない課税を受けた事案について，当該者が自己が居住者である締約国（当該事案が前条1の規定の適用に関するものである場合には，自己が国民である締約国）の権限のある当局に対して申立てをし，かつ，両締約国の権限のある当局が当該事案を解決するための合意に達することができない場合において，次の(a)及び(b)に定める要件が満たされるときは，当該事案は，この5，6及び7並びに両締約国の権限のある当局が7(i)の規定に従って合意する規則又は手続に定める方法及び要件に従って行われる仲裁を通じて解決される。

(a) 当該事案について申立てをした者が，その申立てをした権限のある当局に対し，当該事案の仲裁による解決を要請する書面を提出したこと。

(b) 全ての関係者及び権限を与えられたその代理人が，仲裁手続の過程においていずれかの締約国の権限のある当局又は仲裁のための委員会から受領した情報（仲裁のための委員会の決定を除く。）を他の関係者以外のいかなる者に対しても開示しない旨を表明した書面を提出したこと。

6　5の規定にかかわらず，次のいずれかに該当する場合には，事案は仲裁に付託されない。

(a) 当該事案についていずれかの締約国の裁判所又は行政審判所が既に決定を行った場合

(b) 両締約国の権限のある当局が，当該事案が仲裁による解決に適しない旨を合意し，かつ，その旨を当該事案について申立てをした者に対して開始日の後2年以内に通知した場合

(c) 当該事案が3の最終文の規定のみの対象である場合

7　5，6及びこの7の規定の適用上，次の規則及び定義を適用する。

(a) 「関係者」とは，権限のある当局に対しこの条の規定に基づく検討のために事案について申立てをした者及び当該検討に基づく両締約国の権限のある当局の合意によっていずれかの締約国に対する納税義務が直接に影響を受ける可能性のある他の全ての者をいう。

(b) ある事案に係る「開始日」とは，両締約国の権限のある当局の合意のための実質的な検討を開始するために必要な情報を両締約国の権限のある当局が受領した最初の日をいう。

(c) ある事案（(d)に規定する事案を除く。）に関するこの条の規定に基づく仲裁手続は，次のいずれか遅い日に開始される。

（i）当該事案に係る開始日の後2年を経過した日（両締約国の権限のある当局が異なる日とすることについて合意し，かつ，その旨を当該事案について申立てをした者に対して通知した場合は，当該異なる日）

（ii）5及び5(b)に定める要件が満たされた最初の日

(d) 事前価格取決めの要請の対象である事案に関するこの条の規定に基づく仲裁手続は，次のいずれか遅い日に開始される。

（i）いずれかの締約国の税務当局がある関係者に関する事前価格取決めの要請の対象となる取引又は移転の価格の更正について又は当該価格の調整の意図について正式な通知を発出した日の後6か月を経過した日（両締約国の権限のある当局が異なる日とすることについて合意し，かつ，その旨を当該事案について申立てをした者に対して通知した場合は，当該異なる日）

（ii）5(a)及び5(b)に定める要件が満たされた最初の日

所得に対する租税に関する二重課税の回避及び脱税の防止のための日本国政府とアメリカ合衆国政府との間の条約（2013年改正後）

　ただし，いかなる場合においても，仲裁手続は，事前価格取決めに関する両締約国の権限のある当局の合意のための実質的な検討を開始するために必要な情報を両締約国の権限のある当局が受領した日の後２年を経過するまでは，開始しない。
(e)　仲裁のための委員会の決定は，事案について申立てをした者が当該決定を受け入れない場合を除くほか，当該申立てをした者が所定の期間内に当該決定を受け入れた時において，この条の規定に基づく両締約国の権限のある当局の合意による当該事案全体の解決とみなされ，かつ，両締約国を拘束する。仲裁のための委員会の決定による解決は，両締約国の法令上のいかなる期間制限又は手続上の制限（当該解決を実施するための手続上の制限を除く。）にもかかわらず，実施されなければならない。
(f)　５及びこの７の規定に基づく仲裁手続の適用上，仲裁のための委員会の構成員及びそれらの職員は，次条の規定に基づき情報の開示を受けることができる者又は当局とみなされる。
(g)　仲裁手続に関連する情報（仲裁のための委員会の決定を含む。）は，この条約及び両締約国の法令によって開示することが認められる場合を除くほか，両締約国の権限のある当局によって開示されない。さらに，仲裁手続の過程において作成され，又は仲裁手続に関連する全ての資料は，次条の規定に従って両締約国の権限のある当局の間で交換された情報とみなされる。
(h)　両締約国の権限のある当局は，仲裁のための委員会の全ての構成員及びそれらの職員が，各締約国の権限のある当局に対して送付する書面により，仲裁手続に関連する情報（仲裁のための委員会の決定を含む。）を開示しないこと並びに次条に規定する秘密及び不開示に関する規定並びにこれに類似する両締約国の関係法令の規定に従うことに合意することを確保する。当該書面は，これらの者が仲裁のための委員会の職務を遂行することを受け入れる旨の記述も含むものでなければならない。この(h)の規定にかかわらず，仲裁のための委員会の構成員又はそれらの職員は，両締約国の権限のある当局に対して仲裁のための委員会の決定を開示する。
(i)　両締約国の権限のある当局は，最初の仲裁手続が開始される日の前に，次に掲げる事項に関する５，６及びこの７の規定と整合的な期間及び手続について，書面によって合意する。
　(i)　(c)(i)及び(d)(i)の規定に基づき仲裁手続が開始される日が変更された場合において，その変更された日を事案について申立てをした者に対して通知すること。
　(ii)　事前価格取決めに関連する仲裁の適切な適用（事前価格取決めに関して仲裁手続が開始される日に関する規則を含む。）
　(iii)　関係者，権限を与えられたその代理人及び仲裁のための委員会の構成員（それらの職員を含む。）のそれぞれから，５(b)及び７(h)の規定によって求められる不開示に関する表明を取得すること。
　(iv)　仲裁のための委員会の構成員の任命
　(v)　両締約国の権限のある当局による仲裁のための委員会への解決案，意見書及び応答書の提出
　(vi)　事案について申立てをした者が，仲裁のための委員会による検討のために，当該事案についての自己の意見及び分析を記載した書面を提出すること。

(vii) 仲裁のための委員会による両締約国の権限のある当局への決定の送付
(viii) 事案について申立てをした者による仲裁のための委員会の決定の受入れ又は拒否
(ix) 仲裁のための委員会によるその任務の遂行のために必要な追加的な手続の採用
　両締約国の権限のある当局は，5，6及びこの7の規定を効果的かつ適時に実施するために必要な他の規則及び手続について，書面によって合意することができる。

第26条

1　両締約国の権限のある当局は，この条約の規定の実施又は両締約国が課する全ての種類の租税に関する両締約国の法令（当該法令に基づく課税がこの条約の規定に反しない場合に限る。）の運用若しくは執行に関連する情報を交換する。情報の交換は，第1条1及び第2条の規定による制限を受けない。一方の締約国の権限のある当局から特に要請があった場合には，他方の締約国の権限のある当局は，文書（帳簿書類，財務諸表，記録，計算書及び書面を含む。）の原本の写しに認証を付した形式で，この条の規定に基づく情報の提供を行う。（下線部議定書改正）

2　1の規定に基づき一方の締約国が受領した情報は，当該一方の締約国がその法令に基づいて入手した情報と同様に秘密として取り扱うものとし，1に規定する租税の賦課，徴収若しくは管理，これらの租税に関する執行若しくは訴追，これらの租税に関する不服申立てについての決定又はこれらの監督に関与する者又は当局（裁判所及び行政機関を含む。）に対してのみ，開示される。これらの者又は当局は，当該情報をそのような目的のためにのみ使用する。これらの者又は当局は，当該情報を公開の法廷における審理又は司法上の決定において開示することができる。（議定書改正により旧規定の一部削除）

3　1及び2の規定は，いかなる場合にも，一方の締約国に対し，次のことを行う義務を課するものと解してはならない。

(a) 当該一方の締約国又は他方の締約国の法令及び行政上の慣行に抵触する行政上の措置をとること。

(b) 当該一方の締約国又は他方の締約国の法令の下において又は行政の通常の運営において入手することができない情報を提供すること。

(c) 営業上，事業上，産業上，商業上若しくは職業上の秘密若しくは取引の過程を明らかにするような情報又は公開することが公の秩序に反することとなる情報を提供すること。

(d) 弁護士その他の法律事務代理人がその依頼者との間で行う次のいずれかの通信の内容を明らかにする情報を入手し，又は提供すること。((d)改正議定書により追加)
　(i) 法的な助言を求め，又は提供するために行われる通信
　(ii) その内容を進行中の又は予定される法的な手続において使用するために行われる通信

4　一方の締約国は，他方の締約国がこの条の規定に従って当該一方の締約国に対し情報の提供を要請する場合には，自己の課税目的のために必要でないときであっても，当該情報を入手するために必要な手段を講ずる。一方の締約国がそのような手段を講ずるに当たっては，3に定める制限に従うが，その制限は，いかなる場合にも，当該情報が自己の課税目的のために必要でないことのみを理由としてその提供を拒否することを認めるものと解してはならない。（議定書により改正）

5 3の規定は，提供を要請された情報が銀行その他の金融機関，名義人，代理人若しくは受託者が有する情報又はある者の所有に関する情報であることのみを理由として，一方の締約国が情報の提供を拒否することを認めるものと解してはならない。（2003年交換公文8より移行）

第27条（全文改正）

1 両締約国は，この条の規定に従い，租税（その課税がこの条約又は両締約国が当事国となっている他の協定の規定に反しない場合に限る。）並びに利子，徴収の費用，当該租税に対する附加税及び当該租税に関連する民事上又は行政上の金銭罰（以下この条において「租税債権」という。）の徴収につき相互に支援を行う。この支援は，第1条1及び第2条の規定による制限を受けない。一方の締約国は，当該一方の締約国の法令によって認められる範囲においてのみ，支援を行う。

2 1に規定する支援は，次に掲げる租税債権の徴収についてのみ行われる。
(a) 法人に係る租税債権で次のいずれかの場合に該当するもの
 (i) 当該租税債権の決定が第25条の規定に従い両締約国の権限のある当局の合意のための手続によって解決される対象とならない場合
 (ii) 当該租税債権の決定について第25条の規定に従い両締約国の権限のある当局が合意した場合
 (iii) 当該法人が当該租税債権の決定に関する両締約国の権限のある当局の合意のための手続を終了させた場合
(b) 個人に係る租税債権。ただし，支援の要請が受領された時において当該個人が支援を要請された締約国（以下「被要請国」という。）の国民である場合には，当該個人又はこれに代わる者が当該租税債権に関し次のいずれかの行為を行ったときに限る。
 (i) 詐欺的な租税の申告又は詐欺的な還付請求
 (ii) 租税を免れるために故意に租税の申告を怠ること。
 (iii) 当該租税債権の徴収の回避を目的とする被要請国への資産の移転

3 2の規定にかかわらず，1に規定する支援は，この条約に基づいて認められる租税の免除又は税率の軽減が，このような特典を受ける権利を有しない者によって享受されることがないようにするために必要な租税債権の徴収について行われる。ただし，被要請国が，特典が不当に付与されたと認定することに同意する場合に限る。

4 この条の規定は，第2条に規定する租税及び次の租税に係る租税債権についてのみ適用する。
(a) 日本国については，
 (i) 消費税
 (ii) 相続税
 (iii) 贈与税
(b) 合衆国については，
 (i) 連邦遺産税及び連邦贈与税
 (ii) 外国保険業者の発行した保険証券に対する連邦消費税
 (iii) 民間財団に関する連邦消費税

(iv) 被用者及び自営業者に関する連邦税

5 租税債権の徴収（3に規定する租税債権の徴収を除く。）における支援の要請には，支援を要請する締約国（以下「要請国」という。）の法令の下において当該租税債権が最終的に決定されたものであることについての要請国の権限のある当局の証明を付する。この条の規定の適用上，租税債権は，要請国が自国の法令に基づき当該租税債権を徴収する権利を有し，かつ，当該租税債権に関する争訟のために納税者が行使することができる行政上及び司法上の全ての権利が消滅し，又は尽くされた場合に，最終的に決定されたものとする。

6 要請国からの支援の要請がこの条の規定に基づき被要請国によって徴収のために受理された場合には，要請国の租税債権は，被要請国の法令に基づく徴収のために必要な限りにおいて，要請が受領された時において被要請国の法令に基づき確定した租税債権として取り扱われるものとし，被要請国の租税債権の徴収に適用される法令に従い，被要請国の租税債権を徴収する場合と同様に徴収されるものとする。

7 6の規定にかかわらず，支援の要請に従い被要請国がとった徴収のための措置であって，要請国の法令によれば，要請国が当該措置をとった場合に要請国において租税債権の徴収の時効を停止し，又は中断する効果を有することとなるものは，当該租税債権に関して，要請国の法令の下においても同様の効果を有する。被要請国は，当該措置について要請国に通報する。

8 被要請国による支援が行われている租税債権は，被要請国において，被要請国の法令の下で租税債権であるとの理由により適用される時効の対象とされず，かつ，その理由により適用される優先権を与えられない。

9 この条のいかなる規定も，要請国の最終的に決定された租税債権に関し，いずれかの締約国の法令の下において行政上又は司法上の審査を受ける権利が認められているか否かにかかわらず，被要請国においてそのような権利を生じさせ，又は付与するものと解してはならない。

10 この条の規定に基づく支援の要請が実施されている間に，要請国が，自国の法令に基づき，要請の対象である租税債権を徴収する権利を喪失し，又はその徴収を終了する場合には，要請国の権限のある当局は，徴収における支援の要請を速やかに撤回し，被要請国は，当該租税債権の徴収に係る全ての措置を終了する。

11 この条の規定に基づく支援の要請が実施されている間に，要請国が自国の法令に従い要請の対象である租税債権の徴収を停止する場合には，要請国の権限のある当局は，被要請国の権限のある当局に対してその旨を速やかに通報し，被要請国の権限のある当局の選択により当該要請を停止し，又は撤回するものとし，被要請国は，これに従って当該租税債権の徴収に係る全ての措置を停止し，又は終了する。

12 この条の規定に基づき被要請国が徴収した額は，要請国の権限のある当局に送金される。

13 両締約国の権限のある当局が別段の合意をする場合を除くほか，徴収における支援を行うに当たり生じた通常の費用は被要請国が負担し，特別の費用は要請国が負担する。

14 この条の規定は，いかなる場合にも，被要請国に対し，次のことを行う義務を課するものと解してはならない。

所得に対する租税に関する二重課税の回避及び脱税の防止のための日本国政府と
アメリカ合衆国政府との間の条約（2013年改正後）

(a) 被要請国又は要請国の法令及び行政上の慣行に抵触する行政上の措置をとること。
(b) 公の秩序に反することとなる措置をとること。
15 この条の規定は，いかなる場合にも，被要請国に対し，次のいずれかに該当するときに要請国からの要請を受理する義務を課するものと解してはならない。
(a) 要請国が支援の要請の対象となる租税債権を徴収するために自国の法令又は行政上の慣行の下においてとることができる全ての適当な措置をとっていないとき。
(b) 要請国が得る利益に比して被要請国の行政上の負担が著しく不均衡であるとき。
16 この条の規定（3の規定を除く。）に基づいて支援が行われる前に，両締約国の権限のある当局は，この条の規定の実施方法（各締約国に対する支援の程度の均衡を確保するための合意を含む。）について合意する。特に，両締約国の権限のある当局は，一方の締約国が特定の年において行うことができる支援の要請の数の上限，支援を要請することができる租税債権の最低金額及びこの条の規定に基づいて徴収された額の送金に関する手続規則について合意する。

第28条
　この条約のいかなる規定も，国際法の一般原則又は特別の協定に基づく外交使節団又は領事機関の構成員の租税上の特権に影響を及ぼすものではない。

第29条
　一方の締約国が他方の締約国においてこの条約に関連する法令に実質的な改正が行われたと認める場合又は行われることとなると認める場合には，当該一方の締約国は，当該改正がこの条約上の特典の均衡に及ぼし得る効果を決定するため，及び適当な場合にはこの条約上の特典について適当な均衡に到達するためにこの条約の規定を改正するため，当該他方の締約国に対し書面により協議の要請をすることができる。当該要請を受けた締約国は，当該要請を受けた日から3箇月以内に，当該要請をした締約国と協議を行う。

第30条
1　この条約は，批准されなければならない。批准書は，できる限り速やかに交換されるものとする。この条約は，批准書の交換の日に効力を生ずる。
2　この条約は，次のものについて適用する。
(a) 日本国においては，
　(i) 源泉徴収される租税に関しては，
　　(aa) この条約がある年の3月31日以前に効力を生ずる場合には，その年の7月1日以後に租税を課される額
　　(bb) この条約がある年の4月1日以後に効力を生ずる場合には，その年の翌年の1月1日以後に租税を課される額
　(ii) 源泉徴収されない所得に対する租税及び事業税に関しては，この条約が効力を生ずる年の翌年の1月1日以後に開始する各課税年度の所得
(b) 合衆国においては，
　(i) 源泉徴収される租税に関しては，

(aa)　この条約がある年の3月31日以前に効力を生ずる場合には，その年の7月1日以後に支払われ又は貸記される額
　(bb)　この条約がある年の4月1日以後に効力を生ずる場合には，その年の翌年の1月1日以後に支払われ又は貸記される額
　(ii)　その他の租税に関しては，この条約が効力を生ずる年の翌年の1月1日以後に開始する各課税期間
3　この条約の効力発生の時において1971年3月8日に東京で署名された所得に対する租税に関する二重課税の回避及び脱税の防止のための日本国とアメリカ合衆国との間の条約（以下この条において「旧条約」という。）第19条又は第20条の規定による特典を受ける権利を有する個人は，この条約が効力を生じた後においても，旧条約がなお効力を有するとした場合に当該特典を受ける権利を失う時まで当該特典を受ける権利を引き続き有する。
4　旧条約は，1及び2の規定に従ってこの条約が適用される租税につき，この条約の適用の日以後，適用しない。ただし，旧条約により特典を受ける権利がこの条約により特典を受ける権利より一層有利な者については，その者の選択により，旧条約の適用を選択しなかったとしたならば2の規定によりこの条約が適用されたであろう日から12箇月の間，旧条約を全体として引き続き適用する。旧条約は，租税に関しこの4の規定に従って適用される最後の日に終了する。

第31条

　この条約は，一方の締約国によって終了させられる時まで効力を有する。いずれの一方の締約国も，この条約の効力発生の日から五年の期間が満了した後に，外交上の経路を通じて，他方の締約国に対し6箇月前に書面による終了の通告を行うことにより，この条約を終了させることができる。この場合には，この条約は，次のものにつき効力を失う。
(a)　日本国においては，
　(i)　源泉徴収される租税に関しては，当該6箇月の期間が満了した年の翌年の1月1日以後に租税を課される額
　(ii)　源泉徴収されない所得に対する租税及び事業税に関しては，当該6箇月の期間が満了した年の翌年の1月1日以後に開始する各課税年度の所得
(b)　合衆国においては，
　(i)　源泉徴収される租税に関しては，当該6箇月の期間が満了した年の翌年の1月1日以後に支払われ又は貸記される額
　(ii)　その他の租税に関しては，当該6箇月の期間が満了した年の翌年の1月1日以後に開始する各課税期間
　以上の証拠として，下名は，各自の政府から正当に委任を受けてこの条約に署名した。
　2003年11月6日にワシントンで，ひとしく正文である日本語及び英語により本書二通を作成した。

日本国政府のために
加藤良三

所得に対する租税に関する二重課税の回避及び脱税の防止のための日本国政府とアメリカ合衆国政府との間の条約（2013年改正後）

アメリカ合衆国政府のために
ジョン・W・スノー

改正議定書第15条

1 この議定書は、批准されなければならない。批准書は、できる限り速やかに交換されるものとする。この議定書は、批准書の交換の日に効力を生ずる。

2 この議定書は、次のものについて適用する。

(a) 源泉徴収される租税に関しては、この議定書が効力を生ずる日の3か月後の日の属する月の初日以後に支払われ、又は貸記される額

(b) その他の租税に関しては、この議定書が効力を生ずる年の翌年の1月1日以後に開始する各課税年度

3 2の規定にかかわらず、第11条の規定によって改正される条約第25条5から7までの規定は、次のものについて適用する。

(a) この議定書が効力を生ずる日において両締約国の権限のある当局が検討を行っている事案。当該事案に係る開始日は、この議定書が効力を生ずる日とする。

(b) この議定書が効力を生ずる日の後に検討が行われる事案

4 2の規定にかかわらず、第12条の規定によって改正される条約第26条及び第13条の規定によって改正される条約第27条の規定は、この議定書が効力を生ずる日から適用する。

5 この議定書の効力発生の時において条約第20条の規定によって認められる特典を受ける権利を有する個人は、この議定書が効力を生じた後においても、この議定書が効力を生じなかった場合に当該特典を受ける権利を失う時まで当該特典を受ける権利を引き続き有する。

6 この議定書は、条約が有効である限り効力を有する。

議定書 (2013年改正後)

　所得に対する租税に関する二重課税の回避及び脱税の防止のための日本国政府とアメリカ合衆国政府との間の条約（以下「条約」という。）の署名に当たり，日本国政府及びアメリカ合衆国政府は，条約の不可分の一部を成す次の規定を協定した。
1　条約第2条の規定にかかわらず，
(a)　外国保険業者の発行した保険証券に対する連邦消費税は，日本国の企業が行う保険事業の収入となる保険料（当該企業が負担する当該保険料に係る危険のうち，条約又は当該連邦消費税の免除を規定する合衆国が締結する他の租税条約の特典を受ける権利を有しない者により再保険される部分に係る保険料を除く。）に係る保険証券又は再保険証券に対しては，課することができない。（下線部議定書一部改正）
(b)　民間財団に関する連邦消費税は，（下線部議定書一部改正）
　(i)　日本国において設立された団体であって合衆国の民間財団に該当するものが取得する配当又は利子に対しては，それぞれ条約第10条及び第11条に規定する率を超える率では，課することができない。
　(ii)　日本国において設立された団体であって合衆国の民間財団に該当するものが取得する使用料又はその他の所得に対しては，課することができない。
2　条約第3条1(e)に関し，「法人以外の団体」には，遺産，信託財産及び組合を含む。
3　条約第3条1(m)に関し，年金基金は，日本国の法人税法（昭和40年法律第34号）第8条若しくは第10条の2又は同法附則第20条第1項に規定する租税が課される場合においても，条約第3条1(m)(ii)にいう活動に関して租税を免除される者として取り扱われることが了解される。
4　一般に，一方の締約国の企業が他方の締約国内にある恒久的施設を通じて当該他方の締約国内において事業を行っていた場合において，当該企業が当該恒久的施設を通じて当該他方の締約国内において事業を行うことをやめた後，当該恒久的施設に帰せられる利得を得たときは，当該利得に対しては，条約第7条に定める原則に従って，当該他方の締約国において租税を課することができる。
5　条約第9条に関し，企業の利得の決定に当たって，同条にいう独立企業原則は，一般に，当該企業とその関連企業との間の取引の条件と独立の企業の間の取引の条件との比較に基づいて適用されることが了解される。また，比較可能性に影響を与える要因には次のものが含まれることが了解される。
(a)　移転された財産又は役務の特性
(b)　当該企業及びその関連企業が使用する資産及び引き受ける危険を考慮した上での当該企業及びその関連企業の機能
(c)　当該企業とその関連企業との間の契約条件
(d)　当該企業及びその関連企業の経済状況
(e)　当該企業及びその関連企業が遂行する事業戦略

議定書（2013年改正後）

6　条約第10条4及び5に関し，合衆国の不動産投資信託（9において「不動産投資信託」という。）又は日本国における課税所得の計算上受益者に対して支払う配当を控除することができる法人は，その有するいずれの不動産の持分の価値も，その有する不動産の持分の全体の10パーセントを超えない場合に，分散投資しているものとされる。この6の適用上，譲渡担保財産として取得した不動産であって受戻権が消滅したものは，不動産の持分とはされない。これらの者が組合の持分を保有している場合には，これらの者は，当該組合が有する不動産の持分を，これらの者が有する当該組合の持分の割合に応じて直接に所有するものとして取り扱う。

7　条約第10条9に関し，同条9に規定する活動が法律上独立した団体により行われたとしたならば支払われたとみられる配当の額に相当する所得の額は，各課税年度において，当該活動から生ずる税引き後の所得の額に，同条9に規定する租税を課する締約国における当該法人の投資の額の変動を考慮に入れて調整を加えた額とすることが了解される。

8　一方の締約国の居住者が支払う有価証券の貸付けに関連する料金，保証料及び融資枠契約に係る手数料で他方の締約国の居住者が受益者であるものに対しては，当該他方の締約国においてのみ租税を課することができる。ただし，当該受益者が当該一方の締約国内において当該一方の締約国内にある恒久的施設を通じて事業を行う場合において，当該有価証券の貸付けに関連する料金，保証料及び融資枠契約に係る手数料が当該恒久的施設に帰せられ，又は当該有価証券の貸付けに関連する料金，保証料及び融資枠契約に係る手数料の支払の基因となった権利が当該恒久的施設と実質的な関連を有するものであるときは，この限りでない。

9　（削除：議定書改正）

10 (a)　条約第14条に関し，ストックオプション制度に基づき被用者が享受する利益でストックオプションの付与から行使までの期間に関連するものは，同条の適用上「その他これらに類する報酬」とされることが了解される。

(b)　さらに，被用者が次の(i)から(iv)までに掲げる要件を満たす場合には，二重課税を回避するため，ストックオプションの行使の時に当該被用者が居住者とならない締約国は，当該利益のうち当該被用者が勤務を当該締約国内において行った期間中当該ストックオプションの付与から行使までの期間に関連する部分についてのみ租税を課することができることが了解される。

(i)　当該被用者が，その勤務に関して当該ストックオプションを付与されたこと。

(ii)　当該被用者が，当該ストックオプションの付与から行使までの期間中両締約国内において勤務を行ったこと。

(iii)　当該被用者が，当該行使の日において勤務を行っていること。

(iv)　当該被用者が，両締約国の法令に基づき両締約国において当該利益について租税を課されることになること。

除去されない二重課税を生じさせないため，両締約国の権限のある当局は，このようなストックオプション制度に関連する条約第14条及び第23条の解釈又は適用に関して生ずる困難又は疑義を，条約第25条の規定に基づく合意によって解決するよう努める。

11　条約第22条1(c)に関し，ある課税年度の直前の課税年度中に1又は2以上の公認の有価証券市場において取引されたある種類の株式の総数が当該直前の課税年度中の当該株

式の発行済株式の総数の平均の6パーセント以上である場合には，当該株式は，当該課税年度において1又は2以上の公認の有価証券市場において通常取引されるものとされる。

12　条約第22条2に関し，同条2の規定に基づきある者が一方の締約国内において営業又は事業の活動に従事しているか否かを決定するに当たって，その者が組合員である組合が行う活動及びその者に関連する者が行う活動は，その者が行うものとみなす。一方の者が他方の者の受益に関する持分の50パーセント以上（法人の場合には，当該法人の株式の議決権及び価値の50パーセント以上）を所有する場合又は第三者がそれぞれの者の受益に関する持分の50パーセント以上（法人の場合には，当該法人の株式の議決権及び価値の50パーセント以上）を直接又は間接に所有する場合には，一方の者は他方の者に関連するものとする。

13(a)　条約の適用上，合衆国は，匿名組合契約又はこれに類する契約によって設立された仕組みを日本国の居住者でないものと取り扱い，かつ，当該仕組みに従って取得される所得を当該仕組みの参加者によって取得されないものと取り扱うことができる。この場合には，当該仕組み又は当該仕組みの参加者のいずれも，当該仕組みに従って取得される所得について条約の特典を受ける権利を有しない。

(b)　条約のいかなる規定も，日本国が，匿名組合契約又はこれに類する契約に基づいてある者が支払う利益の分配でその者の日本国における課税所得の計算上控除されるものに対して，日本国の法令に従って，源泉課税することを妨げるものではない。

(14・15：議定書改正)

14　条約第25条5から7までの規定に関し，

(a)　条約第25条5の規定の適用上，租税が支払われ，若しくは租税について賦課その他の決定（例えば，納税義務の更正，決定又は不履行の通知の発出）がなされた場合又は税務当局により納税者に対してその所得のある要素について課税する意図がある旨の正式な通知（例えば，調整案の通知）が発出された場合には，一方又は双方の締約国の措置により課税を受けたものとされることが了解される。

(b)　仲裁のための委員会は，3人の個人により構成される。任命される構成員は，当該構成員を選定する締約国の税務当局若しくは財務省の職員である者又は仲裁手続が開始する日に先立つ12か月の期間内にそれらの職員であった者であってはならない。各締約国の権限のある当局は，仲裁のための委員会の構成員の一人を選定する。一方の締約国の権限のある当局が，条約第25条7(i)の規定に基づく両締約国の権限のある当局の合意に定める方法により，かつ，当該合意に定める期間内に仲裁のための委員会の構成員の一人を選定しない場合には，他方の締約国の権限のある当局が仲裁のための委員会の第二の構成員を選定する。そのように選定された二人の構成員は，仲裁のための委員会の長となる第三の構成員を選定する。当該二人の構成員が，同条7(i)の規定に基づく両締約国の権限のある当局の合意に定める方法により，かつ，当該合意に定める期間内に第三の構成員を選定しない場合には，当該二人の構成員は解任され，各締約国の権限のある当局は，仲裁のための委員会の新たな構成員の一人を選定する。仲裁のための委員会の長は，いずれかの締約国の国民又は適法な永住者であってはならない。さらに，任命される構成員は，自らが仲裁のための委員会の構成員となる仲裁手続において問題となる特定の事項に関与したことがあってはならない。

議定書（2013年改正後）

(c) 仲裁のための委員会がその決定を両締約国の権限のある当局に対して送付するまでにその仲裁に係る事案が次のいずれかに該当することとなる場合には，その事案に関する両締約国の権限のある当局の合意のための手続（仲裁手続を含む。）は終了する。
　(i) 両締約国の権限のある当局が，条約第25条の規定に従い，当該事案を解決するための合意に達する場合
　(ii) 当該事案について申立てをした者が仲裁の要請を撤回する場合
　(iii) 仲裁手続中に，当該事案についていずれか一方の締約国の裁判所又は行政審判所が決定を行う場合
　(iv) 当該事案の関係者又は権限を与えられたその代理人のいずれかが，条約第25条5(b)の規定により求められる開示しない旨の書面に故意に違反し，かつ，両締約国の権限のある当局が，その違反があったことによって仲裁手続を終了させるべきであることを合意する場合
(d) 各締約国の権限のある当局は，事案において提起された調整又は類似の事項のそれぞれに対処する解決案を提出することができる。当該解決案は，当該事案全体を解決するものでなければならず，かつ，両締約国の権限のある当局の間で既に合意した当該事案における全ての事項を修正することなく反映するものでなければならない。当該解決案は，当該事案における調整又は類似の事項のそれぞれについて，当該事案に対するこの条約の適用に基づく特定の金額（例えば，所得，利得，収益又は費用の金額）の決定又は条約の規定に従って課される税率の上限の決定に限られる。各締約国の権限のある当局は，また，仲裁のための委員会による検討のために意見書を提出することができる。
(e) (d)の規定にかかわらず，次のいずれかの事案に関する仲裁手続においては，両締約国の権限のある当局は，(i)から(iii)までに規定する課税の前提となる問題（例えば，恒久的施設が存在するか否かの問題）及び当該問題の解決に応じた決定（例えば，恒久的施設が存在すると決定された場合における当該恒久的施設に帰せられる利得の額の決定）のそれぞれに対処する解決案を提出することができる。
　(i) 個人に対する課税に関し，両締約国の権限のある当局が，当該個人が居住者とされる締約国について合意に達することができなかった事案
　(ii) 企業の事業利得に対する課税に関し，両締約国の権限のある当局が，恒久的施設が存在するか否かについて合意に達することができなかった事案
　(iii) これらに類似する課税の前提となる問題の解決に応じて決定される他の事項に係る事案
(f) 仲裁手続が，二以上の調整又は類似の事項であって，それぞれについて特定の金額（例えば，所得，利得，収益又は費用の金額）の決定又は条約の規定に従って課される税率の上限の決定が必要なものから成る事案に関するものである場合には，解決案は，当該調整又は類似の事項のそれぞれについての決定を提案するものとすることができる。
(g) 各締約国の権限のある当局は，他方の締約国の権限のある当局が提出した解決案及び意見書を受領するものとし，仲裁のための委員会に応答書を提出することが認められる。各締約国の権限のある当局は，他方の締約国の権限のある当局の応答書を受領する。
(h) 事案について申立てをした者は，仲裁のための委員会による検討のために，当該事案についての自己の分析及び意見を記載した書面を提出することが認められる。当該書面は，

XXI 巻末資料

両締約国の権限のある当局の合意のための手続において事前に両締約国の権限のある当局に提供されなかった情報を含まないものとし，両締約国の権限のある当局が入手することができるものとする。

(i) 仲裁のための委員会は，その決定を両締約国の権限のある当局に対して書面により送付する。仲裁のための委員会の決定は，調整又は類似の事項及び課税の前提となる問題のそれぞれに関して両締約国の権限のある当局が提出した解決案のうちのいずれかに限られ，当該決定の理由その他の説明を含まない。仲裁のための委員会の決定は，他の事案における条約の適用に関して先例としての価値を有しない。

(j) 事案について申立てをした者は，両締約国の権限のある当局が期間を延長することについて合意する場合を除くほか，仲裁のための委員会の決定を受領した日の後45日以内に，当該事案が申し立てられた締約国の権限のある当局に対し，当該決定を受け入れる旨を書面により通知する。当該申立てをした者が当該権限のある当局に対しその旨を通知しない場合には，当該決定は受け入れられなかったものとする。さらに，当該事案について訴訟又は審査請求が行われている場合において，当該訴訟又は審査請求の当事者であるいずれかの関係者が，第一文に定める期間内に，関連する裁判所又は行政審判所に対し，仲裁手続において解決された全ての事項に関する訴訟又は審査請求を取り下げる旨を通知しないときは，当該決定は当該事案について申立てをした者により受け入れられなかったものとする。当該決定が受け入れられない場合には，当該事案について，両締約国の権限のある当局による更なる検討は行われない。

(k) 仲裁のための委員会の構成員の報酬及び費用並びに両締約国が実施する手続に関連して生ずる費用については，両締約国が衡平に負担する。

15 条約第27条5の規定に関し，

(a) 租税債権が最終的に決定されたものであるか否かを判断するに当たり，

　(i) 合衆国については，当該租税債権に関連して納税者が行使することができる行政上又は司法上の権利であって当該租税債権の徴収の後に発生するものは，考慮されない。

　(ii) 日本国については，日本国の行政事件訴訟法（昭和37年法律第139号）第36条の規定に従って訴訟を提起する権利は，考慮されない。

(b) 一方の締約国は，他方の締約国の措置により条約第27条に規定する両締約国の間の支援の程度において不均衡が生じたと認める場合には，支援を停止することができる。この場合には，両締約国は，同条16の規定に整合的となる支援の程度の均衡を回復するため，協議を行う。

　以上の証拠として，下名は，各自の政府から正当に委任を受けてこの議定書に署名した。
　2003年11月6日にワシントンで，ひとしく正文である日本語及び英語により本書二通を作成した。

日本国政府のために
加藤良三
アメリカ合衆国政府のために
ジョン・W・スノー

1 2003年交換公文（2013年改正後）

（所得に対する租税に関する二重課税の回避及び脱税の防止のための日本国政府とアメリカ合衆国政府との間の条約に関する交換公文）

（日本側書簡）

　書簡をもって啓上いたします。本使は，本日署名された所得に対する租税に関する二重課税の回避及び脱税の防止のための日本国政府とアメリカ合衆国政府との間の条約（以下「条約」という。）及び同じく本日署名され，条約の不可分の一部を成す議定書に言及するとともに，日本国政府及びアメリカ合衆国政府との間で到達した次の了解を日本国政府に代わって確認する光栄を有します。

1　条約第8条3に規定する住民税又は事業税の賦課を回避するため，合衆国政府は，合衆国の地方政府又は地方公共団体が，日本国の企業が船舶又は航空機を国際運輸に運用することによって取得する利得で，条約により連邦所得税が課されないものに対し，日本国における住民税又は事業税に類似する租税を課そうとする場合には，当該地方政府又は地方公共団体に対し当該租税を課することを差し控えるよう説得するために最善の努力を払う。

2　恒久的施設に帰せられる利得を決定するために条約第9条1に定める原則を適用することができることが了解される。条約第7条の規定は，恒久的施設が当該恒久的施設と同一又は類似の活動を行う別個のかつ分離した企業であるとしたならば，その活動を行うために必要な資本の額と同額の資本の額を有しているものとして締約国が当該恒久的施設を取り扱うことを妨げるものではないことが了解される。締約国は，金融機関（保険会社を除く。）に関して，その自己資本の額を当該金融機関の資産（危険の評価を考慮して算定した資産）のうちその各事務所に帰せられるものの割合に基づいて配分することにより，恒久的施設に帰せられる資本の額を決定することができる。

3　条約第9条に関し，二重課税は，両締約国の税務当局が移転価格課税事案の解決に適用されるべき原則について共通の理解を有している場合にのみ回避し得ることが了解される。このため，両締約国は，この問題についての国際的なコンセンサスを反映している経済協力開発機構の多国籍企業及び税務行政のための移転価格ガイドライン（以下この3において「OECD移転価格ガイドライン」という。）に従って，企業の移転価格の調査を行い，及び事前価格取決めの申請を審査するものとする。各締約国における移転価格課税に係る規則（移転価格の算定方法を含む。）は，OECD移転価格ガイドラインと整合的である限りにおいて，条約に基づく移転価格課税事案の解決に適用することができる。

4　条約第10条2及び3に関し，日本国については，配当の支払を受ける者が特定される日は，利得の分配に係る会計期間の終了の日であることが了解される。

5　条約第26条2にいう租税の「管理」に関与する「当局（裁判所及び行政機関を含む。）」には，同条2にいう租税の賦課若しくは徴収，これらの租税に関する執行若しくは訴追又はこれらの租税に関する不服申立てについての決定に直接に関与する政府機関に対

して法律的な助言を行うが，それ自体は当該機関の一部ではない当局を含み，合衆国については，内国歳入庁首席法務官事務所を含むことが了解される。

　本使は，前記の了解がアメリカ合衆国政府により受諾される場合には，この書簡及びその旨の閣下の返簡が両政府間の合意を構成するものとみなし，その合意が条約の効力発生の時に効力を生ずるものとすることを提案する光栄を有します。
本使は，以上を申し進めるに際し，ここに重ねて閣下に向かって敬意を表します。

2003年11月6日にワシントンで
アメリカ合衆国駐在
日本国特命全権大使加藤良三
アメリカ合衆国
国務長官コリン・L・パウエル閣下

6
（米国側書簡）
（訳文）
書簡をもって啓上いたします。本長官は，本日付けの閣下の次の書簡を受領したことを確認する光栄を有します。
（日本側書簡）
本長官は，更に，アメリカ合衆国政府に代わって前記の了解を受諾することを確認するとともに，閣下の書簡及びこの返簡が両政府間の合意を構成し，その合意が条約の効力発生の時に効力を生ずるものとすることに同意する光栄を有します。
本長官は，以上を申し進めるに際し，ここに重ねて閣下に向かって敬意を表します。

2003年11月6日にワシントンで
アメリカ合衆国
国務長官に代わるジェームズ・A・ケリー
アメリカ合衆国駐在
日本国特命全権大使加藤良三閣下

2　2013年交換公文

1　2003年交換公文5, 7及び8を削り, 6を5とする。
2　日本国の東日本大震災からの復興のための施策を実施するために必要な財源の確保に関する特別措置法（平成23年法律第117号）に基づき制定された復興特別所得税及び復興特別法人税は, 条約第2条2に規定する同一である租税又は実質的に類似する租税であることが了解される。
3　条約第15条の規定に関し, 一方の締約国の居住者が法人の取締役会の構成員として役務を提供しない場合には, 当該居住者の役職又は地位にかかわらず, 同条の規定は, 当該居住者が取得する報酬について適用しないことが了解される。さらに, 法人の取締役会の構成員が当該法人における他の職務（例えば, 通常の被用者, 相談役又はコンサルタントとしての職務）を兼ねる場合には, 同条の規定は, 当該他の職務を理由として当該構成員に支払われる報酬について適用しないことが了解される。
4　条約第25条5の規定に関し, 租税の徴収手続が停止される可能性があったことは, 一方又は双方の締約国の措置により条約の規定に適合しない課税を受けたか否かの判断に影響を及ぼさないことが了解される。
5　条約第27条1の規定に関し, 被要請国が支援を行うために妥当な努力を払ったが, 要請国のために租税債権を徴収することができなかった場合には, 支援を行う義務は履行されたものとすることが了解される。
6　条約第27条4(a)(i)の規定に関し, 「消費税」とは, 日本国が課する消費税のみをいい, 日本国の地方公共団体が課する消費税を含まないことが了解される。
7　条約第27条4(b)(ii)及び2003年議定書1(a)の規定に関し, 「外国保険業者の発行した保険証券に対する連邦消費税」とは, 合衆国の内国歳入法第4371条から第4374条までの規定に従って課される租税をいうことが了解される。
8　条約第27条4(b)(iii)及び2003年議定書1(b)の規定に関し, 「民間財団に関する連邦消費税」とは, 合衆国の内国歳入法第4940条から第4948条までの規定に従って課される租税をいうことが了解される。
9　条約第27条4(b)(iv)の規定に関し, 「被用者及び自営業者に関する連邦税」とは, 合衆国の内国歳入法第2章及び第21章から第23A章までの規定に従い課される租税をいうことが了解される。
10　2013年議定書第15条4の規定に関し, 条約第26条及び第27条の規定は, それぞれの規定に定める全ての条件及び要件が満たされる場合には, 当該規定の対象となる事案又は租税債権に係る課税年度にかかわらず, 2013年議定書が効力を生ずる日から適用することが了解される。

矢内　一好（やない　かずよし）

中央大学商学部教授　博士（会計学）（中央大学）

(単著)
1 『国際課税と租税条約』（ぎょうせい　平成4年4月）
2 『租税条約の論点』（中央経済社　平成9年6月）
3 『移転価格税制の理論』（中央経済社　平成11年4月）
4 『連結納税制度』（中央経済社　平成15年2月）
5 『詳解日米租税条約』（中央経済社　平成16年4月）
6 『和英用語対照　税務・会計用語辞典』（十訂版）（編著者　矢内一好）（財経詳報社　平成14年1月）
7 『解説・改正租税条約』（財経詳報社　平成19年5月）
8 『Q&A国際税務の基本問題〜最新トピックスの検討』（財経詳報社　平成20年5月）
9 『キーワードでわかる国際税務』（中央経済社　平成21年）
10 『米国税務会計史』（中央大学　平成23年）
11 『現代米国税務会計史』（中央大学　平成24年）

(共著)
1) 『国際税務要覧』（財経詳報社，平成3年4月）
2) 『簿記の基礎』（中央経済社　平成6年3月）
3) 『法人税の計算と理論』（税務研究会出版局　平成10年版〜平成15年版）
4) 『インターネット・電子商取引の法務と税務』（ぎょうせい，平成11年8月）
5) 『連結納税申告〜わが国の導入に向けて〜』（ぎょうせい，平成11年12月）
6) 『租税条約のすべて』（財経詳報社　平成12年6月）
7) 『電子申告〜わが国の導入に向けて〜』（ぎょうせい　平成13年2月）
8) 『改正商法のすべて』（財経詳報社　平成14年5月）
9) 『電子商取引の法務と税務』（ぎょうせい　平成14年9月）。
10) 『これだけは知っておきたい　電子申告の仕組みと対応』（税務研究会出版局　平成15年12月）
11) 『改正商法の完全実務解説〜14・15年改正と16年以降の改正動向』（財経詳報社　平成16年3月）。
12) 『合同会社・LLPの法務と税務』（学陽書房　平成17年9月）
13) 『M&Aの法務・会計・税務』（財経詳報社　平成18年5月）
14) 『会社関係手続実務ハンドブック』（財経詳報社　平成19年9月）
15) 『信託の法務・税務・会計』（学陽書房　平成19年9月）
16) 『外国税額控除の理論と実際』（同文舘　平成20年2月）
17) 『実務解説　信託法Q&A』（ぎょうせい　平成20年4月）
18) 『Q&A租税条約　改訂版』（財経詳報社　平成20年10月）
19) 『Q&A国際相続の税務』（税務研究会出版局　平成21年4月）
20) 『和英用語対照　税務・会計用語辞典』（12訂版）（財経詳報社　平成21年4月）
21) 『海外移住・ロングステイのための税務基礎知識』（財経詳報社　平成21年6月）
22) 『スピードマスター国際税務　第4版』（中央経済社　平成21年7月）。
23) 『平成23年度改正対応版　現代税法の基礎知識』（ぎょうせい　平成23年4月）
24) 『基礎から学ぶ現代税法』（財経詳報社　平成24年3月）

改正租税条約のすべて

平成25年4月12日　初版発行 ©

著　者　矢　内　一　好
発行者　富　高　克　典

発行所　株式会社　財経詳報社
〒103-0013　東京都中央区日本橋人形町1-1-6
電話　03 (3661) 5266 (代)
FAX　03 (3661) 5268
http://www.zaik.jp
Printed in Japan 2013

落丁・乱丁はお取り替えいたします。　印刷・製本　㈱シナノ印刷
ISBN 978-4-88177-289-8